帕奥禅师于1934年6月24日出生在缅甸中南部伊雅瓦底省兴答达镇（Hinthada Township）雷超（Leigh Chaung）村，1944年5月出家受沙马内拉戒，现为全世界范围内南传佛教方面的泰斗长老，2013年曾受中国佛教协会邀请来京在中国佛学院讲座。帕奥禅师自幼接受上座部佛教的传统教育，精通巴利三藏及诸注疏，也背诵了很多巴利语经论，所以他在讲经及开示时，常依据缅甸传统，先背诵一段经文，再依注疏解释。

· 法 · 源 · 译 · 丛 ·

帕奥禅师文集

显正法藏

〔缅甸〕帕奥禅师　讲解　园慈　等　译

社会科学文献出版社

SOCIAL SCIENCES ACADEMIC PRESS (CHINA)

《法源译丛·帕奥禅师文集》
顾问及编委会名单

目　录

自 序

应当致力于了知四圣谛。

诸比丘，正是由于不了知、不彻见四圣谛，因此你我一直在此长久的轮回中流转、徘徊。是哪四项？

诸比丘，正是由于不了知、不彻见苦圣谛……苦集圣谛……苦灭圣谛……导致苦灭之道圣谛，因此你我一直在此长久的轮回中流转、徘徊。

诸比丘，那苦圣谛已经被了知与彻见；那苦集圣谛已经被了知与彻见；那苦灭圣谛已经被了知与彻见；那导致苦灭的道圣谛已经被了知与彻见；对于存在的贪爱已经被切断，通向存在的渠道已经被毁灭，已经不会再有来生。（《相应部·第一边际村经》Pathama Koṭigāma Sutta，S 3. 377 – 378）

诸比丘，那些沙门或婆罗门不如实了知："这是苦"；不如实了知："这是苦集"；不如实了知："这是苦灭"；不如实了知："这是导致苦灭之道"；对于这些人，我不视他们为沙门中的沙门，不视他们为婆罗门中的婆罗门。这些尊者不能在今生以智慧亲证、进入且安住于沙门果或婆罗门果。

然而，诸比丘，对于那些了知此四圣谛的沙门或婆罗门，我视他们为沙门中的沙门，视他们为婆罗门中的婆罗门。这些尊者在今生以智慧亲证、进入且安住于沙门果或婆罗门果。（《相应部·第二边际村经》Dutiya Koṭigāma Sutta, S 3.378 – 379）

因此，诸比丘，应当致力于了知：

这是苦……

这是苦集……

这是苦灭……

这是导致苦灭之道…… （《相应部》S 3.363）

缘于这些话，当比丘想要解脱长久的生死轮回时，他必须致力于彻知四圣谛。

在这期的开示里，我详细地根据《转法轮经》及其他经来解释四圣谛及导致证悟它们之道。我所给的开示主要是这部经的注释，以及《无我相经》和两部《皮带束缚经》。为了协助听众，这开示的内容反映这些经的内容之概要。

《转法轮经》是佛陀开悟后开示的第一部经，被视为佛陀的一切教法的根基。在《转法轮经》里，我讨论四圣谛及导致证悟它们之道。

《无我相经》着重于解释五取蕴的无我相。对于禅修者，无论是任何一种五蕴，无论是过去、未来或现在，内或外，粗或细，劣或胜，远或近，都应该以正确的智慧如实地知见它们为：

这不是我的（苦），

我不是我（无常），

我不是我的自我（无我）。

在两部《皮带束缚经》里，我从各种角度以不同的方法来解释业报法则，以便清楚地了解第二圣谛——苦集圣谛。

苦谛法与集谛法是观智的目标，观智则是世间导致了知灭谛的世间道谛。观智是想要证悟涅槃的禅修者必须培育的世间圣道。

如果禅修者培育世间圣道，也就是观智，当它成熟时，在观智的末端会生起知见涅槃的出世间圣道。证悟出世间八圣道分时，它们逐步地把诸烦恼灭尽无余。

培育观智时，禅修者必须观照苦谛法与集谛法这些行法为无常、苦、无我。

在此，我要澄清无常、苦、无我这三相。

什么是无常？

五取蕴及它们的因是无常。为什么呢？因为它们生灭与变易，或因为它们变成有之后又不复存在。生灭与变易是无常相，或变易的方式。换句话说，变成有之后又不复存在是无常相。

同样的五取蕴及它们的因是苦，因为说道："无常的就是苦。"为什么呢？因为不断地遭受生灭逼迫。不断地遭受生灭逼迫的方式便是苦相。

在此，禅那乐或禅那法也是苦。为什么呢？身与心的乐受是变易法（变易苦），因为它们变易时是苦生起之因。舍受及三界中其余的行法称为行苦，因为它们遭受生灭逼迫。

身与心的苦受称为内受，因为它们的自性、名称与痛苦。

虽然这三种受拥有不同的名称，它们都是苦，因为说道："无常的就是苦"，而且它们不断地遭受生灭逼迫，因此苦的含义是很广的。

同样的五取蕴及它们的因是无我，因为说："苦的就是无我。"为什么呢？因为没有主宰它们的力量。不受个人的意愿主宰便是无我相。

禅修者以生灭智观照这一切真实本性。换句话说，他透过观智解脱了污染，而稳定地走在行道。

如果禅修者观照这三界的行法为无常、苦、无我，渐渐地他的观智便会成熟，最终证悟了四圣谛。

若禅修者以须陀洹道果智证悟四圣谛，他便完全解脱了投生四恶道。若他以斯陀含道果智知见四圣谛，他最多只需要再投生到人间一次。若他以阿那含道果智知见四圣谛，他将完全解脱欲界，只能够投生到梵天界。若他以阿罗汉道果智知见四圣谛，他将解脱这长久的生死轮回。

因此，对于想要解脱这长久的生死轮回的禅修者来说，了知四圣谛是必要的。然而，要了知四圣谛并不容易。请大家看一看以下这部经。

有一个洞的轭

"诸比丘，假设这大地变成一大团的水，有人将中间有一个洞的轭丢在里面。东风把它吹向西，西风把它吹向东，北风把它吹向南，南风把它吹向北。如果有一只瞎眼的海龟，每隔一百年才浮出水面一次。诸比丘，你们认为怎样？那只每隔一百年才浮出水面一次的瞎眼海龟，会不会将头伸入那块轭中间的洞呢？"

"世尊，如果碰巧的话，那只每隔一百年才浮出水面一次的瞎眼海龟，会将头伸入那块轭中间的洞。"

"同样地，诸比丘，人们也是碰巧获得人身；如来、阿罗汉、正等正觉者碰巧出现在世间。

诸比丘，你们已经获得人身；如来、阿罗汉、正等正觉者已经出现在世间；如来宣说之法与律正在照耀世间。

因此，诸比丘，应当精勤于了知'这是苦'；应当精勤于了知'这是苦的原因'；应当精勤于了知'这是苦的息灭'；应当精勤于了知'这是导致苦灭之道'。"（《相应部》S 3.398）

如果禅修者以四个圣道智了知四圣谛，这些智慧将会逐阶地把无明与爱灭尽无余。无明与爱这两种结是众生长久以来不断地生死轮回的主要原因。请看以下经文：

> 诸比丘，正如一枝被抛上空中的棍子，当掉下来时，有时尾端先着地，有时头部先着地。同样地，被无明蒙蔽及被渴爱所束缚的众生，从这一界去至另一界，又从另一界来到这一界。其因何在？因为他们不了知四圣谛。（《相应部》S 3.384）

所以应当致力于了知四圣谛。

愿大家了知四圣谛。

愿大家善解佛法。

愿大家解脱这长久的生死轮回。

帕　奥

（Pa-Auk Tawya Sayadaw）

缅甸蒙省毛淡棉帕奥禅林

安般念简介

依据上座部佛法（Theravāda），禅修的法门可概括地分为两大类，即止禅与观禅。止禅是培育定力的修行方法，观禅则是培育智慧的修行方法。这两大类法门之间的关系非常密切——止禅是观禅的重要基础。这就是为什么佛陀在《相应部·谛相应》（Sacca Saṃyutta）里开示说：

> 诸比丘，你们应当培育定力。诸比丘，有定力的比丘能如实地了知诸法。

因此，今天要为大家介绍修行止禅以培育定力的基本方法。

根据《清净道论》（Visuddhimagga），培育定力的法门有四十种之多。一般最常建议初学者采用的是安般念（ānāpānasati）——即保持正念觉知鼻孔出口处的呼吸气息，借此以培育定力的修行法门。佛陀在《相应部》（Saṃyutta Nikāya）里建议弟子们修行安般念，他说：

> 诸比丘，透过培育与数数修行安般念所产生的定力是宁静而且殊胜的，它是精纯不杂的安乐住处，能在邪恶不善念头一生起时就立刻将它们消灭与平息。

《清净道论》则说：

在一切佛、某些辟支佛及声闻弟子借以获得成就与当下乐住的基本法门中，安般念是最主要的。

引述这些话的用意是希望大家对这个法门具有信心。信心愈强，培育定力就愈容易成功。

接着为大家介绍修行安般念的基本原则：

首先解释静坐时的方法。静坐时臀部最好稍微垫高，自己调整坐垫的高度，以能够坐得舒适、自然、正直为原则。不习惯盘腿的人可以将两脚并排，平放在地上，而不必将一脚压在另一脚上。轻轻地前后摆动上半身，感觉一下哪个位置最端正，使身体既不向前倾，也不向后弯。然后轻轻地左右调整上半身，保持端正的位置，不使身体歪向任何一边，同时注意肩膀平正，自然下垂。下颚微微向内收，使头部、颈部乃至整条脊柱成一直线，并且要保持自然、放松、舒适，不要用力。

身体坐正之后，就保持不动。接着从头到脚一部分一部分地放松身体，不要让身上有任何一块肌肉绷紧。全身都放松之后，轻轻地闭上眼睛。内心告诉自己，在静坐的时刻里都要保持身体不动，眼睛不睁开。立下如此的决心之后，就将身体忘掉，犹如身体不存在一般。

接着将心情放轻松，不要想着自己正在静坐修行，而要想象自己正在让身心休息。把肩上的一切负担暂时卸下，心里的所有挂碍暂时抛开，让纷扰的思虑与杂想都沉淀下去，内心犹如清水一般澄净。

将心安放在鼻孔与上嘴唇之间的四方形区域里，轻轻地留意正在经过这区域的呼吸气息。《清净道论》以守门人作为例子来说明觉知气息的方法：看守城门的人只留心正在经过城门的行人，而不去理会已经走入城里或走出城外的人；同样地，修行安般念者只留心正在经过鼻孔出口处的气息，而不去理会已经进入体内或出去体外的气息。在鼻孔下方的四方形区域里，有些部位的气息很明显，有些部位的气息不明显，禅修者可以只留意明显的气息。

禅修者应该像旁观者一样，依照气息自然的样子静静地欣赏它，而不要去干涉它。气息会有时粗，有时细，有时长，有时短，有时呈现各种不同的状态，这些都是自然的现象。禅修者要做的只是保持正念，单纯地知道气息而已。

有时心会被妄念拉走，忘了觉知气息。一察觉到这种情况，就要立刻回到气息，不要去理会妄念。妄念愈常生起时，不要因此而烦躁，而是愈要将心情放松，保持单纯的正念，轻轻地觉知气息。

对于如此勤于保持正念，时常能有片刻时间安心于气息的人，就可以继续如此保持下去，让正念持续的时间渐渐加长，由一两分钟，进而持续五分钟、十分钟、半小时乃至一小时以上。对于依然妄念纷飞，不能有片刻时间安心于气息的人，可以尝试用数息的方法来帮助摄心。数息的时候仍然要保持身心宽松舒坦，在察觉吸气的气息时心中了知"吸"，在察觉呼气的气息时心中了知"呼"，呼气将近结束时，心中默数"一"。以同样的方式，在第二次呼气将近结束时心中默数"二"……如此从一数到八，然后再从一数到八，一再重复下去。心中勉励自己，在每一组八个呼吸当中都不让心攀缘其他念头，而只是一心觉察气息。数息时注意力的重点仍然在气息，而不在数字，因为数字只是辅助摄心的工具而已。持续不断地数息，直到心情平静，妄念很少，能够安心于气息时，就可以停止数息，而只是单纯地觉知气息。如果妄念再度汹涌而来，就再度以数息法来帮助摄心。

觉知气息时只需要单纯地察觉气息本身，以整体的概念去认识它，而不去注意气息里的个别特性，例如气息的冷、热、硬、软、推动、流动、涩、滑等。就好像看见一个人时只是单纯地知道那是人，而不去分别他的肤色、发型、体态等。事实上，冷、热、推动等个别特性是气息里四大的相。如果去注意这些相，就变成在观察四大，而不是在修行安般念了。这些相总合起来就是气息，因此修行安般念时只需要将气息本身当作一个整体概念，轻轻地对它保持觉知即可。

佛陀在《大念处经》（Mahāsatipaṭṭhāna Sutta）中教导初学安般念者要了知气息的长短。意思是在练习觉知气息的过程中，有时候可以附带地知道气息是长或短。这里所谓的"长短"是指呼气从开始到结束、吸气从开始到结束所经历时间的长度，而不是指距离的长短。呼吸速度慢的时候，经历的时间就长；呼吸速度快的时候，经历的时间就短。了知呼吸时间长短的目的只在于帮助维持正念于气息，因此只需要大略地知道即可，不必刻意讲究时间多长才称为长，多短才称为短，也不必要求自己对每一次呼吸都要判决出它是长或短。有时单纯地觉知气息，有时附带地了知气息是长或短，如此即可使正念持续的时间逐渐延长。正念持续愈久时，定力自然就愈深。

当禅修者觉得自己的专注力变得强而且稳定时，就可以进一步要求自己持续不断地觉知气息，即在同一个地方觉知每一次呼吸从头到尾的气息。这就是《大念处经》中提到的"觉知息的全身"。由于气息必定都会经过接触部位，禅修者将心安住于接触部位里的一处，觉知一开始吸气时经过那里的气息、吸气中间经过那里的气息及吸气最后经过那里的气息；呼气时也是同样的道理。如此觉知息的全身（全息）使禅修者的心更加专注。

有时气息会变得很微弱，禅修者甚至察觉不到气息。事实上气息仍然存在，并未停止，只是心不够仔细，正念不够清明，所以才觉察不到。这时要保持镇定，以平静的心继续安住在气息原本出现的地方，内心了解气息仍然一直在经过那里。让身心保持宽松舒坦而且保持警觉心，如此有助于觉察微细的气息。保持沉着、耐心与细心地守候着，渐渐就能体验到若有若无的微细气息。能觉知这种微细气息对培育深度定力有很大的帮助，因此要能渐渐习惯于觉知它。千万不要刻意去改变呼吸，企图使气息变得明显！那样做会使你的定力减退，因而丧失了培育深厚定力的好机会，同时也可能造成身体不舒服。应当继续保持自然的呼吸，并且对自己能觉察到若有若无的微细气息感到满意；感到满意时心就会安定；心安定时正念就会更清晰，也就能更轻易地觉察微细的气息。一再地尝试与练习，使这种良性循环维持下去。渐渐地就会熟练，心会随着愈来愈微细的气息而变得愈来愈平静，定力也会愈来愈深。

修行每一种法门都要平衡五根与七觉支，修行安般念当然不例外。五根当中，信根与慧根必须平衡，精进根与定根必须平衡，念根则处在中间调和它们。在这里，信根是指深信修行安般念能使人提升定力，证得禅那。信根强对培育定力有很大的帮助，但是如果信根太强而慧根太弱，则变成不理智的盲目相信，无法因此而得到高度的修行成果。这里的慧根是指认识正确的修行方法，如果慧根太强而信根太弱，则会整天高谈阔论、批判评议，而无心亲身实修，当然得不到真实的利益。精进根是努力促使心专注于气息，如果精进根太强而定根太弱，心则倾向于掉举不安。有不少人误以为用很强的心力来专注就能迅速地提升定力，事实上他们将精进根与定根的作用混淆了：定是使心专一于气息，精进则是背后推动策励的力量。不必花费很强的精进力就足以保持专一，保持专一的时间愈久，定力自然愈深，这是五根平衡开展的结果，不能单靠强力的精进来达成。多余的精进力不但无助于摄心，白费力气，导致疲劳，而且使心浮躁不安，反而阻碍了定力的开展。反过来说，当定根强而精进根弱时，由于缺乏持续精进的推动，所以心会倾向于懈怠与昏沉。平衡五根的作法就是以正念来调和这两组：既要了解正确的修行方法，也要充满信心地去实际练习，以适度的精进力，保持觉知气息就够了。如此勤于练习，将觉知的状态维持下去。觉知气息的正念持续愈久，定力就愈深，这时必须继续保持适度的精进，使正念相续不断，如此五根就能达到平衡。

要如何平衡七觉支呢？七觉支可分为相对立的两组。择法、精进、喜这三觉支是一组，轻安、定、舍这三觉支是另一组，而念觉支则处在中间来调和这两组。择法觉支即以善巧方法①清楚地了知气息，精进觉支即努力于觉知气息，喜觉支即对气息感到兴趣与欢喜。当内心倾向于懈怠或昏沉时，正念要立刻觉察，并且加强择法、精进、喜这三觉支，以便将不活跃的心策励起来。轻安觉支即内心保持宽松舒坦，定觉支即一心专注于气息，舍觉支即平等中道，不忧不喜，不执着得失。当内心倾向于掉举或浮躁时，正念要立刻觉察，并且加强轻安、定、舍这三觉支，以便将太活跃的心抑制下去。当这两组觉支达到平衡时，心调整到恰好，不浮也不沉，能够稳定地向前进展。正念觉察到这种情况，此时既不需要策励心，也不需要抑制心，只要不干涉地旁观而已。如此平衡五根与七觉支时，就能排除五盖，顺利地提升定力。

定力提升到相当程度时，禅修者往往会经验到各式各样的光明，甚至感到自己的定力受到光明的干扰。这些光明是修定过程的自然现象，只要不去理会它们，一心只专注于气息，渐渐就会习惯。习惯之后，不但不会再受到干扰，而且由于光明的缘故，禅修者能更清楚地觉知气息。

如果禅修者的定力达到相当稳定的程度，每支香都能持续不断地专注于气息至少一小时，如此连续维持三天以上，通常禅相不久就会出

①　所谓的"善巧方法"是指运用前面讲过的正确方法，并且运用自己所累积的禅修经验，例如：不要去注意气息里四大的特相，而要整体地专注于气息本身；不要专注于接触点（附带地知道则不要紧）；不要专注于接触的感受；了知气息可能呈现为各种不同的状态；了知若有若无的微细气息等。

现。所谓的"禅相"就是修行禅定时内心专注的对象。安般念的禅相是由气息转变成的。当气息转变成白色或光亮时，那就是禅相；但是还不要去注意禅相，而应继续专注于气息，因为刚开始的禅相通常还不稳定。当气息转变成光亮的禅相而且稳定，禅修者专注于气息时自然而然就专注在禅相上，这时就让心继续专注于禅相，而不再去注意气息。刚开始专注于禅相时，禅相可能持续不久。当禅相变得暗淡无光时，就再度专注于气息，培育定力。当定力提升，气息再度转变成光亮的禅相而且心自动地专注于禅相时，就让心继续专注于禅相，不再理会气息。如此一再地练习，使专注于禅相的时间愈来愈长。在此过程中，有时心与禅相融合为一，一心只有禅相，没有第二念，那就是安止定，应当进一步练习入于安止定中愈久愈好。

站立时的修行方法与静坐时差不多，都是保持宽松舒坦，觉知气息。行禅时最好先站立在经行道的起点，闭上眼睛，觉知气息。等到心平静下来，能觉知气息之后，才微微睁开眼睛，开始起步慢慢地向前走，同时继续觉知气息。走到经行道的另一端时，站立在那里觉知气息一会儿，然后慢慢地转身，同时继续觉知气息……如此来回地行禅。躺卧时也是保持宽松舒坦，觉知气息。如此，不只是在静坐时培育对气息的觉知而已，而是在行、住、坐、卧等一切威仪中，从清晨醒来到晚间入睡之间的所有时刻里都尽量练习觉知气息。"一分耕耘，一分收获"，若能如此掌握正确的要领，勤修不懈，大家就很可能在这次禅修营期间证得禅那，乃至达到更高的成就。

在此预祝大家修行成功！

转法轮经经文

（Dhammacakkappavattana Sutta：S 3.368 – 371）

如是我闻，一时世尊住在波罗奈附近仙人坠处的鹿野苑。

当时世尊对五比丘说：

诸比丘，有两种极端行为是出家人所不应当从事的。是哪两种呢？

一种是沉迷于感官享乐，这是低下的、粗俗的、凡夫的、非神圣的、没有利益的行为；另一种是自我折磨的苦行，这是痛苦的、非神圣的、没有利益的行为。

借着避免这两种极端，如来实践中道。此中道引生彻见、引生真知，通向寂静、胜智、正觉、涅槃。

诸比丘，那个引生彻见、引生真知，通向寂静、胜智、正觉、涅槃的中道是什么呢？

那就是八圣道分，即正见、正思维、正语、正业、正命、正精进、正念、正定。诸比丘，这就是引生彻见、引生真知，通向寂静、胜智、正觉、涅槃的中道。

诸比丘，这是苦圣谛：生是苦、老是苦、病是苦、死是苦、怨憎会是苦、爱别离是苦、求不得也是苦。简单地说：五取蕴是苦。

诸比丘，这是苦集圣谛：它是造成投生的贪爱，四处追求爱乐，也就是欲爱、有爱及非有爱。诸比丘，这就是苦集圣谛。

诸比丘，这是苦灭圣谛：即此贪爱的息灭无余、舍弃、遣离、解脱、无着。

诸比丘，这是导致苦灭的道圣谛：那就是八圣道分，即正见、正思维、正语、正业、正命、正精进、正念、正定。

诸比丘，当我思维着"此是苦圣谛"时，关于这前所未闻之法，我的心中生起彻见（cakkhuṁ udapādi），生起智（ñāṇaṁ udapādi），生起慧（paññā udapādi），生起明智（vijjā udapādi），生起光明（āloko udapādi）。

诸比丘，当我思维着"此苦圣谛应当被彻知"时，关于这前所未闻之法，我的心中生起彻见，生起智，生起慧，生起明智，生起光明。

诸比丘，当我思维着"此苦圣谛已经被彻知"时，关于这前所未闻之法，我的心中生起彻见，生起智，生起慧，生起明智，生起光明。

再者，诸比丘，当我思维着"此是苦集圣谛"时，关于这前所未闻之法，我的心中生起彻见，生起智，生起慧，生起明智，生起光明。

诸比丘，当我思维着"此苦集圣谛应当被断除"时，关于这前所未闻之法，我的心中生起彻见，生起智，生起慧，生起明智，生起光明。

诸比丘，当我思维着"此苦集圣谛已经被断除"时，关于这前所未闻之法，我的心中生起彻见，生起智，生起慧，生起明智，生起光明。

再者，诸比丘，当我思维着"此是苦灭圣谛"时，关于这前所未闻之法，我的心中生起彻见，生起智，生起慧，生起明智，生起光明。

诸比丘，当我思维着"此苦灭圣谛应当被证悟"时，关于这前所未闻之法，我的心中生起彻见，生起智，生起慧，生起明智，生起光明。

诸比丘，当我思维着"此灭圣谛已经被证悟"时，关于这前所未闻之法，我的心中生起彻见，生起智，生起慧，生起明智，生起光明。

再者，诸比丘，当我思维着"此是导致苦灭的道圣谛"时，关于这前所未闻之法，我的心中生起彻见，生起智，生起慧，生起明智，生起光明。

诸比丘，当我思维着"此导致苦灭的道圣谛应当被修行"时，关于这前所未闻之法，我的心中生起彻见，生起智，生起慧，生起明智，生起光明。

诸比丘，当我思维着"此导致苦灭的道圣谛已经被修行"时，关于这前所未闻之法，我的心中生起彻见，生起智，生起慧，生起明智，生起光明。

诸比丘，只要我对这三转十二相四圣谛的如实知见还不十分清净时，我就还不向拥有诸天、魔与梵天、诸沙门与婆罗门、诸天与人的世间宣称证悟无上圆满正觉。

然而，诸比丘，一旦我对这三转十二相四圣谛的如实知见完全清净，那时，我就向拥有诸天、魔与梵天、诸沙门与婆罗门、诸天与人的世间宣称证悟无上圆满正觉。知见在我的心中生起，我了知：我的解脱是不可动摇的，这是我的最后一生，我将不再有未来的投生。

世尊如此说时，五比丘对世尊的话感到欢喜与欣悦。

世尊开示完后，憍陈如心中生起清净无染的法眼，他见到：一切有生起本质之法必定有灭。

当世尊如此转法轮之时，地神发出欢呼："世尊在波罗奈仙人坠处的鹿野苑转无上法轮，这转法轮不是任何沙门、婆罗门、天神、魔、梵天或世间的任何人所能阻止的。"

当四天王天的众天神听到地神的欢呼时，他们也发出欢呼："世尊在波罗奈仙人坠处的鹿野苑转无上法轮，这欢呼不是任何沙门、婆罗门、天神、魔、梵天或世间的任何人所能阻止的。"

当忉利天……夜摩天……兜率天……化乐天……他化自在天……梵众天的众天神听到诸天神的欢呼时，他们也发出欢呼："世尊在波罗奈仙人坠处的鹿野苑转无上法轮，这转法轮不是任何沙门、婆罗门、天神、魔、梵天或世间的任何人所能阻止的。"

就在那个刹那，那个当下，那个瞬间，欢呼之声传遍了整个梵天。一万个世界系一再地摇动、震动、颤动，并且有广大无边、超越诸天威神的殊胜光明现起。

于是，世尊说出这句有感而发的话："憍陈如确实已经明白了，憍陈如确实已经明白了。"这就是憍陈如得到其名号"明白的憍陈如"（Aññāsi-Koṇḍañña）之由来。

"善来，比丘，法已善说，善修梵行以灭尽一切苦。"

转法轮经广释

一　开示缘起

《转法轮经》是佛陀成道后开示的第一部经，这部经所开示的对象是五比丘。

悉达多太子出家后不久，就开始以坚强的毅力在优楼频螺森林（Uruvela）修练各种苦行。这五位比丘侍奉他，并供给他所需的微少需求。6年后，他体会到自我折磨的苦行不是导向证悟之道，于是就放弃了苦行，重新食用身体所需要的食物。因为这种情形，五比丘误以为太子已不再为证悟奋斗，对他感到很失望，便离开他而前往仙人坠处的鹿野苑。

悉达多太子证悟成佛之后，观察到五比丘将是人间最有能力彻悟佛法的一群人，因此他来到仙人坠处为他们开示《转法轮经》。

这部经受到佛教徒的高度推崇，因为这是佛陀第一次转法轮的开示，是诸天与人前所未闻的法。

（一）仙人坠处（Isipatana）

经文开始说：

如是我闻，一时世尊住在波罗奈附近仙人坠处的鹿野苑。

这里的"一时"是指佛陀成道后将近两个月，在阳历六七月间的月圆日。那时候佛陀从菩提伽耶（Bodhgaya）来到仙人坠处（Isipatana）的鹿野苑。在此，isi 的意思是"仙人或贤者"，patana 则是"坠落或降落"。在我们的菩萨成佛之前，有许多仙人及辟支佛住在喜玛拉雅山。他们从居住的地方飞到鹿野苑降落，以便进入波罗奈城（Bārāṇasī）托钵。托完钵之后，又从鹿野苑起飞，回到喜玛拉雅山。再者，那些辟支佛在这个地方举行布萨与其他集会；过去诸佛也都曾以神通飞来于此地降落，然后开示《转法轮经》，因此这个地方称为"仙人坠处"。

（二）五比丘

经文接着说：

> 当时世尊对五比丘说：
> "诸比丘，有两种极端行为是出家人所不应当从事的。是哪两种呢？"

出家人（pabbajita）是指努力驱除烦恼的人。他舍弃世俗的生活，履行沙门的义务，精勤地修禅，以期灭除一切烦恼，证悟永远的寂静——涅槃（Nibbāna）。

这里的"五比丘"是指：憍陈如（Koṇḍañña）、跋提迦（Bhaddiya）、卫跋（Vappa）、摩诃那摩（Mahānāma）以及阿说示（Assaji）。其中阿说示比丘后来成为舍利弗尊者的老师。

在过去的十万大劫里，也就是从胜莲华佛（Buddha Padumuttara）时代开始，这五位比丘都在修习积聚波罗蜜，并且曾数度在过去诸佛的教化期中，修行观禅达到行舍智（saṅkhārūpekkhāñāṇa）的阶段。

四无碍解智

为何我们知道他们已曾积累深厚的波罗蜜呢？因为他们将在听闻《无我相经》（Anattalakkhaṇa Sutta）之后证得阿罗汉果，同时具足四无碍解智。

四无碍解智是：

1. 义无碍解智（attha-paṭisambhidāñāṇa）：对苦谛的无碍解智。

2. 法无碍解智（dhamma-paṭisambhidāñāṇa）：对集谛的无碍解智。

3. 辞无碍解智（nirutti-paṭisambhidāñāṇa）：对苦谛法与集谛法的语词及文法使用上的无碍解智。

4. 应辩无碍解智（paṭibhāna-paṭisambhidāñāṇa）：对上述三种无碍解智的无碍解智。

五项条件

要成就四无碍解智，必须具备五项条件：

1. 证悟（adhigama）：证得阿罗汉道或其他任何一种圣道。

2. 精通教理（pariyatti）：背诵三藏圣典。

3. 闻法（savana）：细心、恭敬地听闻佛法。

4. 质问（paripucchā）：研究注释，并理解三藏中的疑难处。

5. 先前的修行（pubbayoga）：曾在过去佛的教法中，借着履行"往返义务"（gata-paccāgata-vatta）而修行止观达到行舍智的阶段。"往返义务"是指入村托钵与返回时，都专注于修行止禅或观禅。（请参考《清净道论》第14章第28节）

在这五项当中，第一项在成就四无碍解智的那一生证得，后四项则在过去佛的教化期中就已经培育了。

所以我们不要忘记这项事实：听佛陀开示《转法轮经》的这五位比丘，在过去佛的教化期中就已曾积累深厚的波罗蜜，足以使他们在证悟阿罗汉果时，也同时成就四无碍解智。

（三）两种极端

关于两种极端的行为，佛陀解释说：

> 一种是沉迷于感官享乐，这是低下的、粗俗的、凡夫的、非神圣的、没有利益的行为；另一种是自我折磨的苦行，这是痛苦的、非神圣的、没有利益的行为。

在此，佛陀所说的两种极端行为，其中一种是沉迷于感官享乐。我们的菩萨——悉达多太子——在出家前享受了许多年的感官欲乐：他住在分别适合于一年三季的三座豪华宫殿里；娶了美丽又忠贞的妻子——耶输陀罗公主，生了一个可爱的儿子——罗睺罗；他周遭的一切人事物都是愉悦迷人的。然而，他无法在如此奢侈的生活中找到他（累世）所追求的真理。这就是为何他在成道之后宣示说：沉迷于感官享乐是低下的、粗俗的、凡夫的、非神圣的、没有利益的行为。

如果比丘沉迷于感官享乐，他对欲乐的执着会日渐增强，他将陷入贪欲的漩涡之中无法自拔，因而无法证悟涅槃或达到其他较低层次的禅修成果。

另一种极端行为是自我折磨的苦行，如逐渐延长屏住呼吸的时间；断食，只吃草、苔藓、尘土等，一天只吃一颗豆子，一粒芝麻，或只吃一粒米，长时间一脚站立，睡卧在尖刺上，等等。古时候的印度人误以为烦恼的根源来自身体，因此他们想尽办法折磨自己的身体，以期灭除烦恼。我们的菩萨出家之后曾经修行诸如此类的自我折磨苦行，其艰难程度无人可比。他的身体极端瘦弱，他的腿看起来像芦苇秆，他的髋部犹如骆驼的蹄，他的脊椎像一条绳索般地在背部突显出来，他身上的肋骨像破屋的椽条，他的眼睛深深地陷入头部，看起来就像深井底部的水一般。他甚至修行到接近死亡的边缘，但即使是如此艰难的苦行，仍然无法找到自己长久以来追求的真理。因此他在成道后宣示说：自我折磨的苦行是痛苦的、非神圣的、没有利益的行为。

如果比丘沉迷于自我折磨的苦行，身体将会非常虚弱，心也因为剧痛而被扰乱，因此无法培育深厚的定力。没有深厚的定力，就无法如实地了知诸法，因此无法彻悟四圣谛。

（四）中道

佛陀继续说道：

> 借着避免这两种极端，如来实践中道。此中道引生彻见、引生真知，通向寂静、胜智、正觉、涅槃。

称为"中道"的理由，是因为它避免了上述的两种极端行为。

这里所谓的"彻见"（cakkhu 眼）是指透视四圣谛的慧眼，"真知"（ñāṇa 智）是指了悟四圣谛的智慧，"寂静"（upasama）是指一切烦恼灭尽无余，"胜智"（abhiññāṇa）是指了悟四圣谛的智慧，"正觉"（sambodha）是指了知四圣谛的圣道智。"涅槃"（Nibbāna）是生死轮回的结束，是永远的解脱，是究竟之乐。

轭孔经

在此我想引述《相应部·轭孔经》（Saṁyutta Nikāya, Chiggaḷayuga

Sutta. S. 3. 397）中的一段经文，来说明四圣谛的重要性。在此经中佛陀说：

"诸比丘，假设有人将中间有一个洞的轭丢入大海，而大海中有一只瞎眼海龟，每隔一百年才浮出海面一次。诸比丘，你们认为如何？那只每隔一百年才浮出海面一次的瞎眼海龟，会不会将头伸入那块轭中间的洞呢？"

"世尊，如果那只海龟要如此做到的话，必然要经过很长久的时间才可能办得到。"

"那只每隔一百年才浮出海面一次的瞎眼海龟，将头伸入那块轭中间的洞所需要的时间，比愚痴者堕入恶道后再投生到人间所需要的时间更短。什么缘故呢？诸比丘，因为在恶道的行为没有佛法的引导，没有正当的行为，没有善行，没有德行。在那里常见的是互相残杀与弱肉强食。为什么会如此呢？诸比丘，因为他们没有知见四圣谛。何谓四圣谛呢？即苦圣谛、苦集圣谛、苦灭圣谛与导致苦灭的道圣谛。

因此，诸比丘，应当精勤于了知'这是苦'；应当精勤于了知'这是苦的原因'；应当精勤于了知'这是苦的息灭'；应当精勤于了知'这是导致苦灭之道'。"

由此可知，如果想避免堕入恶道，就必须了知四圣谛。中道是了知四圣谛与获得证悟涅槃的彻见、真知、正觉的唯一道路。

八圣道分

佛陀在《转法轮经》中继续说道：

诸比丘，那个引生彻见、引生真知，通向寂静、胜智、正觉、涅槃的中道是什么呢？

那就是八圣道分，即正见、正思维、正语、正业、正命、正精进、正念、正定。诸比丘，这就是引生彻见、引生真知，通向寂静、胜智、正觉、涅槃的中道。

在此我要加以解释。什么是"正见"（sammā-diṭṭhi）呢？在《大念处经》中，佛陀解释正见的四个层面如下：'dukkhe ñāṇaṁ, dukkhasamudaye ñāṇaṁ, dukkhanirodhe ñāṇaṁ, dukkhanirodhagāminīpaṭipadāya ñāṇaṁ——"了知苦的智慧、了知苦集的智慧、了知苦灭的智慧、了知导致苦灭之道的智慧"——这四种智慧称为正见。

什么是"正思维"（sammā-saṅkappa）呢？将心投入苦谛、将心投入集谛、将心投入灭谛、将心投入道谛。这四种将心投入的法称为正思维。由于禅那法也包含于苦谛中，因此将心投入禅那目标与禅那法也是正思维。

正见与正思维经常相伴存在。它们生起于同一个心识刹那中。它们属于慧学。

"正语"（sammā-vācā）、"正业"（sammā-kammanta）与"正命"（sammā-ājīva）属于戒学，即戒行的训练。正精进、正念与正定则属于定学。

什么是"正精进"（sammā-vāyāma）呢？修行止禅时，为了完全专注于止禅目标而付出的努力称为正精进。修行观禅时，为了彻知苦谛、集谛、灭谛与道谛而付出的努力称为正精进。

什么是"正念"（sammā-sati）呢？对苦谛的忆念不忘、对集谛的忆念不忘、对灭谛的忆念不忘及对道谛的忆念不忘。这四种忆念不忘称为正念。

什么是"正定"（sammā-samādhi）呢？在止禅中，八定及它们的近行定称为正定。八定：初禅、第二禅、第三禅、第四禅、空无边处定、识无边处定、无所有处定及非想非非想处定。在观禅中，专注于行法及行法的无常、苦、无我三相称为正定。此正定必然与正见相伴存在，生起于同一个心识刹那中。这是世间的正定。出世间的正定则以涅槃为目标（所缘），与圣道智同时生起。

（五）四圣谛

苦圣谛

佛陀继续说道：

> 诸比丘，这是苦圣谛：
> 生是苦、老是苦、病是苦、死是苦、怨憎会是苦、爱别离是苦、求不得也是苦。简单地说：五取蕴是苦。

生、老、病、死依据世俗谛（sammuti sacca）与究竟谛（paramattha sacca）而言都是苦。所有的究竟名色法都有生（jāti）、住（jarā；老）、灭（maraṇa；死）这三时。佛陀在《大念处经》中如此解释生、老、死：

> 诸比丘，什么是生呢？无论是任何众生，在任何众生的群体，都有诞生、产生、出现、生起、诸蕴的显现、诸处的获得，诸比丘，那称为生。
> 诸比丘，什么是老呢？无论是任何众生，在任何众生的群体，都有衰老、老朽、牙齿损坏、头发苍白、皮肤变皱、身老缩小、诸

根老熟，诸比丘，那称为老。

诸比丘，什么是死呢？无论是任何众生，在任何众生的群体，都有死亡、逝世、解体、消失、命终、诸蕴的分离、身体的舍弃、命根的毁坏，诸比丘，那称为死。

除了这几种苦之外，在某些经中佛陀还提到另外五种苦，即愁、悲、苦、忧、恼。佛陀在《大念处经》中如此解释：

诸比丘，什么是愁呢？任何时候，由于任何的不幸，任何人遭遇到令人苦恼的法而有忧愁、悲伤、苦恼、内在的哀伤、内在的悲痛，诸比丘，那称为愁。

诸比丘，什么是悲呢？任何时候，由于任何的不幸，任何人遭遇到令人苦恼的法而有痛哭、悲泣、大声悲叹、高声哀呼，诸比丘，那称为悲。

诸比丘，什么是苦呢？任何身体的痛苦感受、身体的不愉快感受，或由于身体接触而产生的痛苦或不愉快感受，诸比丘，那称为苦。

诸比丘，什么是忧呢？任何心理的痛苦感受、心理的不愉快感受，或由于心理接触而产生的痛苦或不愉快感受，诸比丘，那称为忧。

诸比丘，什么是恼呢？任何时候，由于任何的不幸，任何人遭遇到令人苦恼的法而有忧恼、大忧恼，以及由于忧恼、大忧恼而感受到的苦痛，诸比丘，那称为恼。

"怨憎会、爱别离、求不得"称为有贪之苦（sarāga-dukkha），意思是因为执着而产生的苦。佛陀在《大念处经》中如此解释：

诸比丘，什么是怨憎会苦呢？在这里，任何人有了不想要的、讨厌的、不愉快的色尘、声尘、香尘、味尘、触尘或法尘，或者任何人遭遇到心怀恶意者、心怀伤害意者、心怀扰乱意者、心怀危害意者，与这些人会合、交往、联络、结合，诸比丘，那称为怨憎会苦。

诸比丘，什么是爱别离苦呢？在这里，任何人有想要的、喜爱的、愉快的色尘、声尘、香尘、味尘、触尘或法尘，或者任何人遇到心怀善意者、心怀好意者、心怀安慰意者、心怀安稳意者、母亲、父亲、兄弟、姊妹、朋友、同事或血亲，然后丧失了与这些人的会合、交往、联络、结合，诸比丘，那称为爱别离苦。

诸比丘，什么是求不得苦呢？诸比丘，会遭受生的众生内心生起这样的愿望："希望我不要遭受生，希望我不要投生！"然而此事无法借着愿望而达成，这就是求不得苦。

诸比丘，会遭受老的众生内心生起这样的愿望："希望我不要遭受老，希望我不要变老！"然而此事无法借着愿望而达成，这就是求不得苦。

诸比丘，会遭受病的众生内心生起这样的愿望："希望我不要遭受病，希望我不要生病！"然而此事无法借着愿望而达成，这就是求不得苦。

诸比丘，会遭受死的众生内心生起这样的愿望："希望我不要遭受死，希望我不要死亡！"然而此事无法借着愿望而达成，这就是求不得苦。

诸比丘，会遭受愁的众生内心生起这样的愿望："希望我不要遭受愁，希望我没有愁！"然而此事无法借着愿望而达成，这就是求不得苦。

诸比丘，会遭受悲的众生内心生起这样的愿望："希望我不要遭受悲,希望我没有悲!"然而此事无法借着愿望而达成,这就是求不得苦。

诸比丘,会遭受苦的众生内心生起这样的愿望:"希望我不要遭受苦,希望我没有苦!"然而此事无法借着愿望而达成,这就是求不得苦。

诸比丘,会遭受忧的众生内心生起这样的愿望:"希望我不要遭受忧,希望我没有忧!"然而此事无法借着愿望而达成,这就是求不得苦。

诸比丘,会遭受恼的众生内心生起这样的愿望:"希望我不要遭受恼,希望我没有恼!"然而此事无法借着愿望而达成,这就是求不得苦。

然后佛陀以概括的方式如此解释苦谛:"简单地说,五取蕴是苦",五取蕴都是观智的目标。

什么是五取蕴呢?即色取蕴、受取蕴、想取蕴、行取蕴及识取蕴。什么是色取蕴呢?在《蕴品相应·蕴经》(Khandhā Sutta, Khandha Vagga Saṁyutta)中,佛陀开示说:

Yaṁ kiñci rūpaṁ atītānāgatapaccuppannaṁ ajjhattaṁ vā bahiddhā vā olārikaṁ vā sukhumaṁ vā hīnaṁ vā paṇitaṁ vā yaṁ dure santike vā sāsavaṁ upādāniyaṁ ayaṁ vuccati rūpupādānakkhandho.

译文:无论是过去的、未来的或现在的、内在的或外在的、粗的或细的、低劣的或殊胜的、远的或近的,只要是会成为执取之目标的色法都称为色取蕴。

佛陀以同样的方式解释受取蕴、想取蕴、行取蕴及识取蕴。因此大家应当了解，不只是现在的五取蕴是苦谛法而已，过去的、未来的、内在的、外在的、粗的、细的、低劣的、殊胜的、远的与近的五取蕴也都是苦谛法。

为什么这些五蕴是会被执取的目标呢？众生的身心是由五蕴所构成的。由于无明的缘故，凡夫视色法为"我"、"我的"或"我的自我"，如此即产生了对色法的贪爱与执取。对于受、想、行、识的贪爱与执取也是如此。因此，对尚未如实地照见诸法的凡夫而言，这些五蕴都是执取的目标。事实上，除了出世间名法以外，其余的蕴都是取蕴。

不了知四圣谛就无法证悟涅槃，而苦谛正是四圣谛的第一项，它包括上述的十一种五取蕴。如果想要证悟涅槃、解脱生死轮回，就必须了知这些五取蕴。

苦集圣谛

经文接着解释第二项圣谛如下：

> 诸比丘，这是苦集圣谛：
> 它是造成投生的贪爱，四处追求爱乐，也就是欲爱、有爱及非有爱。诸比丘，这就是苦集圣谛。

在本经中佛陀教导说贪爱是集谛。在《增支部·立处经》（Aṅguttara Nikāya, Tiṭṭhāyatana Sutta. A 1.178）里，佛陀则教导缘起为集谛。我要引用该经的一段经文来解释苦集圣谛：

> 诸比丘，什么是苦集圣谛？
> 无明缘行、行缘识、识缘名色、名色缘六处、六处缘触、触缘受、受缘爱、爱缘取、取缘有、有缘生、生缘老、死、愁、悲、

苦、忧、恼。一切苦蕴如是生起。

因此无明（avijjā）、爱（taṇhā）、取（upādāna）、行（saṅkhāra）与业（kamma）① 都是集谛。简单地说，一切不善业与能造成投生的善业都是集谛。（Smv. 185）

在《分别论·谛分别》（Sacca Vibhaṅga）中，佛陀以五种方式来解释集谛：

1. 贪爱（taṇhā）是集谛；

2. 十种烦恼（贪、瞋、痴、骄慢、邪见、疑、昏沉、掉举、无惭、无愧）是集谛；

3. 一切不善法是集谛；

4. 一切不善法及能造成投生的三善根（无贪、无瞋、无痴）是集谛；

5. 一切不善法与能造成投生的善法，或一切不善业与能造成投生的善业都是集谛。

既然一切不善业与能造成投生的善业都是集谛，那么为什么佛陀在本经中只说道贪爱是集谛呢？举例而言，只要一颗种子中还有水份或潜能，处在适宜的环境时就还会生根发芽。同样地，只要业力还有贪爱伴随，它就还会结成果报；如果没有贪爱，业力就无法结成任何果报。这就是为何佛陀说贪爱是集谛的理由。

由于贪爱的缘故，众生"四处追求爱乐"。我想引述《阿沙卡本生经》（Assakajātaka）的故事②来说明众生如何四处追求爱乐。

有一次世尊住在祇园精舍时，他针对一位思念前妻的比丘说了这

----

① 中译按：业是缘起支中的"有"，即"业有"。
② 《本生经注》第 207 个故事。

个故事。世尊问该比丘是否真的思念女人。该比丘答道："是的。"世尊继续问道："你思念的是谁？"该比丘答道："我已故的前妻。"当时世尊说道："比丘，你不只是这一次对该女人充满贪爱而已，在过去她对你的爱亦令你极端痛苦"，于是世尊说了以下的故事。

阿沙卡本生经

在以前，有一位名叫阿沙卡（Assaka）的国王住在迦尸国的波达里城，公正地统治着他的国家。他的皇后乌巴里（Ubbarī）是他极亲爱的人。她非常优美动人，只是比不上仙女之美而已，但已超越了所有其他的女人。在她死后，国王非常哀恸凄苦。他把她的尸体涂上油膏，置放在棺材里，再把棺材放在自己的床底下。然后他躺在床上，不吃也不喝，而只是悲泣。虽然他的父母、亲戚、朋友、国师及臣民都向他说一切事物终需毁坏的，所以不必悲伤，但是都劝服不了他。在七天里，他就只是悲伤地躺着。

当时菩萨是住在喜马拉雅山脚下的一位沙门。他拥有五神通及八定。有一天，他以天眼通观察印度时看到阿沙卡王正在悲泣，于是立刻下定决心要去帮助他。他运用神通飞上天空，然后降落在国王的公园，犹如一尊金像地坐在园里的石座上。

波达里城的一位年轻婆罗门走进公园里时看到了菩萨。向菩萨问候之后，他即坐在一旁。菩萨友善地向他问道："你们的国王是否是个公正的国王？"

该青年答道："是的，尊者，国王很公正。然而他的皇后刚死不久。他把她的尸体置放在棺材里之后，就一直悲伤地躺着，至今已经七天了。为何您不去解除国王的悲恸？像您如此具备德行的人应该解除国王的悲伤。"

菩萨答道："我不认识国王，年轻人。但是如果他来问我，我将会告诉他该皇后投生到哪里，而且还会令她说话。"

该青年说道："若是如此，尊者，请您在这里等候，我去请国王来见您。"菩萨同意了，而那青年婆罗门即赶快去见国王，告诉他这件事。他向国王说："您应该去见一见那位拥有天眼通的人！"

国王想到能够再见到乌巴里皇后就感到非常高兴，于是他乘坐马车来到那公园。向菩萨问候之后，他即坐在一旁，问道："有人告诉我，说你知道我的皇后投生到哪里，这是否是真的？"

"是的，国王，我知道。"菩萨答道。

国王就问她投生在什么地方。

菩萨答道："国王，由于她对自己的美貌过度自满而生活放逸、不做善事，因此如今她投生在这座公园里成为一只粪虫。"

"我不相信！"国王说道。

"好，那么我就带她来见你，并且令她说话。"菩萨说道。

"请令她说话！"国王说道。

菩萨命令道："那两只忙着在牛粪里钻的给我过来见国王！"通过他的神通力，它们来到国王面前。菩萨指着其中一只粪虫向国王说道："国王，你瞧，那就是你的皇后乌巴里！她刚刚跟随着她的粪虫丈夫从牛粪堆中出来。"

"什么？我的皇后乌巴里是一只粪虫？我不相信！"国王叫了起来。

"国王，我将令她说话。"

"令她说话吧，尊者！"

菩萨即以神通力赐予她说人话的能力，然后说："乌巴里！"

"什么事，尊者？"她以人语问道。

"你在前世名叫什么？"菩萨问她。

"尊者，我名叫乌巴里，是阿沙卡王的皇后。"她答道。

菩萨继续问道:"告诉我,现在你比较爱阿沙卡王,还是比较爱这只粪虫?"

她答道:"尊者,那是我前生的事。当时我和阿沙卡王住在这公园里,一起享受色、声、香、味、触五欲。但是如今我的记忆已经由于转世而变得模糊,他对我来说又算得是什么呢?现在我甚至希望杀死阿沙卡王,以他的喉血来涂我这粪虫丈夫的脚哪!"随后她即以人语在国王的面前颂出以下的偈语:

阿沙卡大王曾经是我亲爱的丈夫,

我们相亲相爱地走在这座公园里。

然而如今新愁新欢已令旧的消失,

我的粪虫丈夫远比阿沙卡更亲近。

阿沙卡王听后即刻对自己的作为感到懊悔。他当下即命人把皇后的尸体移掉,并且清洗自己的头。他向菩萨顶礼之后就回到城里。后来他娶了另一位皇后,公正地统理国家。而菩萨在教导国王、解除他的悲伤之后,就回到喜马拉雅山去了。

说完这个故事之后,世尊再开示佛法。在开示结束之时,那位思念前妻的比丘证悟了初道与初果。随后世尊说明那世的人物:"你已故的前妻就是乌巴里,你就是阿沙卡王,舍利弗就是那位年轻的婆罗门,那沙门就是我。"

如此,乌巴里皇后在做人的时候生活放逸、追求爱乐。她那伴随着喜与贪的贪爱造成她投生为一只雌粪虫。纵然投生为粪虫那样卑微的生命,她还是继续沉迷于爱乐,与新的丈夫寻欢作乐。这正是贪爱的特质——四处追求爱乐。然而,不只是乌巴里皇后而已,一切尚未证果的凡夫都在生死轮回里四处追求爱乐,却不知贪爱会带来生死轮回中无尽的痛苦。

《清净道论》（Vs 2.202）解释三种贪爱如下：

1. 欲爱（kāma-taṇhā）：以欲望而贪爱享受色、声、香、味、触、法六尘（法尘包括五种净色、十六种微细色、心、心所及概念法，如安般禅相、遍禅相等。心与心所是名法，包括禅那法）。

2. 有爱（bhava-taṇhā）：伴随着常见而生起的贪爱。常见（sassata-diṭṭhi）认为所有六尘或任何一尘是灵魂，生生世世存在。

3. 非有爱（vibhava-taṇhā）：伴随着断见而生起的贪爱。断见（uc-cheda-diṭṭhi）认为六尘是灵魂，在人死亡之后即完全毁灭。

大家应当记住集谛是苦谛的因。在本经中佛陀如此教导："简单地说，五取蕴是苦。"因此集谛是五取蕴生起的原因。大家应当记住这种因果关系。

苦谛法与集谛法是观智的目标。因此，如果大家要修习观禅，就必须先致力于彻知它们。如何实行呢？在过后我会详细地解释。

苦灭圣谛

接着经文解释第三项圣谛：

> 诸比丘，这是苦灭圣谛：
> 即此贪爱的息灭无余、舍弃、遣离、解脱、无着。

在本经中，佛陀教导说贪爱的息灭无余是灭谛，而在其他某些经中，佛陀教导说苦谛的息灭无余是灭谛。为什么有这两种不同的解释呢？事实上它们是指同一件事。由于贪爱息灭无余，或者说由于无明、爱、取、行、业息灭无余，所以五蕴（苦谛）就会息灭无余。果灭是因为因灭，由于因灭，所以果灭。这两种解释法中，一种是依照因灭来解释，另一种是依照果灭来解释，而事实上都是指相同的道理。这就是为什么佛陀有时说贪爱的息灭无余是灭谛，有时说五蕴的息灭无余是灭谛。

在《增支部·立处经》（A 1.178）中，佛陀教导缘起灭尽无余也是灭谛，也就是苦灭圣谛。我要引用该经的一段经文来解释苦灭圣谛：

> 诸比丘，什么是苦灭圣谛？
>
> 由于无明消失与灭尽无余，行灭尽无余；由于行灭尽无余，识灭尽无余……这一切苦蕴灭尽无余。诸比丘，这称为苦灭圣谛。

换句话说，由于无明、爱、取、行与业灭尽无余，识、名色、六处、触与受灭尽无余。这种因果的灭尽无余也称为苦灭圣谛或灭谛。

这种灭谛是观智的目标。（Vs 737）

事实上，涅槃就是灭谛。上述两种灭是依靠取涅槃为目标的圣道智而产生。四种圣道智取涅槃为目标，它们逐阶地将烦恼灭尽无余。由于烦恼灭尽无余，所以般涅槃之后没有业能够再产生任何蕴，因此五蕴也就灭尽无余。但是有些弟子很难了解涅槃，是故佛陀教导说两种灭当中任何一种都是灭谛。有时涅槃被称为"无为界"（asaṅkhata dhātu），因此涅槃（无为）是因，两种灭是果。

灭谛可以是因，也可以是果，也就是说无为涅槃是因，有余涅槃及无余涅槃是果。什么是有余涅槃及无余涅槃？烦恼的灭尽无余称为"烦恼般涅槃"（Kilesa-Parinabbāna）或"有余涅槃"（Saupadisesa-Nibbāna 意即还有五蕴残余）。五蕴的灭尽无余称为"蕴般涅槃"（Khandha-Parinibbāna）或"无余涅槃"（Anupadisesa-Nibbāna）。

举例而言，佛陀的烦恼灭尽无余发生于他证悟成佛之时。在菩提伽耶（Gaya），他的四种圣道智取无为界（涅槃）为目标，逐阶地将一切烦恼灭尽无余。四十五年之后，他在拘尸那罗（Kusinārā）大般涅槃，那时他的五蕴完全灭尽无余。

涅槃是出世间四圣道、四圣果的目标（所缘）。然而在证悟涅槃之前，禅修者修行观禅时必须取两种灭作为修观的目标——即烦恼的灭尽无余及五蕴的灭尽无余。了知这些目标的观智称为"生灭智"（Udaya-vaya-ñāṇa）。这在过后的开示会解释。

导致苦灭的道圣谛

接着佛陀解释第四项圣谛：

> 诸比丘，这是导致苦灭的道圣谛：
> 那就是八圣道分，即正见、正思维、正语、正业、正命、正精进、正念、正定。

有时称八圣道分为道谛（magga-sacca），但是在本经中佛陀称它为"导致苦灭的道圣谛"（dukkhanirodha-gāminī paṭipadā ariyasacca），这两种名称含义相同。

八圣道分有两种，即世间的与出世间的。如果要达到出世间的八圣道分，大家首先必须培育世间的八圣道分（MA 2.165）。每一个圣道的出世间八圣道分都只能够在每一个人的心流之中生起一次而已，因此它本身是不能被培育的。就世间的八圣道分而言，在你修行观禅时，有五项圣道分同时存在。举例而言，如果你已经能照见五蕴及它们的因，进一步应当观照这些行法的无常、苦、无我三相。苦谛法与集谛法都称为行法。借着透视它们生灭的本质，你了知它们为无常；借着透视它们受到生灭逼迫的本质，你了知它们为苦；借着透视它们没有恒常自我的本质，你了知它们为无我。如此观照时，了知这些行法无常、苦、无我三相的智慧是正见；将心投入这些行法及其无常、苦、无我三相的是正思维。正见与正思维经常同时存在。为了照见行法无常、苦、无我三相而付出的努力是正精进。对行法的无常、苦、无我三相忆念不忘是正念。专注于行法的无常、苦、无我三相是正定。因此当禅修者修行观禅时，上述这五项圣道分都同时存在。正语、正业、正命这三项圣道分属于戒学。在修行止禅与观禅之前，你必须先持守戒律，即具备正语、正业与正命。如此总共有八项圣道分。然而，就世间道而言，戒学的三项圣道分不会和其余的五项圣道分或观智同时生起，即它们不会存在于同一个心识刹那或同一个心路过程里。

修行观禅到了最后，当禅修者证悟涅槃时，八项圣道分都存在他的心中，那是出世间的八圣道分。了知涅槃的是正见；将心投入涅槃的是正思维；为了要了知涅槃而付出的努力是正精进；对涅槃明记不忘是正念；专注于涅槃是正定；能造成邪语、邪业与邪命的烦恼都被道智灭除了，因此正语、正业与正命也都与道智同时存在。如此，当禅修者证悟涅槃时，八项圣道分同时都具足。

（六）三摩地经

至此已经解释了四圣谛的涵义与重要性。要如何修行才能了悟四圣谛呢？请聆听出自《谛相应·三摩地经》（Sacca Saṁyutta, Samādhi Sutta. S 3.363）的这段经文：

> 诸比丘，应当培育定力。有定力的比丘能如实地了知诸法。
>
> 他如实地了知什么？他如实地了知："这是苦"；他如实地了知："这是苦的原因"；他如实地了知："这是苦的息灭"；他如实地了知："这是导致苦灭之道"。
>
> 诸比丘，应当培育定力。有定力的比丘能如实地了知诸法。
>
> 是故，诸比丘，应当精勤于了知："这是苦"；应当精勤于了

知："这是苦的原因"；应当精勤于了知："这是苦的息灭"；应当精勤于了知："这是导致苦灭之道"。

因此，如果要了悟四圣谛，首先必须培育定力。用以培育定力的止禅法门有四十种之多，你可以任选其中一种。在此我要先解释安般念，然后解释如何依照《大念处经》里所教的指示了悟四圣谛。

二　安般念浅说

我将依据《大念处经》（Mahāsatipaṭṭhāna Sutta）来解释安般念的修行方法。在那部经中佛陀开示说：

诸比丘，比丘如何安住于观身为身呢？

在此，诸比丘，比丘前往森林、树下或闲静处，盘腿而坐，保持上身正直，安立正念于自己禅修的所缘。他正念地吸气，正念地呼气。吸气长的时候，他了知："我吸气长。"呼气长的时候，他了知："我呼气长。"吸气短的时候，他了知："我吸气短。"呼气短的时候，他了知："我呼气短。"他如此训练："我应当觉知（气息的）全身而吸气。"他如此训练："我应当觉知（气息的）全身而呼气。"他如此训练："我应当平静（气息的）身行而吸气。"他如此训练："我应当平静（气息的）身行而呼气。"

就像善巧的车床师或他的学徒，当他做长弯的时候，他了知："我做长弯。"当他做短弯的时候，他了知："我做短弯。"同样地，当比丘吸气长的时候，他了知："我吸气长。"呼气长的时候，他了知："我呼气长。"吸气短的时候，他了知："我吸气短。"呼气短的时候，他了知："我呼气短。"他如此训练："我应当觉知（气

息的）全身而吸气。"他如此训练："我应当觉知（气息的）全身
而呼气。"他如此训练："我应当平静（气息的）身行而吸气。"他
如此训练："我应当平静（气息的）身行而呼气。"

这是佛陀就安般念修行方法所作的开示。这段开示主要是教导证
得禅那的方法。经文中"在此"这两个字是指在佛陀的教法中。这两
个字排除了佛教以外的宗教，因为其他宗教不像佛教这样彻底地教导
安般念的修行方法。这样的方法只能在佛教里找到。经上也说："在此
有（真实的）沙门；其他教法里没有沙门。"（M 1.92）

（一）适当处所

佛陀在"比丘前往森林、树下或闲静处"这句经文显示禅修者培
育正念的适当处所。

一般而言，在尚未开始修行之前，禅修者的心已经长时间住在声色
等欲乐目标，不喜欢进入禅修的道路，因为他的心不习惯活在没有欲乐
的环境里，就像用野生的小牛来拉车一样，它会跑到道路之外去。之
前，他的心时常接触及取乐于各种欲乐目标，例如好看的电影、悦耳的
音乐、美味的食物及快乐的社会生活。但现在并没有电影、音乐等来取
悦他的眼睛、耳朵等，因此他的心犹如一条鱼被人从水中拿出来放在干
燥地面上一般，痛苦地乱跳及渴望回到水中。呼吸对他那渴望欲乐的心
来说，就犹如干燥的地面一般，实在太枯燥无味了。于是在禅坐时他不
专注于气息，反而将大部分时间用于回顾过去所享受的欲乐，或想象未
来将获得的欲乐。然而，这只是在浪费时间，根本无助于心的培育。即
使他如此修行一辈子，其禅修也不会有丝毫进展。

为了克服这坏习惯，他必须不断地将散乱的心引导回来，尽量长久
地专注于呼吸，以培育专注呼吸的新习惯。这就像牧牛者想驯服喝野生

母牛奶长大的小野牛时所做的事。他带领那头小牛离开母牛，将它绑在一根牢固深埋的柱子上。小牛会跳来跳去，想要逃脱。但是当它发现无法跑掉的时候，就会依靠那根柱子而蹲伏或躺卧。同样地，禅修者想要驯服长时间沉迷于声色等目标的难调之心。他引导心离开声色等目标，进入森林、树下或闲静处，用正念之绳将心绑在呼吸这个念处目标上。他的心也会跳来跳去，当它得不到长期惯取的目标，并且发现无法挣脱正念之绳而跑掉时，最后它会依靠那个目标而以近行定或安止定坐下或躺卧。

因此古代的论师说：

> 就像想要驯服野生小牛的人，
> 会将它绑在牢固深埋的木桩，
> 同样地禅修者应将自己的心，
> 牢牢地绑在其禅修的目标上。（DA 2.353）

如果不远离聚落，则很难成就安般念法门，因为对禅定来说，声音好比是尖刺一样。相反地，在聚落以外的地方，禅修者很容易就能掌握禅修的法门。因此世尊指出适合禅修的处所，而说："前往森林、树下或闲静处"。

一个善于选择建筑地点的大师看了一块适合建筑城镇之地，从各方面详细考虑之后，他建议说："就在这里建立城镇。"城镇建设完成之后，他受到皇家高度的推崇。同样地，佛陀从各方面详细考虑适合禅修者修行的处所之后，他建议："就在这里修行此业处。"当禅修者循序渐进地证得阿罗汉果之后，他就以这样的话来表达对佛陀的感谢与赞叹："世尊确实是无上正觉者。"如此，世尊受到高度的推崇。

比丘好比是豹，像豹一样，比丘独自住在森林里，克服贪爱等障碍，达成目标。

正如一头豹王躲藏在森林、草丛、灌木丛或山林里，捕捉水牛、麋鹿、山猪及其他野兽。同样地，比丘致力于禅修，逐一地证悟四道与四果。因此古代的论师说：

> 正如豹埋伏山林，捕捉野兽，
>
> 正觉者之子亦然，洞察敏锐，
>
> 进入于山林之中，精勤修行，
>
> 在那里证悟圣果，殊胜至上。

虽然现在大家所住的地方不是森林，也不是树下，而且有许多禅修者住在一起，但是如果你能够不在意其他人的存在，放下一切万缘，而只觉知自己禅修的目标，那么这里对你而言就像是闲静处一样。更何况大众共修有助于激发精进心，而促使禅修得到更快速的进展。

（二）适当的姿势

"保持上身正直"是指保持背部的每一节脊椎骨端正，节节平正地相接，身直腰正。佛陀建议这样的坐姿，因为这是最稳定与舒服的姿势，有助于保持心平静与提高警觉性。

（三）安立正念于自己禅修的所缘

什么是"安立正念于自己禅修的所缘"？它是指：将心引导到禅修应当专注的目标，并且将心固定在那里。举例而言，如果你修行安般念，就应当将正念安住在呼吸。如果你修行四界分别观，就应当将正念安住在四界（四大）的特相，而不是家人。

（四）他正念地吸气，正念地呼气

"他正念地吸气，正念地呼气"是指他在呼吸的时候不舍弃正念。正念是很重要的。正念的意思是明记不忘。如果你能明记经过鼻孔下端或人中的呼吸，持续不忘失，正念就会愈来愈强。正念强的时候，定力就会提升。当定力提升到相当程度的时候，你会见到禅相。如果能持续稳固地专注于禅相，你就能证得初禅乃至第四禅。

（五）长与短

如何才能"正念地吸气，正念地呼气"呢？佛陀在经文中教导说：

> 吸气长的时候，他了知"我吸气长。"呼气长的时候，他了知"我呼气长。"

解释：

说及"吸气长"等是为了显示他作为正念修行者的各种方式。因为《无碍解道》解释"他正念地吸气，他正念地呼气"这一句时这么说：

第一组的四个阶段

他以三十二个方式作为正念修行者：①

1. 当他透过吸气长了知心专一且不散乱，于他已建立起了正念；缘于该念与智，他是正念修行者；

---

① 中译按：在每一个阶段都有吸气与呼气两种方式，因此一组四个阶段一共有八种方式。关于十六个阶段的修法，请参考帕奥禅师所著的《正念之道》答44，第362～369页。

2. 当他透过呼气长了知心专一且不散乱，于他已建立起了正念；缘于该念与智，他是正念修行者。

应以同样的方法来理解以下的方式：

3. 当他透过吸气短……

4. 当他透过呼气短……

5. 当他透过觉知（气息的）全身而吸气……

6. 当他透过觉知（气息的）全身而呼气……

7. 当他透过平静（气息的）身行而吸气……

8. 当他透过平静（气息的）身行而呼气……

第二组的四个阶段

9. 当他透过觉知喜而吸气……

10. 当他透过觉知喜而呼气……

11. 当他透过觉知乐而吸气……

12. 当他透过觉知乐而呼气……

13. 当他透过觉知心行而吸气……

14. 当他透过觉知心行而呼气……

15. 当他透过平静心行而吸气……

16. 当他透过平静心行而呼气……

第三组的四个阶段

17. 当他透过觉知心而吸气……

18. 当他透过觉知心而呼气……

19. 当他透过令心喜悦而吸气……

20. 当他透过令心喜悦而呼气……

21. 当他透过令心专注而吸气……

22. 当他透过令心专注而呼气……

23. 当他透过令心解脱而吸气……

24. 当他透过令心解脱而呼气……

第四组的四个阶段

25. 当他透过观无常而吸气……

26. 当他透过观无常而呼气……

27. 当他透过观离贪而吸气……

28. 当他透过观离贪而呼气……

29. 当他透过观灭而吸气……

30. 当他透过观灭而呼气……

31. 当他透过观舍而吸气……

32. 当他透过观舍而呼气，了知心专一且不散乱，于他已建立起了正念；缘于该念与智，他是正念修行者。(Ps 174)

如果禅修者以这三十二种方式呼吸，就可说他正念地吸气及正念地呼气。

九种长

当依其"程度"（addhāna）理解气息之长度。对于进出时经过一段长距离的气息，应当理解它为在时间上算长；对于进出时经过一段短距离的气息，则应当理解它为在时间上算短。

以九种方式吸气长与呼气长时，此比丘了知："我吸气长，我呼气长。"对于培育属于身随念的念处，应当理解如此了知者在一个方面获得了圆满，是故《无碍解道》中说：

吸气长时，他如何了知"我吸气长"，呼气长时，他如何了知"我呼气长"？

1. 他以一段长时间吸进长的气息。

2. 他以一段长时间呼出长的气息。

3. 他以一段长时间吸进与呼出长的气息。

当他吸气与呼气都经历一段长时间时，他心中生起了强烈的意愿（chanda 欲）。

4. 透过意愿，他以一段长时间吸进比之前更加微细的气息。

5. 透过意愿，他以一段长时间呼出比之前更加微细的气息。

6. 透过意愿，他以一段长时间吸进与呼出比之前更加微细的气息。

当他透过意愿以一段长时间吸进与呼出比之前更加微细的气息，他心中生起喜悦（pīti）。

7. 透过喜悦，他以一段长时间吸进比之前更加微细的气息。

8. 透过喜悦，他以一段长时间呼出比之前更加微细的气息。

9. 透过喜悦，他以一段长时间吸进与呼出比之前更加微细的气息。

当他透过喜悦以一段长时间吸进与呼出比之前更加微细的气息，其心移离长的入息与出息，而建立了中舍。

这九种方式的长入息与长出息就是"身"（kāya）。建立（处）是念。观是智。身是建立（处），但它并不是念。念是建立（处）及念两者。透过该念与智，他观该身。这是为何说"培育属于观身为身之随观的念处"。（Ps 175）

对于短的气息的解释也是如此。因此应当理解，当比丘以这九种方式了知入息与出息为"长时间"与"短时间"时，他就是"吸气长的时候，他了知'我吸气长。'呼气长的时候，他了知'我呼气长。'吸气短的时候，他了知'我吸气短。'呼气短的时候，他了知'我呼气短。'"

根据上述的解释，如果禅修者呼吸得慢，我们说他的气息长，如果呼吸得快，我们则说他的气息短。

如果他能够很好地专注于长与短的气息，他的定力将会逐渐提升，意愿也会在他心中生起。

意愿（欲）生起：这特强的意愿对禅修有益且重要，其特相是想要采取行动与修行安般念。它会生起是因为禅修进步所产生的满足感。

比之前更加微细：比意愿生起之前更加微细。气息变得更加微细是因为禅修的力量平静了身体的烦躁与扰乱。

喜悦生起：清新的愉悦或喜（pīti）生起。根据喜的强度，它被分别为"小喜、刹那喜、继起喜、踊跃喜、遍满喜"。该喜是伴随着专注禅修之心生起的愉悦，其因是其目标（也就是长与短的气息）之宁静，它随着气息变得更加微细而增强，也因为禅修持续在其轨道上而增强。就禅修以培育定力而言，生起喜悦是很重要的。如果没有喜悦，你的定力就不能持续进步。喜悦何时才会生起呢？如果能够去除掉举与散乱，持续不断地专注于长或短的微细呼吸，如此就能提升定力，喜悦也自然会在你心中生起。

其心移离：在禅修的某个阶段，气息会因为定力提升而变得非常微细。在这阶段，禅修者可能无法清楚地觉察气息。如果他致力于保持坚强的正念于接触点上（的气息），不久之后他就能够清楚地觉察微细的气息，而且禅相也会出现。禅相出现时，心会自动地移离气息，而取禅相为目标。

建立了中舍（tatramajjhattupekkhā）：当分别为近行与安止的定力已经因为似相而产生，这时候，由于不再需要想要证得禅那的更强与刻意的兴趣，因此生起了旁观的平舍，这是中舍的态度。

这九种方式：以刚才形容的九种方式产生。

长入息与长出息就是"身"：入息与出息是一团的微小粒子。虽然它们有长度，它们以一团的形式组成"身"。在此，依靠原来的气息而

产生的禅相也（隐喻地）称为入息与出息。（Pm 1. 319）

建立（处）是念（sati）：念称为建立（处）（upaṭṭhāna），因为它注意（禅修）目标，例如气息或禅相，而且安住于该处。在此，说处（upaṭṭhāna）是指念的作为。念变得稳固地建立起来。

观是智（ñāṇa）：以宁静的态度来观禅相是智。以智观照究竟名色法也是智。在此，究竟名色法如此分类：

1. 入息与出息之身

2. 色身

3. 名身

入息与出息之身及色身是色法。心和与心相应的心所是名法。以智逐一地观照名色法为名色法是智。（Ps 181，Pm 1. 320）

身是建立（处）：在此，处（upaṭṭhāna）是指让念造作的目标。身是让念运用的处所。有这种身（三种身），以及趋近去取它为目标且安住于它的念，因此称它为"建立"（upaṭṭhāna）。"身是建立"这几个字不单只包括入息与出息之身，而是也包括色身与名身，因为在所有这三方面都需要上述的"以智观照"。（Pm 1. 320）

但它（身）并不是念：虽然身被称为"建立"，但它并不被称为"念"。虽然身是念的目标，它并不是保持正念的作为。

念是建立（处）及念两者：念是这两者是因为忆念（sarana）与建立（upaṭṭhāna）。包括在名身里的念是智的目标，而与智相应的念则趋近去取它（上述的念）为目标且安住于它，因此称它为建立与念两者。（Pm 1. 320）念是投入目标与持续忆念目标（念的两种相等含义）。

透过该念：透过上述的念。透过该智：透过上述的智。该身：入息与出息之身、作为其支助的色身、名身。（Pm 1. 320）

他随观（anupassati）：他以禅智保持其作意稳固与持续地看着入息

与出息之身或禅相，及以观智（保持其作意稳固与持续地看着）色身与名身。（Pm 1.320）

这是为何说"培育属于观身为身之随观的念处"：其含义是如此：观三种身并不是观本性无常之身为常——好像观无水的海市蜃楼，而是适当地观其本性为无常、苦、无我、不净，或者观它为只是身，而不是观它为拥有可视为"我"或"我的"或"女人"或"男人"的任何东西。与该身随观相应的念是"建立"。该念之培育与增长是培育属于身随观的念处。（Pm 1.319 – 320）

（六）气息的全身

下一段经文：

> 他如此训练："我应当觉知（气息的）全身而吸气。"他如此训练："我应当觉知（气息的）全身而呼气。"

意思是他以如此的想法训练自己："吸气的时候，我应当知道、明了整个吸气过程里开始、中间、结尾的气息。呼气的时候，我应当知道、明了整个呼气过程里开始、中间、结尾的气息。"如此，他以清明的心，知道、明了吸呼的全息。

在这里，大家不要误解说觉知全息的时候要默念"开始、中间、结尾"；事实上，只需要知道经过同一点上的呼吸从头到尾的气息就够了。

有比丘的入息或出息只有开始阶段明显，中间与结尾则不明显，他只能清楚地觉知与专注于开始的气息，而不能觉知与专注于中间与结尾的气息。另一位比丘只有中间的气息明显，开始与结尾的气息则不明显。第三位比丘只有结尾的气息明显，开始与中间的气息则不明显，因此他只能专注于结尾的气息。第四位比丘的开始、中间与结尾这三个阶段的气息都明显，没有任何困难。为了指出修行此法门应当依循第四位比丘的例子，所以佛陀说："他如此训练：'我应当觉知（气息的）全身而吸气。'他如此训练：'我应当觉知（气息的）全身而呼气。'"

由于修行此法门最初的方法除了吸气与呼气之外，不需要再做其他事情，所以说："吸气长的时候，他了知：'我吸气长。'呼气长的时候，他了知：'我呼气长。'吸气短的时候，他了知：'我吸气短。'呼气短的时候，他了知：'我呼气短。'"然后他必须致力于提起更清楚的觉知等，所以说："我应当觉知（气息的）全身而吸气。我应当觉知（气息的）全身而呼气。"清楚地了知呼吸是慧学，专注于呼吸是定学，约束自己的心，不使烦恼生起是戒学。在呼吸当中应当致力于实践此三学。

开始、中间与结尾

肚脐是向外流之气的开始，心是它的中间，鼻尖则是结尾。鼻尖是向内流之气的开始，心是它的中间，肚脐则是结尾。如果他如此跟随，他的心就会受到不宁静与干扰的扰乱，因此说：

> 当他的正念跟随入息的开始、中间与结尾进入，他的心于内受到扰乱，其身与心两者都不宁静、不安且动摇。当他的正念跟随出息的开始、中间与结尾出去，他的心于外受到扰乱，其身与心两者都不宁静、不安且动摇。（Ps. 165）

跟随（anugamana）透过正念取正在发生的气息为目标、紧随着气息而发生。因此说道："那不是透过跟随开始、中间与结尾。"

肚脐是开始是指它的起始点，而不是指它开始的时间。因为在事实上，组成气息的微小粒子生起于从肚脐到鼻尖整道气息里；无论它们在何处生起，它们就在该处坏灭，因为没有诸法（究竟法）会转移或移动。气息只是一组的微小粒子。每一粒微小粒子有九种色法：地界、水界、火界、风界、颜色、香、味、食素（营养素）与呼吸声。这些是究竟法（paramattha dhamma）。它们不能够从一处转移至另一处。无论在何处生起，它们就在同一处坏灭。"移动"这个一般用词是指依照因缘在相接之处连续地生起。

心是中间：接近心脏，就在它的上面，是中间。

鼻尖是结尾：在鼻孔之处是结尾：这是"入息与出息"这个一般用词可运用的限度，因为它们正确地被称为"心生色"，心生色不能在（身体之）外产生。（Pm. 1. 329）

入息与出息的开始、中间与结尾被称为气息的全身。它的意思是，禅修者必须了知它们是什么以及觉知它们，不让其正念离开鼻尖去跟随气息进入体内或出体外，不猜测它们会变得怎么样。上述的是自然呼吸法：开始于肚脐的息等。然而，就禅修的目的而言，应该把专注力稳固地固定于接触点上，也就是人中或鼻孔上（的气息）。

他如此训练：他如此精勤、奋斗，就是说清楚地觉知（气息的）全身。或者，在此抑制心使其远离诸盖是增上戒学。他专注于气息目标的定力是增上定学。他的觉知是增上慧学。因此他重复地、正念地训练、培育与修习这三学。这是应该如何掌握它在此的含义。

现在式与未来式

在第一个阶段，他应该只觉知长与短的气息，而完全不做其他任何事情。只有在这之后，他才应该致力于激起智、定与戒。因此，在"他了知：'我吸气……'他了知：'我呼气……'"这句经文里所采用的是现在式（语法）。当然，必须承认的是，激起智也在其时发生，因为有如实地了知气息的长短。这不难办到，因为这只是依它们发生而了知。这是为何在此用现在式来形容它。

然而，在以"我应当觉知（气息的）全身而吸气"开始的经文里，应当理解它采用未来式是为了显示从这时开始必须实践激起智、定与戒。随后的难度就好像要人走在锐利的剃刀锋上，这是为何采用未来式于后来的阶段以指出需要先有超常的精进力。（Vs 1. 265 – 266，Pm 1. 322）

（七）平静身行

接着是安般念的第四个阶段，佛陀开示说：

> 他如此训练："我应当平静（气息的）身行而吸气。"他如此训练："我应当平静（气息的）身行而呼气。"

意思就是他心里想："我呼吸时应当存着使气息平静、平稳、安宁、安详的动机。"他如此训练自己。

在这里，我们必须了解粗显、微细与平静这三种情况。还没有致力于禅修的时候，比丘的身心是纷扰的、粗显的，呼吸的气息也是粗显的、不平静的，只借着鼻孔吸呼还不够用，必须也经由嘴巴来吸呼。然而，当他调御自己的身心之后，身心变得宁静、安稳，呼吸也就变得微细，他甚至会怀疑自己是否还在呼吸。

就好像一个人刚从山上跑下来，放下顶在头上的重物，直挺地站立着的时候，他的呼吸是粗显的，经由鼻孔呼吸还不够用，必须还要透过嘴巴来呼吸。然而，当他去除了疲劳、沐浴、喝水、用湿布盖胸、坐在阴凉处休息的时候，他的呼吸就变得微细，他甚至不清楚自己是否还在呼吸。这个人是用来比喻禅修之后呼吸变得很微细的比丘，意思是他难以分辨自己是否还在呼吸。这是什么原因呢？因为在尚未开始禅修之时，他不曾去觉知、专注、反省或思维将粗显的气息平静下来的问题；

一旦开始禅修之后，他就会注意到这个问题。禅修时的气息比尚未禅修时的更微细，所以古代的论师说："在扰动的身心中，气息是粗显的；在平静的身心中，气息是微细的。"（Vs 2.17）

他如何以"我应当平静（气息的）身行而吸气；我应当平静（气息的）身行而呼气"这样的想法来训练自己呢？什么是气息的身行（kāyasaṅkhāra）？与呼吸本身相关或属于呼吸的事物称为气息的身行。他训练自己使气息的身行镇定、平稳与宁静，以如此的思维来训练自己："借着在身体向前弯、侧弯、各方向弯及后弯的时候，使气息的身行平静下来，以及借着在身体移动、颤抖、震动、摇动的时候，使气息的身行平静下来，我应当如此平静气息的身行而呼吸。在身体不向前弯、侧弯、各方向弯及后弯的时候，不移动、不颤抖、不震动、不摇动的时候，我应当借着这些安详、微细的身体活动，平静气息的身行而呼吸。"

到这里，我已经解释了以安般念来培育定力的四个阶段，即专注于：

1. 长息；
2. 短息；
3. 全息；
4. 微息。

三　安般念的实修方法

（一）数息

如果你们能够长时间地、透彻地专注于气息，那就很好。但是如果不能的话，我要建议如下地开始修习：

开始修禅时，先以舒适的姿势坐着，然后尝试觉知经过鼻孔进入体内与出去体外的气息。不要跟随气息进入体内或出体外，应该只觉知擦过人中或鼻孔的气息。如果跟随气息进出，你就无法圆满定力；然而，如果只觉知人中或鼻孔接触点上最明显的气息，你就能够圆满定力。

如果你的心不能够轻易地专注于出入息，《清净道论》建议数息，这能够帮助你培育定力。

身为初学者，你应该先以数息的方法来修习这个禅修业处。数息时，不应该数少过五，或超过十，或使一组里有中断。数少过五会使得在窄小空间里的心扰动，就好像关在窄小牛栏里的牛群。数超过十则会使心注意数目，而不是气息。如果使一组里有中断，你将会质疑该禅修业处是否已经达到圆满。因此你要毫无这些缺陷地数息。

像量谷者般数息

开始时，应该像量谷者般慢慢地数。在他装量谷器时，他数"一、一、一。"装满后他就倒掉，了知一。再次装时，他数"二、二"等等。如此，取入息或出息任何一者，无论是哪一者比较明显，你应该开始数"一、一"，直到"十、十"，每次都了知所产生的气息。对于每一道气息：

入息，一、一······

出息，一、一······

入息，二、二······

出息，二、二······

如此，你应该最少数到五，但不超过十。然而，我们建议数到八，因为它提醒你正在培育八圣道分。因此，你应依照自己的意愿，在五至十之间选择一个数目，然后下定决心在这段时间内不让心飘荡到其他地方，只应平静地觉知气息。但是具体需要继续数息多久，视情况而定，直到心不需要再受到抑制才不会飘离禅修目标，而且能够自然地、毫不吃力地专注于气息。应该明白，在这时候，即使不数息，正念也会安住于其出入息目标。其原因是，数息只是令正念安定下来安住于出入息目标的工具，切断了向外四散的寻。如此数息时，你将能使心专注，平静单纯地只觉知气息。

像牧牛者般数

当你如此数时，入息与出息会变得明显。这时候你可以舍掉像量谷者般慢数，转而像牧牛者般快数。熟练的牧牛者衣袋里装着卵石，早上走到牛栏，手中拿着鞭子；他坐在栏栅门上，捅着牛背，数着每只来到栅门的牛，说"一、二……"，每数一只就丢下一粒卵石。那群牛整晚都在窄小的地方过得很不舒服，一头头地赶快互相挤着逃出来。所以你快快地数"三、四、五"等直到八或十。如此，原本在你以之前的方法数时已经变得明显的入息与出息快速地移动。你应该在每一道气息结束后数：

进、出、一；

进、出、二；

进、出、三；

进、出、四；

进、出、五；

进、出、六；

进、出、七；

进、出、八。

你应该最少数到五，但不超过十。

如此，快速的入息与出息合起来一起数。了知它们快速地移动，不理会它们是在人中或鼻孔里面或外面，而只在它们来到（人中或鼻孔）时了知它们，你可以快速地数。只要禅修业处与数息有关联，借助该数息，心变得专一，就好像在激流里的船透过舵之助而稳定下来。

大家不可误解了快数。快数时不需要快速地呼吸。应该自然地呼吸。不应该刻意快速地呼吸。只需要平静地了知气息，把入息与出息两者合起来数"一、二"等等。如此数息，大家就会发现自己能够令心专注于气息，使得心平静地只是了知气息。

把这一点谨记在心

如此快速地数息时，禅修业处就会变成一个清楚且不间断的过程。这时候，了知该过程不间断地进行，你就可以如前所述地快速数息，不理会气息是在接触点（人中或鼻孔）的里面或外面。如果令心跟随入息进入体内，（就会感到）它（身体）好像受到内在的气冲激或填满了脂肪。如果你专注于进入体内的气息，该处（尤其是腹部）就会好像受到气冲激，涨得像粒气球，或好像填满了脂肪。如果令心跟随出息出去体外，心就会受到外在的多种对象干扰。

Phuṭṭhaphuṭṭhokāse pana satiṃ ṭhapetvā bhāventasseva bhāvanā sampajjati. ——然而，如果禅修者把念固定于气息的接触点（也就是人中或鼻孔周围），其禅修就会成功。（《清净道论》）（Vs 1. 271）

这是为何之前说："你就可以如前所述地快速数息，不注意在里面或外面的气息。"

这一点的含义可以透过注释里所说"不能走的男人""守门人"，以及《无碍解道》里所说的"锯子"的譬喻来理解。

（1）不能走的男人

就好像一个不能走的男人坐在秋千柱子脚下，推着他的孩子们与孩子们的母亲荡秋千。他看着秋千板的两端与中间连续地来回，却不需要从原地移开去看秋千板的两端与中间。同样地，当比丘用正念把自己放在用以系住正念的柱子脚下，推入息与出息秋千时，他以正念坐在人中或鼻孔原地，以正念跟随来去经过时擦到接触点的入息与出息；把心固定在该处，他不需要从原地移开就可以看见它们。

（2）守门人

就好像守门人不检查城内或城外的人，不问他们："你是谁？你从哪里来？你要去哪里？你手里拿着什么东西？"因为那些人不关他的事，而只检查来到城门的人。同样地，已经进入的入息和已经出去的出息不关你的事，只有来到鼻孔门或人中门的出入息才是你要关心的。

（3）锯子

假设一个男人用锯子来锯平放在平地的树干。他的正念透过碰到树干的锯齿建立起来，而不注意前来或离去的锯齿，尽管他不是不知道它们的来去。他付出精勤，执行能够获得所要的成果的任务，锯断了树干。相，也就是人中或鼻孔周围，好比平放在平地的树干，用以系住正念。入息与出息好比锯齿。就好像该男人的正念透过碰到树干的锯齿建立起来，同样地，比丘坐下，把正念建立在鼻尖或人中，不注意前来与离去的入息与出息，虽然他不是不知道它们的来去；他付出精勤，执行了任务，获得所要的成果。

精勤、任务与成果

精勤：什么是精勤（padhāna）的含义？精勤是产生某种心的素质——能够轻易执行任何任务的素质。此精勤呈现于毫不厌倦地、精进地运用身心于禅修目标的人。这产生适业性（适合作业的素质），因此精进地运用身心的人呈现正勤。

什么是任务（payoga）？这任务是去除缺陷、诸盖与寻。证得初禅时已经去除了诸盖，透过第二禅则去除了寻。

透过精进地运用身心呈现正勤的人将会去除缺陷、诸盖与寻。简单地说，该任务是证得初禅，等等。

什么是成果（visesa）？精勤修禅之人的诸结已被去除，其潜在倾向也被断除，这就是成果。（Vs 1. 274）

因此，如果你能够如之前所说的、透彻地专注于人中或鼻孔周围的入息与出息，而不跟随它们进入体内或出去体外，当定力提升到足够强的程度时，你就会证得禅那。

（二）长与短

如此数息时，你将能使心专注，平静单纯地只觉知气息。能如此专注至少半小时之后，你应继续进行到下一个阶段：

1. 吸气长的时候，他了知："我吸气长。"

呼气长的时候，他了知："我呼气长。"

2. 吸气短的时候，他了知："我吸气短。"

呼气短的时候，他了知："我呼气短。"

在这阶段，你必须对入出息的长短培育觉知。这里的长短并非指尺寸上的长短，而是指时间的长度。觉知每一入出息时间的长短，你会发觉有时入出息的时间长，有时入出息的时间短。在这阶段，你所应做的只是单纯地如此觉知气息而已。如果要默念，不应默念："入、出、长；入、出、短"，只应默念："入、出"，同时附带觉知气息是长或短。你应当专注于气息，附带觉知气息经过人中或鼻孔接触点的时间长短。有时在一次静坐当中，气息从头到尾都是长的，有时从头到尾都是短的，但是你不应故意使气息变长或变短。

专注于长和短的气息时，你应该尝试平衡长与短的气息。如果入息长及出息短维持一段长时间，你的身体将会慢慢地向后倾斜。再者，如果出息长及入息短维持一段长时间，你的身体将会慢慢地向前倾斜。若是如此，气息就不直，你也无法顺畅地呼吸。你将无法圆满地保持定力。因此，当气息不平衡时，你应当尝试让短息变长及让长息变短，直到它们的长度相同。一旦它们已经平衡，你就可以回到让呼吸自然，不再致力于控制它。

（三）气息的全身

对于有些禅修者，禅相可能会在这阶段出现，如果他们能够在每次坐禅时都保持长久的定力。然而，如果能在每次坐禅时都平静地专注长与短的气息约一小时，如此持续了几天，但禅相仍然未出现，那么你应继续进行到下一个阶段：

他如此训练："我应当觉知（气息的）全身而吸气。"

他如此训练："我应当觉知（气息的）全身而呼气。"

在此，佛陀指示你持续地觉知经过同一点上从开始到结束的气息（全息；息之全身；息之初、中、后）。如此修行时，禅相可能会出现。若是如此，你不应立刻转移注意力至禅相，而应继续觉知气息。如果能平静地在同一点上觉知每一次呼吸时从头到尾的气息，持续约一小时，却仍然没有禅相出现，那么你应进行到下一个阶段。

（四）微息

他如此训练："我应当平静（气息的）身行而吸气。"

他如此训练："我应当平静（气息的）身行而呼气。"

要做到这一点，你应下定决心要使气息平静下来，然后持续不断地在同一点上专注于每一次呼吸时从头到尾的气息。你不应刻意使用其他任何方法使气息变得平静，因为那样做会使定力退失。《清净道论》提到四种能使气息平静的因素，即思维（ābhoga）、专念（samannā-hāra）、作意（manasikāra）和观察（vimaṁsā）。请聆听以下摘自《清净道论》的解释。

那是什么？因为在之前，当禅修者还没有觉知出入息时，于他没有思维，没有专念，没有作意，没有观察，以达到"我正在渐进地平静每一较粗的身行，也就是出入息"。然而，当他已经觉知出入息时就会有。因此在他已经觉知时，其出入息身行比他还没有觉知时更微细。（Vs 1. 267）

"思维"（ābhoga）是指开始注意，或领悟，或把心转向要试着平静气息。不断地如此注意称为"专念"（samannāhāra）。"作意"（manasikāra）的直译是"意的造作"，在此它是指造作令气息平静。作意这个心所负责令心转向目标，透过它目标呈现于心。"省察"（pacca-vekkhaṇā）是指"观察"（vimaṁsā）以令气息平静。

因此，在这阶段，你所需要做的只是下定决心使气息平静下来，然后持续不断地专注于气息。以此方法修行，你将会发现，当定力提升时，气息变得越来越平静。当气息变得很平静时，它变得非常轻柔到很难察觉。这称为微息。

相续（anubandhanā）

相续是在舍弃数息之后，持续不断正念地跟随着入息与出息。再一次，请注意以安般念培育定力的四个阶段：

1. 长息；
2. 短息；
3. 全息；
4. 微息。

大家应当了解有可能三个阶段合而为一，例如同时专注于长息、全息与微息。这是指当你呼吸的时间长而且气息微细时，你应当在同一点上觉知经过那里从头到尾的微细长息（即微细长息的全息）。如果呼吸还未变微细，你可以存着希望呼吸变微细的动机来持续地专注。如此，当你的定力提升时，呼吸就会变得微细。那时你必须以想要了知长息、全息与微息的强烈意愿来专注于经过同一点上从头到尾的气息。如果能如此修行，你就可能成功地证得禅那。

有时也可能短息、全息与微息这三个阶段合而为一。那时，你应当专注于经过同一点上微细短息的全息。因此，当呼吸长而且微细时，你应当同时专注于长息、全息与微息。当呼吸短而且微细时，你应当同时专注于短息、全息与微息。如果能以够强大的意愿与喜悦如此修行，你的定力将会提升。《清净道论》称这种组合为"相续"。定力提升时，呼吸也会变得愈来愈微细。那时，不要因为呼吸变得不清楚而感到失望或焦虑不安，否则你的定力会衰退。事实上，呼吸愈来愈微细是非常好的现象。为什么呢？当你的定力提升到相当程度时，禅相就会出现，而且你的心会自动地专注于禅相。那时如果呼吸还很粗的话，它就会干扰你对禅相的专注，你的心会一下子注意在呼吸，一下子注意在禅相，如此你的定力就无法进一步提升。所以，当呼吸变得愈来愈微细时，你应当感到欢喜。

气息变得微细时

就在禅相快要出现之前，许多的禅修者遇到困难。他们多数发现气息变得非常微细，很不清楚。其他禅修业处在层次越高时就越明显，但是这个业处（安般念）并非如此。事实上，随着禅修者培育它，层次越高时它就越微细，甚至达到不再显现的程度。

然而，当它变得如此不显现时，比丘不应该从座位起身，抖动皮坐具，然后离去。应该怎么做？他不应该因为心想"我是否应该去问导师？为什么？"而起身。由于离去而干扰姿势，禅修必须重新来过。其原因是如果他在下一次坐禅时以同样的方法专注于气息，他的定力进一步提升，气息将会再次不显现。因此他应该继续坐着，暂时以平时真正的气息碰触之处作为禅修目标。在此所说的是，如果气息暂时变得太微细至不能觉察到它，他应该继续觉知平时气息碰触的鼻孔或人中，如此气息将会再度变得明显。他暂时把禅修拉回心中，专注于之前最后一次觉察到气息之处，而不注意暂时消失的气息。

这些是修行的方法。禅修者应该了知禅修目标不显现的情形，以及如下地思维：“这些入息与出息在哪里？它们又不在哪里？它们存在于谁之中？它们又不存在于谁之中？”如此思维时，他发现它们并不存在于母亲的子宫内的胎儿、溺水者、投生于色界无想有情天的梵天神、死人、入第四禅定者、投生色界或无色界者、入灭尽定者（灭尽定 ni-rodha-samāpatti 乃是心、心所与心生色法暂时停止的境界）。因此，他应该如此告诉自己：“以你的智慧，你（知道）自己肯定不是在母胎里、或溺水、或在无想有情天、或死亡、或证入第四禅、或投生色界或无色界者、或入灭尽定。事实上，你有入息与出息，只是自己因为择法力弱而不能够觉知它们罢了。”接着，把心固定于平时气息碰触之处，他应该继续注意它。（Vs 1.275）

入息与出息碰触长鼻子的人的鼻尖，以及碰触短鼻子的人的人中。因此你应该如此专注该相：“这是它们碰触之处。”这是为何世尊说：

> 诸比丘，我不说没有正念、没有彻底明觉的人（能够）修行安般念。（M 3.127；S 3.294）

虽然无论哪一个禅修业处都只成就于有正念与彻底明觉的人，但是除了这个业处之外，任何一个业处都是越专注越明显。但是安般念则很难培育，它只属于诸佛、诸辟支佛与诸佛子之心感到像家一样之处。这不是一件小事，也不是微小的人能够培育的。越专注它，它就变得越平静与微细。所以在此需要很强的念与慧。

就好像用精细的布做缝纫工作时需要细的针，而且需要更细小的工具穿凿针孔，同样地，在培育这个好比精细的布的禅修业处时，好比细针的念，及与它相应、好比穿凿针孔的工具的慧两者都需要坚强。比丘必须拥有所需的念与慧，以及必须在入息与出息平时碰触之处观察它们，而不是其他地方。

这是注释对于气息不显现时应该如何修行安般念的建议。（Vs 1.276）

但是不要故意使呼吸变长、变短或变微细。若是如此控制呼吸，你的精进觉支与择法觉支会过强，定力就会渐渐衰退。应当照着呼吸自然的状态去专注它。定力提升时，呼吸有时会变长，有时会变短。无论呼吸长或短，你只需要专注于每一次呼吸从头到尾的气息。当定力更好的时候，你可以存着希望呼吸变微细的动机，继续专注于全息。当呼吸自然地变微细时，无论呼吸长或短，你都应当持续地专注于微细呼吸的全息。

如果每一次静坐时你都能持续地专注于微细呼吸的全息一两个小时以上，你的定力就已经相当好。这是个关键的时刻，你必须特别谨慎地持续修行，停止一切的妄想与交谈，在行、住、坐、卧等一切时刻都必须保持正念，一心只专注于呼吸。

（五）禅相与光

如果能在每一次静坐时都持续专注于微细的呼吸一小时以上，如此持续至少三天，通常禅相就会出现。对有些禅修者而言，光在禅相之前出现；对有些禅修者而言，禅相在光之前出现。无论哪一种先出现，禅修者都必须分辨禅相与光之间的差别。禅相与光不同，就像太阳与阳光不同一样。

光可以出现在你身体乃至周围的任何部位、任何方向，而禅相只会出现在你鼻孔出口处附近而已。除了结生心以外，所有依靠心所依处而生起的心都能产生许多物质微粒，称为心生色聚。如果分析它们，就可以透视到每一粒色聚里至少含有八种色法，即地界、水界、火界、风界、颜色、香、味、食素（营养素）。如果是定力强的心产生的色聚，其中的颜色会很明亮，其光明会出现在你全身的各处。再者，这些色聚里的火界能产生许多时节生色聚，它们里面的颜色也是明亮的。时节生色聚不只会散布在身体内，而且也会散布到身体外。散布的远近决定于定力的强弱。定力愈强时，这些色聚就能散布得愈远。光明就是来自这些心生色聚与时节生色聚里颜色的明亮。

然而，你不应该去注意那些光明，应该只专注于呼吸。那时呼吸通常很微细。为了觉知微细的呼吸，你必须保持持续与适度的精进，对微细的呼吸明记不忘，并且清楚地了知它。如果能如此修行，你的定力就会继续提升，安般禅相也会出现在你鼻孔的出口处。

什么是安般禅相

什么是安般禅相呢？当你的定力够强时，呼吸就会转变成禅相。呼吸是由心生色聚所组成的，其中的每一粒色聚里至少含有九种色法，即地界、水界、火界、风界、颜色、香、味、食素、声音。当定力强时，色聚里的颜色会很明亮。正如前面解释过的，这些色聚里的火界能产生许多时节生色聚，它们里面的颜色也是明亮的。由于呼吸里有数不尽的色聚，一粒色聚里颜色的明亮与其他色聚里颜色的明亮结合在一起，如此产生的光明就是禅相。

不要注意禅相的颜色或形状

开始时的禅相通常是不稳定的，那时还不要注意禅相，应当只专注于呼吸。当你专注于呼吸的定力愈来愈深、愈来愈稳定时，禅相就会愈来愈稳定。刚出现的禅相通常是灰色的。定力提升时，灰色禅相会转变成白色，然后再变成光亮透明的似相（paṭibhāga nimitta）。禅相会随着禅修者的心或想而改变：有时禅相是长形的、有时是圆形的、有时是红色的、有时是黄色的等等。你不应去注意禅相的颜色、形状或外观，否则它会继续改变，你的定力也会衰减，因而无法达到禅那。应当一心只专注于呼吸，直到呼吸与禅相结合为一，而且你的心自动地专注于禅相，那时就要专注于禅相，而不要再注意呼吸。如果有时注意禅相，有时注意呼吸，你的定力就会逐渐减退。（Vs 1.278）

不应注意特相

你也不应注意呼吸或禅相里四大的特相，即硬、粗、重与软、滑、轻，流动与黏结，热与冷、支持与推动。如果去注意它们，就变成在修行四界分别观，而不是修行安般念了。（Vs 2.298）

其次，你也不应观呼吸或禅相为无常、苦或无我，这些是共相。为什么不应如此观呢？因为观禅的目标是行法，即究竟名色法及其因；呼吸与禅相并不是究竟法，它们都还是密集（概念法），因此不是观禅的目标。如果你观它们为无常、苦或无我，你既不是在修行安般念，也不是在修行观禅。（Vs 1.278）

如果你的禅相是白色的，而你又能持续地专注于它，它就会越来越白，接着越来越明亮，犹如天上的明星一般。那时你的心会自动沉入似相之中。如果你的心沉入似相之中、完全不动摇一段长久的时间，这时候的定力称为安止，也称为禅那。就初学者而言，这是非常重要的阶段。对于其他颜色的安般似相也是如此。

各种不同的禅相

修行安般念所产生的禅相并非人人相同，它是因人而异的。

对于有些人，禅相是柔和的，例如呈现犹如棉花、抽开的棉花、气流、晨星的亮光、明亮的红宝石或宝玉、明亮的珍珠。

对于有些人，它粗糙得犹如棉花树干或尖木。

对于有些人，它则呈现犹如长绳或细绳、花环、烟团、张开的蜘蛛网、薄雾、莲花、月亮、太阳、灯光或日光灯。

像棉花一样纯白色的禅相大多数是取相，因为取相通常是不透明、不光亮的。当禅相像晨星一般明亮、光耀和透明时，那就是似相。当禅相像红宝石或宝玉而不明亮时，那是取相；当它明亮和发光时，那就是似相。其他形状与颜色的禅相可以运用同样的方法去了解。

不同的人会生起不同形态的禅相，因为禅相从"想"而生。在禅相出现之前，由于不同禅修者有不同的想，即产生不同的禅相。虽然所修的业处相同，都是安般念，却因人而异地产生不同的禅相。

禅相由想所生，其根源是想，由不同的想产生。因此，应当理解它以不同的形式呈现是因为想的差异。（《清净道论》）（Vs 1.277）

因为想的差异：因为在禅相生起之前产生的想之差异。（Pm 1.335）

根据这些注释，不同的禅相依靠不同的想产生。然而，根据佛陀所教的阿毗达摩藏，想是不能够单独生起的。它一定跟其他相应名法同时生起。在此，如果禅修者以愉快的心专注于安般似相，就一共有三十四个名法，其中包括触、思、一境性、作意、寻、伺、胜解、精进与欲。因此，不单只想有差别，一切相应名法也都有差别，非想非非想处禅就是一个例子（nevasaññānāsaññāyatanajhāna）。

此禅那及其相应法没有想也不是没有想，原因是没有粗的想，但有微细的想。在此，不单只想是如此，受也是非受非非受，识是非识非非识，触是非触非非触。同样的形容法也可以运用于其他相应法，然而应当明白在此是用想来说明。（《清净道论》第 10 章第 50 节）（Vs 1.331）

同样地，应当明白对于安般禅相也是用想来说明。

我们稍后会讨论刚才所说的三十四个名法。

两种禅定

有两种禅定：近行定与安止定。安止定是心持续不断地完全沉入于目标之中，例如安般似相。在这时候，有分心不会在觉知该（禅修）目标的心之间生起。禅支已经强至足以维持心不间断地紧系于目标。在近行定的时候，心开始沉入目标之中越来越久，但这些时段有时会因为有分心生起而间断。在此，由于五禅支还不够强，心还不能够不受干扰地安止（于目标之中）。

转轮圣王的胎儿

疏钞以譬喻来解释这一点。譬如一个王后怀了将来能成为转轮圣王的胎儿。她可以时时用肉眼看见自己子宫内的胎儿。那时她会非常谨慎恭敬地保护着胎儿，以免胎死腹中。同样的道理，禅修者必须以非常谨慎恭敬的心来守护自己的禅相。由于懒惰、迷糊与健忘的心不可能使人达到高度的修行成就，所以他应当保持热诚、正知与正念，在行、住、坐、卧当中都专注于禅相。例如在经行（行禅）的时候，他应当先站在经行处的起点，专注于呼吸。当禅相与呼吸结合并且他的心自动专注于禅相时，他应当一心专注于禅相。专注到定力很强的时候，才开始起步慢慢地走，走的时候仍然一心只专注于禅相。

守护禅相

你必须在每一种姿势里以同样的方法正念地专注于禅相。如果能够在一次的坐禅时间里透过专注于禅相证得禅那，那就很好。如果不能够的话，你应该把它看成好像是转轮圣王的胎儿般，精勤地守护它。

在此，守护的方法有七个部分：住处、去处、言论、人、食物、气候、姿势。

（1）住处

如果住在某个地方时，未生起的禅相不会生起，或生起的禅相会消失，而且还未建立起来的正念不能建立起来，不定的心也不能定下来，这种住处是不适合的。如果禅相生起又稳定，正念得以建立起来，心也能够定下来，这种住处是适合的。因此，如果在一间寺院里有许多住处，你可以逐一地去试它们，在每一处住上三天，然后继续住在心变得专一的地方。由于该住处适合，所以你才能够了知你的禅修业处。

（2）去处

在住所的北方或南方、不太远、在一个半"各沙"（kosa）的距离之内、能够轻易获得钵食的村庄是适合的，与这个相反的是不适合的。选择住所的北方或南方是为了避免往返时面向升起的太阳。一个"各沙"等于三百弓的距离。

（3）言论

包括在三十二种无益的言论之内的言论是不适合的，因为它导致禅相消失。与十论有关的言论则适合，但是即使如此也应该适量。

兽语（tiracchānakathā）：许多译者把这一词译为"兽语"。然而，直译 tiracchāna 是"向横走"。虽然这一词用来称呼动物，注释（中部注）解释，在这里它是指向横走的言论，或与导向天界与解脱（涅槃）之道形成直角地走的言论，意思是这种言论与提升相反。

无益的言论包括谈王、盗贼、大臣、军队、危难、战争、食物、饮品、衣服、床、花饰、香水、亲戚、车乘、村子、城镇、都市、国家、女人、英雄、街道、井、死人、琐碎事、世界的起源、海的起源、事情是否是如此（M2.181）。最后一项有六种：常论、灵魂断灭论、幸运论、损失论、欲乐论、自我折磨论。因此一共有三十二种无益的言论。

这三十二种无益的言论是不适合的，因为在你专注于禅相时，它们会导致你的禅相消失。然而，十论则是适合的。（M3.155）

十论是指经中提到的十种言论："这样的言论与消除贪欲有关，有助于解脱心，能导向厌离、离欲、灭尽、寂静、胜智、正觉与涅槃，那是：少欲论、知足论、离群隐居论、远离社群论、精进事论、持戒论、定论、慧论、解脱论、解脱智见论。"（M3.155）

即使是这些适合的言论，你也只可以适量地讲。

（4）人

不讲无益的言论、拥有戒行功德、与之相处能令不定的心得定、或令已定的心更加定的人是适合的。太关心自己的身体、时常忙于运动与照顾身体、讲无益的言论讲上瘾的人是不适合相处的，因为他只会制造干扰，就好像把泥浆加进清水里。

（5）食物

甜的食物适合一（种）人，酸的则适合另一种人。

（6）气候

凉爽的气候适合一（种）人，温暖的气候则适合另一种人。

因此你应该找出在吃什么食物或住在什么样气候的地方，你会感到舒适，能令不定的心得定，或令已定的心更加定，那么那种食物或气候就适合你，其他食物或气候则不适合。

（7）姿势

行走适合一（种）人，站立或坐或躺卧则适合另一种人。跟住处的情形一样，你应该每一样都试三天，能令不定的心得定，或令已定的心更加定的姿势是适合的，其他的姿势则不适合。

你应该避免七种不适合的情形，而选择七种适合的情形，因为当你如此精进地培育禅相时，你不需要等太久就会证得安止，实现自己的愿望。

（六）十种安止的善巧

然而，如果如此修行时没有证得安止，你应该采用十种安止的善巧。这是它的方法。安止的善巧需要从十个方面探讨：

1. 使处清净；

2. 保持诸根平衡；

3. 善巧（掌握）禅相；

4. 在心应当精勤时使心精勤；

5. 在心应当受到抑制时抑制心；

6. 在心应当受到激励时激励心；

7. 应当平舍地观心时平舍地观心；

8. 远离无定之人；

9. 亲近有定之人；

10. 决意（培育）定。

使处清净

使处清净是清净内处与外处。你的头发、指甲与体毛长时，或满身是汗时，就是内处不清净。穿着老旧恶臭的袈裟或住处肮脏时，就是外处不清净。这时候，与心及心所相应地生起的智也不清净，好比依靠不净的灯碗、灯芯及油而产生的灯火。诸行——究竟名色法及它们的因——不会明显地呈现于以不净智来观它们的人。而当你致力于修行你的禅修业处，例如安般念，它不会增长、提升及圆满。然而，内处与外处清净时，与心及心所相应地生起的智也清净，好比依靠清净的灯碗、灯芯及油而产生的灯火。诸行——究竟名色法及它们的因——明显地呈现于以清净智来观它们的人。而当你如此致力于修行你的禅修业处，例如安般念，它会增长、提升及圆满。

保持诸根平衡

专注于安般禅相时，为了避免落入有分心，以及能够继续提升定力，你必须借助五根：信（saddhā）、精进（vīriya）、念（sati）、定（samādhi）、慧（paññā）来策励心，并使心专注、固定于似相。五根就是五种控制心的力量，它们使心不偏离于通向涅槃的止（samatha）观（vipassanā）正道。

（1）信（saddhā）

五根当中，第一是信。信的特相是（对当信之事 saddheyya vatthu）有信心。作用是澄清，有如清水宝石能够使到混浊的水变得清澈；或激发，如出发越渡洪流。现起是不迷蒙，即去除心之不净，或决意而不犹豫。近因是当信之事，例如三宝、业报法则、缘起，或听闻正法，以及须陀洹的素质。

对于信，《殊胜义注》（Asl 162）说：

信的特相是净化与激发。犹如转轮圣王的清水宝石，在丢入水中时，能够使固体、淤积物、水草与泥沉淀，使混浊的水变得清澈、透明与不受干扰，信生起时舍弃了诸盖，使得污染沉淀，清净了心，使得心不受干扰；由于心已被清净，发心的人家布施、持戒、守布萨及开始禅修，修行止禅与观禅。因此信有净化的特相。

《殊胜义注》参照《弥陵陀王问经》里的一个譬喻：有位转轮圣王和他的军队越渡一条小溪。溪水被军队污染了，但是他的清水宝石清净了溪水，使到泥沙与水草沉淀，使水变得清澈与不受干扰。受到污染干扰的水好比受到烦恼干扰的心。信净化心，使它变得清澈、透明与不受干扰。

关于"激发"的特相，《殊胜义注》以另一个譬喻来解释。在一条有许多鳄鱼、鬼怪、鲨鱼、夜叉等的大河两岸，各站着一大群人，害怕不敢过河。一位勇士来渡河，以剑驱除那些危险的动物，为那些人群开路，让他们能够去到对岸。

《殊胜义注》（Asl 163）说：

> ……所以信是前导，是人们布施、持戒、守布萨、修行的前提。因此说：信的特相是净化与激发。

因此，修禅时必须对三宝或业报法则等有信心。很重要的是相信佛陀的证悟，因为如果禅修者缺乏这样的正信，他将会放弃禅修。相信佛陀的教法也非常重要，即四道、四果、涅槃及教理。佛陀的教法指示我们禅修的方法与次第，所以在这阶段非常重要的是对教法的深信。

假设有禅修者这么想："只是观察呼吸时的气息就能达到禅那吗？"或"上述所说有如白棉花的禅相是取相；有如透明冰块或玻璃的是似相，确实如此吗？"如果有这类念头存留在心，它们将会造成如此的见解："在现今这个时代，我们不可能达到禅那。"由于这种见解，他对佛法的信心将退失，也将放弃修行禅定。

因此，以安般念业处修行禅定的人必须有坚强的信心，应当毫无怀疑地修行安般念。他应当想："如果有系统地依照圆满正觉佛陀的教法修行，我一定可以达到禅那。"

（2）精进（viriya）

精进是勤奋者之境或作为。其特相是支持、奋斗，或驱动其俱生或相应名法（心与心所）朝向目标，例如安般禅相。它的作用是支持或稳固这些相应名法。它的现起是继续坚持下去。它的近因是悚惧感（saṁvega）或精进事，即任何能够激起精进之事。犹如在一间老旧的屋子加上几支新柱子，以防止它倒塌，或犹如作为后援的生力军令国王的军队击败敌方。精进亦能支持所有的相应名法，令它们不从安般禅相等目标退缩回来。在正确地激起之下，应视它为一切成就的根。

正如老旧的屋子受到新柱子强化而得直立不倒，同样地，在受到精进强化之下，发心的禅修者不会倒退或道德腐败。应当如此理解强化这一个特相。

上战场时，一小支的军队可能会被击退。然而，当他们得到国王派来的强大后援支助时，他们能够击败敌军。如此，精进不准许其相应名法倒退或撤退，它提升与支持它们。因此说精进有支持的特相。

精进的作用是稳固这些相应名法。精进强化与支持与它相应的心及其他心所，以便它们能够执行它们的任务，不会倒下。

举例而言，若人想要透过培育止禅（例如安般念）来镇伏烦恼，而且也知道如何培育它，这是有关培育止禅的精进与毅力的缘。若人的目标是如实地了知究竟法，这是有关培育观禅的精进的缘。这种精进与相应的心同时生起；该心正念地了知究竟名法或色法。正精进因其因缘而生起；并没有能够致力精进的自我。精进的近因是悚惧感或精进事。生、老与死能够提醒我们应该赶紧培育能够导致最终解脱生死轮回的正见。当我们受促对出入息，或安般禅相，或究竟法保持正念时，并没有一个自我正在致力于保持正念。正精进是一种究竟法，它生起是因为其因缘强化及支持与其相应、具有正念的心。必须精进、勇猛与持恒地培育八圣道分，因为这是导向苦灭的唯一道路。

老、病与死是生活上的事实，它们能够提醒我们应该赶紧培育正见，它们是推动我们的驱牛棒。它们是正精进的近因，也就是精进地对安般禅相或究竟法保持正念。

精进是"一切成就的根"——这是《清净道论》对它的定义。精进是一种根（indriya），必须连同其他根来培育，以便达到禅那与证悟。精进控制或阻止息惰。息惰是禅那与证悟的障碍。精进也是一种道分，称为正精进（sammā-vāyāma）。正精进必须伴随八圣道分中的正见才能成为道分。八圣道分的正精进是透过修行四念处而培育的。对究竟法保持正念时，就也会有正精进。

(3) 念（sati）

"念"（sati）这个字的词根的含义是"忆念"，然而，作为一个心所，它是有心、对目标警觉。

当我们致力于布施（dāna）、持戒（sīla）与禅修（bhāvanā）时，就有对善心（kusala-citta）的信（saddhā）。如果对善法的价值没有信心，我们不会造任何善业（kusala kamma）。善心不单只需要信来执行任务，它也需要念，也就是对善法警觉与不忘失。有许多布施、持戒与禅修的机会，然而我们时常忘了善法，浪费了这些机会。念生起时，就会对善法警觉，也就不会浪费所遇到的行善机会。（我们）必须拥有对布施、持戒与止观禅修的正念。

念的特相是不摇摆，也就是对目标（例如安般禅相或究竟法）不流失。论师解释，念把心稳定于目标，像石块般沉入水中，而不像葫芦般漂浮。念不准许（心）飘离四念处及其他导向证悟的善法。念的另一个特相是"获得"或"拿起"（upagaṇhanā），也就是获得有用且有益之法。生起时，念仔细地检查有益与无益之法："这些是有益之法，那些是无益之法，这些法有用，那些法无用"，然后去除无益之法，拿起有益之法。

念的作用是对目标（例如安般禅相）不迷惑或不忘失。它现起为守护或心面对目标（例如安般禅相）的状态。其近因是强而有力的想（thirasaññā）或四念处。应当视它为稳固建立于目标（例如安般禅相）上的门柱，及视它为守护根门不受烦恼（伤害）的守门人。

念是留心善法，它使我们远离不善法。事实上，不知道佛法的人也能够造善业，但是透过佛法，人们能够更加准确地知道什么是善、什么是恶。亲近善法友、听闻佛法与思维佛法是最有助益的缘，以培育对布施、持戒与止观禅修的正念，也就是一切程度的正念。佛陀详细地解释什么是善、什么是恶。我们应该思维佛陀的话，理解它们的含义。接着我们能够自己去证实佛陀教法的真实性。

不单有不忘失布施或持戒的念，也有不忘失培育心的念。培育定力或止禅是一种心的培育。（这时候）有与培育止禅的善心（相应）的念。止禅有许多层次。禅那，也就是安止，是高层次的止禅，要证得它是非常困难的。只有积累了修习止禅的善业，以及拥有其修法的正见之后，人们才能够证得禅那。有人虽然没有禅那，但在日常生活里也有宁静的时刻。举例而言，如果对属于止禅之一的安般念的特相拥有正见，就可以在日常生活里培育这种素质，如此就会有缘于安般念而产生的宁静。有了宁静，无论是什么程度的宁静，就会有对宁静的目标而产生的念，无论它是安般念、慈爱禅、佛随念或其他任何止禅之念。

研究佛法包括在心的培育之内。当我们以获取对究竟法更深一层的了解为目的来学习佛法，那时也有念。当我们学习及思维佛法，那时候有理论上了解究竟法的智慧（āgamasuta），但这有别于在究竟法存在当下直接地了解它们的智慧（adigamasuta）。理论上的智慧是培育直接透视的智慧（观智）的必要基础。如果你拥有足够的定力，无论它是近行定或安止定，你就可以培育直接透视的智慧，也就是观智。

(4) 定或一境性

定（samādhi）或一境性（ekaggatā）是另一个心所（cetasika），它是必定与每一个心（citta）同时生起的七个遍一切心心所之一。心的特相是识知目标，因此每一个生起的心必须有个目标。没有任何心是不缘取目标的，而且每一个心只能够取一个目标。一境性的作用是专注于一个目标。举例而言，眼识只能够识知色尘，不能够识知其他目标，而（与之相应的）一境性则专注于色尘。耳识只能够识知声尘，不能够识知色尘或其他目标，而（与之相应的）一境性则专注于声尘。

　　一境性是心与目标结合为一境。虽然它在禅那里作为禅支时才变得显著，诸阿毗达摩论师认为在一切心里，即使是最基本的心，它也有令心专一的能力，执行把心专注于目标的作用。其相是不散乱，作用是统一相应法，现起是平静，近因是乐。

　　拥有专注于目标的作用的 ekaggatā 通常译为一境性或定。听到"定"这个字时，我们可能会认为一境性是在止禅里才有的，但事实并非如此。虽然修习止禅时，一境性获得提升是对的，但是它并非只局限于止禅。一境性伴随着一切心，虽然在不同的心里，它的素质也跟着不同。

　　伴随着不善心的一境性也称为邪定（micchā-samādhi）。伴随着善心的一境性也称为正定（sammā-samādhi）。定是一境性心所的另一个名称。虽然邪定与正定都是一境性心所，但是它们的素质是不一样的，正定以正确或善的方式专注于目标，定有许多层次，例如初禅定、第二禅定，等等。

　　注解《法聚论》（Dhammasangaṇi）的《殊胜义注》（Asl 162）解释属于正定的一境性如下：

　　此定，名为一境性，拥有自己不散乱或其相应名法不分散的特相；（拥有）犹如水把洗澡粉黏合成糊状般地结合俱生法的作用。其现起是心或智之宁静，因为（经中）说："（心）定者如实知见真实法。"一般而言，它的近因是乐（sukha）。应该明白心的稳定就好像是无风之灯火的稳定。

　　正定是五禅支之一：在止禅里，培育禅支是为了镇伏五盖而证得禅那。要证得禅那就必须培育寻（vitakka）、伺（vicāra）、喜（pīti）、乐（sukha）及定（samādhi，也就是一境性）五禅支。所有的禅支都透过禅修业处（例如安般念）帮助心获得轻安。

　　也有观禅的正定。就如我们所知，《殊胜义注》所说的一境性心所或定的第二种现起是智，如实地知见真实法，也就是智慧。以智慧如实地了知究竟名法或究竟色法时，正定就在执行其任务。举例而言，以智慧如实地了知究竟名色法及它们的因的无常、苦或无我的本质时，正定就以正确的方式专注于同一个目标。当正定伴随着知见涅槃的出世间慧（正见）时，它也专注于涅槃。那时候，正定是出世间八圣道分的其中一个道分。

（5）慧（paññā）

在阿毗达摩里，慧（paññā）、智（ñāṇa）与无痴（amoha）这三词是同义词。有时候慧被称为慧根（paññindriya）。慧如实地了知究竟法：心、心所、色法与涅槃。在此它被称为根是因为在于如实地了知究竟法是最主要的。

慧有许多种及许多层次。有了知善法的利益及不善法的坏处的智慧，也有透过思维生命短暂而产生的智慧，等等。即使没有听闻佛法，这些智慧也能够生起。在学习佛法之后，就会有了解究竟名色法及它们的诸因（也就是业报法则）的理论上的智慧。智慧提升时，就会有直接透视究竟名色法、业报法则或缘起的智慧。可以培育直接透视究竟法的智慧直到最高层次，也就是逐阶证悟涅槃与灭除一切烦恼的圣道的智慧。

如实知见诸法是佛教的目标。智慧必须能够了知什么是究竟法，以及什么不是究竟法。只要还有邪见，我们不能够如实知见诸法。在究竟上，人、动物与屋子不是真实的。它们是由究竟名色法或只由究竟色法组成的。在究竟上，真实的是究竟名色法。它们拥有自性。当它们一个一个地呈现于六门之一时，就可以直接地体验它们的自性。我们可以透过培育定与慧来证实佛陀教法的真实性。到时候，我们能够知道究竟法到底是常或无常的，到底是有没有能够控制究竟法的人或自我。

每一个究竟法都有它的自性相，可以透过其自性分辨它与别的究竟法。如果要培育直接透视究竟法的智慧，只了知究竟法的自性相是不足够的。必须以定力为基础，逐阶地培育智慧，使它能够透视有为的究竟法的三种共相：无常相、苦相、无我相。

理论上的智慧的巴利文是 pariyatti（教理）；修行直接透视的智慧的巴利文是 paṭipatti（行道）；透视真理的巴利文是 paṭivedha（通达）。

慧是善根之一，必须连同其他四根来培育，即信根、精进根、念根与定根。透过培育这五根就能够彻知四圣谛。

慧因其克服无明之最主要性而成为根。（Asl. 165）它以见（见也就是了知无常、苦、无我三相）之特相掌控与其相应之法（心与心所）。《殊胜义注》在同一节里说，慧的特相是照明与了解。它说，好像一位熟练的医生知道什么食物是适合的，又什么食物是不适合的，慧知道诸法为善或不善、有用或无用、低劣或殊胜、染污或清净。已获得培育的慧能够知见四圣谛。

《殊胜义注》再进一步给予慧的另一个定义：

慧的特相是透彻地依照究竟法的自性相了知它们，毫不迟疑地透视，犹如神射手所射的箭洞穿（目标）。慧的作用是如照亮目标的油灯一般；现起是不迷惑，犹如森林中一位很好的向导；近因是定，因为佛陀说："有定者能如实知见诸法。"（S 2.12）

（6）如何平衡五根

现在我要讨论专注于安般似相时如何平衡五根。保持诸根平衡是平衡信、精进、念、定、慧这五根。

如果禅修者对当信的对象有过强的信心（在这里，此对象乃是安般念业处），那么，由于信根的决定（胜解）作用太强，慧根就不分明，而其余的精进根、念根及定根的力量也将变弱。那时，精进根不能实行其策励相应名法，并保持它们于似相的作用；念根不能实行其确立忆念似相的作用；定根不能实行其使心安住于似相、不散乱的作用；慧根也不能实行其透视似相的作用。因为慧根不能了知似相，也就无法支持信根，于是信根也会变弱。

在这种情况下，应该透过省察诸法的自性（dhamma-sabhāva-pac-cavekkhaṇa）或透过不注意会使信根变得太强的方式来改变信根。

这可以透过瓦卡利长老（Vakkali Thera）的例子来说明。（S 2.97 - 101）

瓦卡利长老原本是舍卫城里的婆罗门，精通三吠陀。第一次见到佛陀之后，他就毫不厌倦地看着佛陀，佛陀去到哪里就跟到哪里。为了更接近佛陀，他就出家为比丘。除了用餐与清洗身体之外，他把所有的时间都用来想佛陀。有一天，佛陀对他说：

> 够了，瓦卡利。为什么你要看这不净的身体？以慧眼见法（圣道、圣果与涅槃）者见我；见我者见法。瓦卡利，人因见法而见我，因见我而见法。（S 2.98）

即使如此，瓦卡利长老也不肯离开佛陀，直到雨季安居的最后一天，佛陀命他离开。他非常伤心地住在灵鹫山修禅，但是由于对佛陀过强的信心，他无法证得圣道智。佛陀就教他一个特别的方法来平衡五根。该长老依照佛陀所教的方法精进且次第地修行观禅，证得了阿罗汉果。

举例而言，如果你好像瓦卡利长老一样对佛陀的信心太强时，你不应该注意佛陀的特质，而应该观佛陀的究竟名色法，然后观照它们为无常、苦、无我。这是省察诸法的自性的一个方法。如果你如此作意，你的慧根就会变得强而有力，信根则慢慢地减弱。慧根增强时，信根就减弱；信根增强时，慧根就减弱。这是它们的本质。因此你应该尝试平衡它们。

现在你是在修行安般念。如果你的信根强，但其他根弱，你应该观察气息中的四界。定力渐进地增强时，你将会看到气息中的微小粒子。这时候，你应该识别每一粒微小粒子中的究竟色法。在每一粒微小粒子里有九种究竟色法：地界、水界、火界、风界、颜色、香、味、食素与呼吸声。你必须慢慢地观它们为无常、苦、无我。如果这么做，你的慧根将会增强，信根则会减弱。

这种修行法对你来说会困难，因为你还没有修行四界分别观。但是如果你已经修过它，那就没有问题。注释指出你可以采用另一种修法，那就是你不应该采用会使信根变得太强的方式来专注于出入息或安般似相。修行安般念或专注于禅相时，你应该小心避免这一项。

再者，你也应该观察产生信根的原因。然后你应该观因果两者为无常、苦、无我。如果你如此修行，你的信根将会减弱，因为你的慧根增强了。修行观禅时，这种修法对你来说将会是很容易的。

如果精进根过强，其余的信、念、定、慧诸根就不能各自实行决定、确立、不散乱和透视安般似相的作用。过强的精进使心不能平静地专注于似相，这也意味着七觉支中轻安、定和舍觉支的强度不够。在这种情况下，应该通过培育轻安、定与舍觉支来缓和精进，因为精进根必须以定来平衡。因此你必须着重培育专注于禅相的定来令心平静。这可以透过苏那长老（Soṇa Thera）的例子来说明。（Vin 3. 267）

苏那国利比沙长老（Soṇa-Koḷivīsa Thera）也名为细毛苏那（Sukhumāla-Soṇa）。他出生于占帕（Campā），父亲是牡牛长者（Usabhaseṭṭi）。在王舍城里，苏那听闻佛陀开示后充满了信心，在父母同意之下，他出家成为比丘。佛陀教他一个禅修业处之后，他去住在清凉林，他想："我的身体很娇嫩，但是不可能透过快乐获得快乐。即使令到身体疲惫，我也应该实行沙门的禅修。"如此思维，他决定只采用站和走两个姿势，不睡觉也不坐下。他精进地修行，来回行走地修禅，以致双脚受伤，产生剧痛。他双脚流血，直到整个经行道布满了血，就好像杀牛的屠宰场一样。但是由于太强的精进，他无法获得成就，因而感到绝望。住在灵鹫山的佛陀知道了他的念头，所以去拜访他。佛陀提醒他，说当他以前弹琴时，如果琴弦调得太紧或太松，琴音就不美，也不好弹。同样地，精进根太强时就会导致扰动，太弱时则导致怠惰。佛陀教他如何以定根来平衡精进根。改正过后，苏那长老重新努力修禅，最终证得了阿罗汉果。

同样地，如果其他诸根如定根、慧根过强，也将有不良的影响。应该明白，只要任何一根过强，其他根就不能执行各自的任务。

然而，信根与慧根、定根与精进根的平衡是诸圣者所赞叹的。假使信强慧弱，则为迷信。此人将相信、崇拜缺乏真实利益与内涵的对象。举例而言，他们信仰、尊敬正统佛教以外宗教所信仰、尊敬的对象，例如护法神。

反之，如果慧强信弱，则将使人倾向于狡黠，自己不实际修行，却整天批判与评论。它们犹如吃药过量而引起的疾病一般难以治疗。他想："只需要想象，而不需要真正地布施任何东西，就会有布施的善业。"他将会成为自己的狡黠及误解业报法则的受害人。他不理会智者之言，也无法了解真理。所以说犹如吃药过量而引起的疾病一般难以治疗。透过平衡信根与慧根两者，人们将会只相信有真实内涵之事。

然而，如果信慧平衡，则能相信当信之事。他相信三宝、业报法则，确信如果依照佛陀的教法修行安般念，他将能体验安般似相及达到禅那。如果以如此的信心修行，并运用智慧透视似相，这时信根与慧根就能平衡。

再者，假如定强而精进弱，则因为定有产生怠惰的倾向，怠惰将征服他的心。因此你不应该以松懈的心来专注于安般似相，因为它会成为怠惰的助缘。

如果精进强而定弱，则因为精进有产生掉举（扰动）不安的倾向，掉举将征服他的心。因此你不应该太过（精进地）专注于安般似相。唯有当定根与精进根平衡时，心才不会堕入怠惰或掉举，而能达到禅那。获得精进配合的定不会堕入怠惰，获得定配合的精进则不会产生掉举（扰动）。因此这两者必须平衡，因为透过平衡这两者才能达到安止。

再者，必须平衡信与慧。对于修行止禅业处者，坚强的信心是有益的，因为借着稍微偏强的信心，他能达到安止。若人想："如果我培育专注安般似相的定力，我肯定会达到禅那。"那么，透过信力及专注于该禅相，他肯定会证得禅那，因为禅那主要是依靠定力。

又有平衡定及慧两者。修行止禅业处者需要坚强的一境性，因为他是透过坚强的一境性达到安止。修行观禅者需要坚强的慧，因为他是透过坚强的慧达到透视诸相。当定慧平衡时，禅修者也能够达到安止。

对于修行观禅者，慧根强是有益的，因为当慧根强时，他能够透视三相，获得了知无常、苦、无我三相的智慧。

当定慧平衡时，世间禅（lokiya-jhāna）才能生起。佛陀教导定慧两者必须并修，因为出世间禅（lokuttara-jhāna）也唯有在定慧平衡时才会生起。（Ps. 283 – 288）

无论是平衡信与慧、定与精进、定与慧，念根都是必要的。念根适用于所有情况，因为念可以保护心，使心不会由于过强的信、精进或慧而陷于掉举，也不会由于过强的定而陷于怠惰。

因此，在所有的情况下都需要念，就像所有的调味汁都需要盐，也像国王的所有政务都需要宰相处理一般。所以在古注里提到："世尊说：'念在任何业处都是需要的。'"为什么呢？因为在修行时，念是心的依靠处与保护者。念是依靠处，因为它能帮助心达到前所未到、前所未知的高超境界；如果没有念，心则无法达到任何超凡的境界。念可以保护心及不使禅修的对象失落。这就是为什么当禅修者以观智辨识念时，他会见到念的现起是：它能保护修行时所专注的对象，以及保护禅修者的心。如果缺少念，禅修者就不能策励或抑制自己的心。这是为何佛陀说念能应用于一切情况的理由。（参见《清净道论》第 4 章第 49 节；《大疏钞》第一册第 149～154 页）

善巧（掌握）禅相

善巧（掌握）禅相是：

1. 善巧于透过安般念或其他业处令未产生的心一境之相〔禅相〕生起；

2. 善巧于培育已经生起的禅相；

3. 善巧于保护已经获得培育的禅相。在此所指的是最后一项。

在心应当精勤时使心精勤

如果禅修者想以安般念来达到禅那，平衡七觉支也是非常重要的。七觉支是：

1. 念觉支（sati）：明记似相并持续地辨识似相；

2. 择法觉支（dhammavicaya）：透彻理解似相；

3. 精进觉支（vīriya）：努力统合及平衡诸觉支于似相。尤其是努力于强化择法觉支及精进觉支本身；

4. 喜觉支（pīti）：体验似相时心中的欢喜；

5. 轻安觉支（passaddhi）：以似相为对象时，心与心所的宁静；

6. 定觉支（samādhi）：一心专注（心一境性）于似相；

7. 舍觉支（upekkhā）：乃是心的平等性，不使心兴奋或退出所专注的似相。

如何在心应当精勤时使心精勤？

禅修者必须培育及平衡所有七觉支。如果由于不够精进、缺少喜悦及没有悚惧感，而使得心懈怠，禅修者的心将会远离禅修目标，在此是安般似相。此时他不应加强轻安、定和舍这三觉支，而应加强择法、精进和喜这三觉支，如此心才能再度振作起来。因为世尊曾经说：

"诸比丘，心变得软弱无力时，那不是加强轻安觉支、定觉支和舍觉支的时候。是什么缘故？诸比丘，因为心软弱无力，而且很难以那些觉支来振作它。

诸比丘，假设有个人想要使一堆小火变得猛烈。如果他把湿草、湿牛粪及湿木材投进火里，用水洒它，再撒上尘土，他是否能够使该小火变得猛烈？"

"不能，尊者。"

"同样地，诸比丘，心变得软弱无力时，那不是加强轻安觉支、定觉支和舍觉支的时候。是什么缘故？诸比丘，因为心软弱无力，而且很难以那些觉支来振作它。

诸比丘，心变得软弱无力时，那是加强择法觉支、精进觉支和喜觉支的时候。是什么缘故？诸比丘，因为心软弱无力，而且很容易以那些觉支来振作它。

诸比丘，假设有个人想要使一堆小火变得猛烈。如果他把干草、干牛粪及干木材投进火里，吹它，不向它散上尘土，他是否能够使该小火变得猛烈？"

"是的，尊者。"

"同样地，心变得软弱无力时，那是加强择法觉支、精进觉支和喜觉支的时候。是什么缘故？诸比丘，因为心软弱无力，而且很容易以那些觉支来振作它。"（S 3.99）

在此，对于培育择法、精进与喜这三个觉支，应该依如理作意它们各自的营养（或因）来理解，因为佛陀说：

> 诸比丘，什么是导致未生起的择法觉支生起的营养（或因），或导致已生起的择法觉支成长、增长、加强与圆满的营养？诸比丘，有善法与不善法、无可指责与当受指责之法、高尚与卑劣之法、光明与黑暗之法。数数如理作意它们是导致未生起的择法觉支生起的营养，或导致已生起的择法觉支成长、增长、加强与圆满的营养。（S 3.91）
>
> 再者，诸比丘，什么是导致未生起的精进觉支生起的营养，或导致已生起的精进觉支成长、增长、加强与圆满的营养？诸比丘，有致力界、精勤界及不断精进界。数数如理作意它们是导致未生起的精进觉支生起的营养，或导致已生起的精进觉支成长、增长、加强与圆满的营养。（S 3.92）
>
> 再者，诸比丘，什么是导致未生起的喜觉支生起的营养，或导致已生起的喜觉支成长、增长、加强与圆满的营养？诸比丘，有作为喜觉支的根基之法。数数如理作意它们是导致未生起的喜觉支生起的营养，或导致已生起的喜觉支成长、增长、加强与圆满的营养。（《相应部》）（S 3.92）

除此之外，有七种能令择法觉支生起的方法：

1. 提出有关巴利圣典的含义的问题，学习注疏，请教疑难处的解释；

2. 清净依处（清洗身体、衣服等）；

3. 平衡五根；

4. 远离愚痴的人；

5. 亲近智者；

6. 思维用以培育深奥智慧之境；

7. 决意培育择法觉支。

亲近智者是指与已经彻知四圣谛与缘起的圣者相处，或与成功地修行止观禅的智者相处。

思维用以培育深奥智慧之境是指思维五蕴、十二处、十八界、四圣谛、缘起，以及揭示必须以深奥的智慧了知的究竟法本质——无常、苦、无我——的经典。

决意培育择法觉支是指时时刻刻令心倾向于激起择法觉支。

有十一种能令精进觉支生起的方法：

1. 思维四恶道之苦的可怕。

2. 明白获得世间与出世间成就的利益，例如禅那、观智、四圣道智、四圣果智。

3. 思维所行之道："我要走的是诸佛、诸辟支佛与诸大弟子所行的趣向涅槃之道，怠惰者不能行走此道。"

4. 透过为施者带来大果报而成为当受钵食。

5. 思维导师的伟大："我的导师赞叹精进，必须以修行来恭敬对我们极有助益、无上的教法，不能以其他方法来恭敬它。"

6. 思维遗产的殊胜："我要获取的是称为正法的巨大遗产，这是怠惰者不能获得的。"

7. 透过光明想、转换姿势、前往露天与其他所教的方法来去除昏沉与睡眠。

8. 远离怠惰之人。

9. 与精进者相处。

10. 思维正勤。

11. 决意培育精进觉支。

思维四恶道之苦的可怕

在此，若人如此思维："比丘，这是致力精进的时候，因为在地狱里遭受五枪穿体等极痛苦的折磨时；投生为畜生，中罗网、中陷阱、被关、拉车、被人用棒或刺击打时；投生到饿鬼界，在两尊佛之间的千千万万年里长期遭受饥饿与口渴的折磨时；投生为起尸阿修罗（Kālakañjika Asura），拥有只有皮包骨的六十或八十腕尺的巨大身体，受尽烈日与风吹的痛苦时，在这一切时候都不可能培育精进觉支。"那么，精进觉支就会生起。

明白其利益

若人思维培育精进的益处，想："懒惰的人不能证悟九出世间法，只有精进的人才能证悟它们——这是精进的利益。"那么，精进觉支也会生起。

成为当受钵食

若人思维成为当受钵食，想："那些以钵食等来支助你的人既不是你的亲戚，也不是你的仆人，他们给你美味的食物时并不如此想：'在未来我们将依靠你而活。'然而他们布施时是期望能够从他们所造的善业获得大果报。再者，佛陀也不允许你用必需品纯粹只为了使身体肥胖及生活舒适，但允许你用它们来履行沙门的任务，以及脱离生死轮回。如果怠惰地过活，你不配接受钵食，只有精进者才当受钵食，就有如大友长老（Mahāmitta Thera）一样。"那么，精进觉支也会生起。

大友长老住在农夫洞（Kassakaleṇa）。在他时常去托钵的村子里有一位年老的女信徒，把他视为亲生儿子般地护持他。

有一天，这位年老的女信徒正准备去森林时向女儿说："这里有好米、奶、酥油和糖。你用这米煮饭，当你的哥哥大友尊者来时，就把那饭连同奶、酥油和糖一起供养他，而你也吃那饭，我已经吃了稀饭和昨天剩下的冷饭。"女儿说："妈，中午时您吃什么呢？"她回道："你用碎米和野菜煮酸粥，把它留给我。"

当时长老着好袈裟，在洞口从钵袋拿出钵，正想要出去托钵，而透过天耳通听到那对母女的谈话，他想："那位大施主吃了稀饭和隔夜饭，且将在中午吃酸粥，却把饭、奶、酥油和糖给我。她并不期望从我这里获得田地、食物或衣服，只希望从她自己的布施获得人界、天界及出世间界的成就。我是否能让她获得这些成就？的确，我不应该以含有贪、瞋、痴的心吃她的食物。"当时他就把钵放回钵袋，松开袈裟的结，不去托钵而回到农夫洞里。他把钵放在床下，把袈裟挂在衣竿上，坐下决意精进修行，心想："如果没有证悟阿罗汉果，我就不出去！"

之前已经精进修行许久的长老，在那时再度培育起观智，而在用餐的时间还没到时就证得了阿罗汉果。此漏尽者如盛开的莲花般微笑地走出山洞。住在该山洞出口处附近的树的护法神向他说：

礼敬您——至上圣生者，

礼敬您——人中至上者。

您的污染已灭尽，

您是应供者。

说毕随喜的话之后，该树神说："尊者，在供养食物给您这般的圣者之后，那老妇女将会解脱一切苦。"

当长老起来开门看是什么时候时，他发现时候还相当早，所以他穿好袈裟及拿了钵入村托钵。那位已经准备好饭的少女坐着从门口看出去，心想："我的哥哥就要来了，我的哥哥就要来了。"当长老到来时，她就从长老手中接过钵，把掺有酥油和糖的乳饭放在钵里，然后交回长老手中。在说了"愿你快乐"的随喜话之后，长老就离去了。

那少女站在原地看着他离去，当时长老的脸上有非常明亮的光泽，五根特别清净，脸就像脱开果柄的成熟棕榈果一样的明亮。当那少女的母亲从森林回来时，她问道："亲爱的，你的哥哥来过吗？"少女就将一切经过告诉母亲。老妇人知道其子的出家生活已在当天达到顶峰，所以她说："亲爱的，你的哥哥乐于佛陀的教法，没有任何不满。"

因此，对于思维为施者带来大果报而成为当受钵食的人，精进觉支也会生起。（Smv. 266－268）

思维导师的伟大

若人思维导师（佛陀）的伟大，想："你的导师的确伟大。当你的导师入母胎、出家、开悟、初转法轮、显现双神变、从三十三天下来、舍弃命行及大般涅槃时，一万个世界都在震动。在如此伟大导师的教化里出家，你是否适合疏懒？"那么，精进觉支也会生起。

思维遗产的殊胜

若人思维遗产的殊胜，想："佛陀留下来的信、戒、惭、愧、多闻（以了知究竟法及其因）、舍离与智慧这七种圣宝藏遗产的确殊胜。懒人不能够获得它。就好像坏儿子被父母断绝关系，说：'这不是我们的儿子'，他（坏儿子）不能获得任何遗产。同样地，懒人也不能获得圣宝藏遗产。只有精进的人才能获得它们。"那么，精进觉支也会生起。

十一种能令喜觉支生起的方法：

1. 佛随念；

2. 法随念；

3. 僧随念；

4. 戒随念；

5. 舍离随念；

6. 天随念；

7. 寂止随念；

8. 远离粗野的人；

9. 与斯文的人相处；

10. 省思能激发信心的经文；

11. 决意培育喜觉支。

通过随念佛陀的特质直到获得近行定时，遍满全身的喜觉支就会生起。通过随念法和僧的特质，喜觉支也能生起。对于完美无瑕地持守四遍清净戒已有一段长久时间的比丘，当他省思自己的戒行时，喜觉支也会生起。俗家居士则可省思自己所持守的五戒、八戒或十戒。

通过舍离随念，例如省思自己在饥荒等时把美味的食物布施给梵行同伴，喜觉支就会生起。

省思自己拥有令众生成为天神的信、戒、善行、博学有关究竟法及其因的圣典、舍、智慧等品德时，喜觉支也会生起。

若人如此省思寂止："通过高等成就而镇伏的烦恼在六十或七十年内都不会生起"，喜觉支也会生起。对于远离粗野者的人，喜觉支也会生起。粗野者就是腐败、粗野、不恭敬佛塔、菩提树和诸长老的人，因为他们对佛陀等没有信心与敬爱，就好像骡背的污泥般。

亲近对佛陀等充满信心、内心柔和且充满关爱之人也能够激起喜觉支。省思能激发信心的经文，也就是能显示三宝特质的经文，也能够激起喜觉支。对于在行、住、坐、卧的一切姿势与动作里皆令心倾向于激起喜觉支的人，喜觉支也会生起。

因此，透过这些方法激起这些法，他培育择法、精进与喜这三种觉支。这是他如何在心应当精勤时使心精勤。

在心应当受到抑制时抑制心

他如何在心应当受到抑制时抑制心？在心因为过强的悚惧感与喜悦而扰动时，他不应加强择法、精进和喜这三觉支，而应加强轻安、定和舍这三觉支。因为世尊说：

"诸比丘，心变得扰动时，那是加强轻安觉支、定觉支和舍觉支的时候。是什么缘故？诸比丘，因为心扰动，而且那些觉支能够使它平静。

诸比丘，假设有个人想要熄灭一堆大火。如果他把湿草、湿牛粪及湿木材投进火里，用水洒它，再撒上尘土，他是否能够熄灭该大火？"

"是的，尊者。"

"同样地，诸比丘，心变得扰动时，那是加强轻安觉支、定觉支和舍觉支的时候。是什么缘故？诸比丘，因为心扰动，而且那些觉支能够使它平静。然而，诸比丘，我说念在一切时候都是有益的。"（《相应部》）（S 3. 100）

在此，对于前面所说有益于培育轻安、定与舍这三个觉支的种种方法，应该明白它们是各自觉支的营养（或因），因为佛陀说：

诸比丘，什么是导致未生起的轻安觉支生起的营养，或导致已生起的轻安觉支成长、增长、加强与圆满的营养？诸比丘，有身轻安与心轻安。数数如理作意它们是导致未生起的轻安觉支生起的营养，或导致已生起的轻安觉支成长、增长、加强与圆满的营养。

再者，诸比丘，什么是导致未生起的定觉支生起的营养，或导致已生起的定觉支成长、增长、加强与圆满的营养？诸比丘，有平静相及不混乱相。数数如理作意它们是导致未生起的定觉支生起的营养，或导致已生起的定觉支成长、增长、加强与圆满的营养。

再者，诸比丘，什么是导致未生起的舍觉支生起的营养，或导致已生起的舍觉支成长、增长、加强与圆满的营养？诸比丘，有作为舍觉支的根基之法。数数如理作意它们是导致未生起的舍觉支生起的营养，或导致已生起的舍觉支成长、增长、加强与圆满的营

养。（《相应部》）（S 3.92）

在此，对这三种情形如理作意是透过观察及重复之前在他心中生起轻安、定与舍的方式，因而激起它们的作意。宁静本身即是平静之相；不混乱之相即是不散乱。

除此之外，有七种能令轻安觉支生起的方法：

1. 食用良好的食物；

2. 住在舒适的气候；

3. 维持舒适的姿势；

4. 保持中道，或不太多也不太少的精进；

5. 远离残暴或烦躁的人；

6. 与身体平静的人相处；

7. 决意培育轻安觉支。

轻安觉支生起于如下行止的七种人：

1. 食用有益且适合的食物。

2. 善用适合的气候。

3. 从四种姿势当中选用最适合的一种（这不是指好像菩萨一般、能忍受一切气候和姿势的伟人，而是指某种气候和姿势会使他获得反效果的人，当他避免不良的气候和姿势，选择适合他的气候和姿势时，轻安觉支就会生起）。

4. "保持中道"是指省思自己的业是自己的财产，而别人的业则是别人的财产。透过保持中道，轻安觉支就会生起。

5. 远离那些拿着石块及棍棒四处攻击人的暴徒，轻安觉支也会生起。

6. 与在手足、身体方面有自制而宁静之人相处，轻安觉支也会生起。

7. 在行、住、坐、卧的一切姿势与动作里，皆令心倾向于培育轻安觉支的人，轻安觉支也会生起。

十一种能令定觉支生起的方法：

1. 清净依处；

2. 平衡五根；

3. 善于取相（即禅修目标）；

4. 在必要时抑制心；

5. 在必要时策励心；

6. 透过信与悚惧感令心喜悦与激励心；

7. 在必要时不干涉地旁观心；

8. 远离心不专一的人；

9. 与心专一的人相处；

10. 思维禅那及解脱；

11. 决意培育定觉支。

在此，1. "清净依处"及 2. "平衡五根"这两项应该依照前面所解释的来理解。

3. "善于取相"就是善于获取安般禅相或遍相或任何止禅目标。

4. "在必要时抑制心"是指透过激起轻安、定及舍觉支来抑制因为太过精进等等而变得扰动的心。

5. "在必要时策励心"是指通过激起择法、精进及喜觉支来策励因为太过松懈等而变得软弱无力的心。

6. "透过信与悚惧感令心喜悦与激励心"：在心因为智慧力弱或不能证得安宁之乐而感到不满时，他透过思维能激起悚惧感的八个原因来激励它，即思维生、老、病、死、四恶道之苦、过去轮回之苦、未来轮回之苦、今世寻食之苦。也可通过随念三宝的特质而令心充满信心。

7. "不干涉地旁观心"：在心已经进入正确的行道、不软弱、不扰动、不沮丧，而且禅修进展顺利、已进入轻安之道时，他对该心不给予策励、抑制，亦不令之喜悦，有如马车夫只是旁观而不干涉很平顺地向前奔驰的马。

8. "远离心不专一的人"是指远离还没有达到近行或安止定而且心散乱的人。

9. "与心专一的人相处"是指跟已经达到近行或安止定的人相处。

10. "思维禅那及解脱"：思维初禅及其他禅那。这些禅那本身是解脱，因为它们解脱了与它们对抗之法。数数如此思维："这是禅修，如此入禅、决意入禅的时间、出定，这是它的不净，这是它的清净。"

11. "决意培育定觉支"是指在行、住、坐、卧的一切姿势与动作里皆令心倾向于培育定觉支。

五种能令舍觉支生起的方法：

1. 对众生不执着的态度；

2. 对东西不执着的态度；

3. 远离对众生与东西有偏爱（或占有欲）的人；

4. 跟平等对待而不执取众生与东西的人相处；

5. 决意培育舍觉支。

在此，他透过两种方法激起"对众生不执着的态度"：（甲）透过如此思维众生是他们自己的业之拥有者："你是由过去世自己所造之业产生，而且将依照自己的业而离开此地投生到下一世，别人也是依照自己的业来去。如此你又是在执着谁呢？"（乙）透过如此思维众生没有自我："在究竟上只有刹那间生灭的名色法，并没有众生存在，如此你又能执着谁呢？"

他透过两种方法激起"对东西不执着的态度"：（甲）透过如此思维无拥有者："这袈裟将会褪色，变得老旧，变成擦脚布，过后只会被人用棍子挑起丢掉。肯定的，如果它有主人的话，就不会落到这种可悲的下场。"（乙）透过如此思维短暂性："这不能耐久长存，只能短暂地存在。"跟袈裟的情形一样，这两种思维法亦可运用于钵及其他东西。

远离对众生与东西有偏爱的人：（甲）对众生有偏爱的人包括很爱惜自己儿女等等的俗家人，也包括很爱惜自己的弟子、朋友、戒师等等的出家人。这种出家人会为他所爱惜的人做一切事，例如剃发、缝补袈裟、洗袈裟、染袈裟、烘烤钵等。即使只是一阵子没见到他们所爱惜的人，他们都会像迷乱的鹿一般四处寻找，问道："某某沙弥在哪里？"或"某某比丘在哪里？"如果有人向他说："请某某人来我们这里，帮我们剃头发。"他将拒绝，并说道："我们甚至不叫他做自己的工作，如果你带他走，你将会使得他疲倦。"（乙）"对东西有偏爱的人"是指非常爱惜袈裟、钵、容器、拐杖、棍子等等，甚至让别人碰一下也不肯的人。当有人向他借东西时，他会说："即使我自己都舍不得用它，又怎么能借给你呢？"不执着这两者的人称为"平等对待而不执取众生与东西的人"。远离对众生与东西有偏爱的人能够激起舍觉支。

与平等对待而不执取众生与东西的人相处的人舍觉支也会生起。

舍觉支也生起于在行、住、坐、卧的一切姿势与动作里皆令心倾向于培育舍觉支的人。

因此，透过这些方法激起这些法，他培育轻安、定与舍这三种觉支。这是他如何在心应当受到抑制时抑制心。

现在我要继续讲"十种安止的善巧"的"在心应当受到激励时激励心"。

在心应当受到激励时激励心

他如何在心应当受到激励时激励心？在心由于智慧力弱或不能证得安宁之乐而感到倦怠时，他透过思维能激起悚惧感的八个原因来激励它，即思维生、老、病、死、四恶道之苦、过去轮回之苦、未来轮回之苦、今世寻食之苦。他也可通过随念三宝的特质而激起信心。这是他如何在心应当受到激励时激励心。

应当平舍的观心时平舍的观心

他如何在必要平舍地观心时平舍地观心？如此修行之下，当他的心进入了平静之道，禅修进展顺利，例如顺利地专注出入息或安般似相时，其心不软弱、不扰动、不倦怠，他对该心不给予策励、抑制或激励，有如马车夫只是旁观而不干涉很平顺地向前奔驰的马。这是他如何在必要平舍地观心时平舍地观心。

远离无定之人

"远离无定之人"是指远离那些不曾走上出离之道、忙着做许多事、心散乱的人。

亲近有定之人

"亲近有定之人"是指亲近那些时常走上出离之道、已得定的人。

决意培育定

"决意培育定"是决意培育定之境，其含义是：注重定，靠向与倾向定。

能够在每一种姿势里都专注于禅相，就是一种意志力。你有这种意志力，所以请你精进地修禅，你是能够成功的。如果你持续不断地修行，不久之后你的心就会完全沉入禅相里。这是安止，也称为禅那。虽然在前几次的安止持续不久，你不应该放弃。你应该不断地修行。如果你以强而有力的正知与正念精进地修行，很快你专注于禅相的定力就能够维持一段长久的时间。

这是十种如何培育安止的善巧，以及如何平衡五根与七觉支。

（七）必须着重于住定

现在要继续讲解安般念。

当你开始达到专注于安般似相的初禅里，你应该时常入定，不断地加长住定的时间，而不省察它的禅支，因为时常省察禅支的话，初禅的禅支不成熟且软弱，所以它们不能成为更高成就的因缘，你的定力也就会退减。当你还没有完善地掌握初禅时，却致力于修习不熟悉的高层次禅那，你将会失去初禅，也不能达到第二禅。因此世尊说：

诸比丘，假设有一只愚蠢的母山牛，没有去处的知识，也不善于在有许多峭壁的山行走。它想：'走去我以前不曾走过的方向、吃我以前不曾吃的草、喝我以前不曾喝的水会怎么样？'在前脚还没有站好之前，它就举起了后脚。这时候，它不能走去它以前不曾走过的方向，不能吃它以前不曾吃的草，不能喝它以前不曾喝的水，也不能安全地回到它之前想'走去我以前不曾走过的方向、吃我以前不曾吃的草、喝我以前不曾喝的水好不好？'的地方。为什么呢？因为那只母山牛愚蠢，没有去处的知识，也不善于在有许多峭壁的山行走。

同样地，诸比丘，在此，有某位愚蠢的比丘，没有去处的知识，也不善于完全远离欲乐，完全远离不善法，进入并安住于有寻、伺、喜及寂静生乐的初禅。他不重复、开展或培育该相（在此是指安般似相，这在书的开始已经解释了）或正确地建立它。他想：'去除寻与伺之后，我进入并安住于无寻无伺、有内在自信、心专一、喜及寂静生乐的第二禅会怎么样？'他不能够去除寻与伺，不能进入并安住于无寻无伺、有内在自信、心专一、喜及寂静生乐的第二禅。那时候，他想：'完全远离欲乐、完全远离不善法，我进入并安住于有寻、伺、喜及寂静生乐的初禅吧！'他不能完全远离欲乐、完全远离不善法、进入并安住于有寻有伺、喜及寂静生乐的初禅。这比丘称为在这两者之间滑落、堕下之人，就好像那只愚蠢的母山牛，没有去处的知识，也不善于在有许多峭壁的山行走……（《增支部》）（A 3.216）

因此，你应该先掌握有关初禅的所有五自在。所以请你务必不断地加长安住于初禅的时间。

初禅

当你如此达到禅那，你的心将会毫不间断地了知安般似相。这可以持续好几个小时，甚至整夜或整天。

任何禅那都是透过两方面的培育证得：一方面是去除阻碍它的不善法，另一方面则是获得组成它的法。前者称为"舍离支"，后者称为"具备支"。对于初禅，"舍离支"是五盖，"具备支"则是五禅支。这两者在初禅的标准形容法里都有提及：

完全远离欲乐、完全远离不善法，比丘进入并安住于有寻、伺、喜及寂静生乐的初禅。（Smv 44；D 1.69）

这标准形容法的第一部分，"完全远离欲乐、完全远离不善法"这一段话是指去除五盖。提及该禅那里的法的第二部分是形容"具备支"。

（1）去除五盖

五盖是欲欲、瞋恨、昏沉与睡眠、掉举与追悔、疑。这一组应当受到特别注意，因为它是佛陀用来形容禅修障碍的主要分类。包含在这一组的烦恼不单只是阻碍初禅，而且还阻碍人们期望获得解脱与开悟的进展。它们被称为"盖"，因为它们阻碍及覆盖心，妨碍止与观两种禅修的提升。因此佛陀称五盖为"心的障碍、盖、染污；慧的削弱者"。（《相应部》）（S 3.83）再者，佛陀说："诸比丘，这五盖导致盲目，导致失明，导致无知，与慧对抗，与烦恼并行，导致脱离涅槃。"（《相应部》）（S 3.86）

虽然也有其他不善法，然而在《分别论》里只提及五盖，来显示它们与禅支对抗且不相符。因为五盖是与五禅支相反的：五禅支与它们不相符，五禅支去除它们、灭除它们。定与欲欲不相符；喜与瞋恨不相符；寻与昏沉及睡眠不相符；乐与掉举及追悔不相符；伺与疑不相符。

（2）检查五禅支

安止定必须深而且稳定，能够持续达到一小时、二小时、三小时等，愈久愈好（建议至少修到能够住定三小时）。如果能在每一次静坐时都持续在安止定中一小时、二小时或三小时以上，如此连续至少三天之后，你就可以开始检查禅支。检查禅支之前必须先进入深且强的安止定中一小时以上。出定之后就注意心脏里面下方之处，观察在那里生起的有分心。开始时，多数禅修者不了解有分心与禅相的差别。当他们在心脏里见到与出现在鼻孔出口处一样的禅相时，他们以为那就是有分心。事实上那不是有分心，有分心就像心脏里的镜子一样。

在《增支部》（Aṅguttara Nikāya）的《弹指之顷章》（accharāsaṅghāta chapter）里，佛陀说：

pabhasaramidam bhikkhave cittam.

诸比丘，有分心是明亮的。（A 1.9）

虽然有分心能产生明亮的光,但是有分心本身是心,而不是光。有分心能产生许多心生色聚,这些色聚里的颜色是明亮的。这些心生色聚里的火界能产生许多时节生色聚,它们里面的颜色也是明亮的。光明就来自这些心生色聚与时节生色聚里的颜色。光明的强度决定于与有分心相应的智慧强度;智慧愈强时,光明就愈亮。因此,如果有分心是由观智的业力所产生,那么由于其智慧非常强,所以其光明也非常强盛明亮。因此有分心是一回事,光明是另一回事。有分心所产生、好像一面镜子般的清澈光明,以及之前所说的火界,隐喻式地被称为有分。所以说:"说有分心明亮只是隐喻,因为心没有颜色。"(《殊胜义注》)(Asl 45)

检查有分心时,每次只能检查几秒钟而已。如果检查的时间达到一二分钟那么久的话,你可能会感到心脏疼痛,定力也会减退。因此,在每一次检查时,无论是否检查到有分心,几秒钟之后就必须再回来专注于鼻孔出口处的安般似相。必须专注到产生强而有力的安止,安般似相也必须非常明亮,然后又可以再度检查有分心。如此来回地检查几次之后,你也许就能检查到有分心。然后还是要回来专注于安般似相。专注到强而有力的安止生起,而且似相非常明亮时,就再去注意有分心。那时你会见到安般似相出现在有分心之中。正如镜子里可以显现出你的影像一样,有分心的明镜中可以显现出安般似相。那时你就可以开始检查五禅支,即寻、伺、喜、乐、一境性。

寻(vitakka):寻的特相是把心投向或导向目标,例如安般似相;作用是全面地撞击目标,所以说禅修者依靠它,用寻来撞击目标;现起是把心导向目标,例如安般似相。

伺(vicāra):伺是指维持。它的特相是持续地压目标,或把心维持在目标,例如安般似相;作用是重复地把相应名法置于目标;现起是把它们钩住目标。

虽然这两者有时候是不分开的,寻是心的第一次接触,因为它粗,而且又刚开始，就好像敲钟。而伺是透过持续地压，维持心钩住目标，就好像钟鸣声。寻介入，在心念第一次生起时介入心，有如振翅将要升高到天空的鸟，亦如嗅到花香时投向莲花的蜜蜂。伺的行为则安宁，不干涉心，有如张着翅膀在天空中滑翔的鸟，亦如飞向莲花后在花朵上方嗡嗡作响的蜜蜂。

《增支部·二集》的注释说：

> 寻生起为把心导向目标之法，犹如一只大鸟在起飞时展开翅膀向下拍击空气的动作，因为它基于合一导致安止。伺的自性是持续地压，犹如该鸟用翅膀来维持在天空中滑翔的动作，因为它持续地压着目标。

这符合伺钩住的现象。这种差别在禅那五分法里的初禅与第二禅之间很明显。（Vs 1.138）

再者，以一只手抓稳肮脏的金属盘，及以另一只手用粉、油与毛制布块擦拭该盘时，寻有如抓稳的手，伺则有如擦拭的手。同样地，在瓦匠用棍推转轮子制造盘子时，他用来支持的手有如寻，来回推动的手则有如伺。同样地，在画圆圈时，固定于中心点的针有如把心导向目标的寻，转圆圈的针有如持续地压着目标的伺。

如是，禅那与寻和伺相应地生起，称为有寻有伺，就好像称呼一棵树有花有果一样。然而，《分别论》以始于"他拥有、完全拥有此寻与此伺"来形容此教法，应该明白其含义是相同的。（Vs 1.138－139）

喜（pīti）：它令心清爽，因此它是喜。它的特相是令目标变得亲切；作用是令身与心清新，或遍布、充满喜；现起是喜悦。喜有五种：小喜、刹那喜、继起喜、踊跃喜、遍满喜。

1. 小喜（khuddikā-pīti）：这只能够使得身毛竖立。

2. 刹那喜（khaṇikā-pīti）：这好像在不同时候发生的闪电。

3. 继起喜（okkantikā-pīti）：这好像海浪击打海岸一般重复地布满全身。

4. 踊跃喜（ubbegā-pīti）：这可以强到能够举起身体，使得身体浮在空中。

5. 遍满喜（pharaṇā-pīti）：这种喜生起时，全身都被遍满了，就好像被填满的膀胱，也像被洪水注满的山洞。

这五种喜产生且成熟时，圆满了两种轻安，即身轻安与心轻安。轻安产生且成熟时，它圆满了两种乐，即身乐与心乐。乐产生且成熟时，它圆满了三种定，即刹那定（khaṇika-samādhi）、近行定（upacāra-samādhi）与安止定（appanā-samādhi）。在这些喜当中，在此所指的是遍满喜，它是安止的根基，与安止相应而获得增长。（Vs 1. 139 – 140）

乐（sukha）：乐的特相是满足；作用是增长相应法；现起为协助。在此，它是体验安般似相的乐受。

每当喜与乐两者相应时，喜是获得所要的对象而感到满足，而乐则是真正地感受所获得的对象。有喜就必定有乐，但有乐未必有喜。喜属于行蕴，乐则属于受蕴。就好像疲惫的沙漠旅人，当他见到或听到森林边有个水池时，他将会感到欢喜；当旅人在阴凉的森林中饮水时，他将会感到快乐。应该明白这么说是因为它们在这种情况里很明显。（Vs 1. 141）

一境性（ekaggatā）：这是心与目标（例如安般似相）结合为一境，也称为定。它把心平稳地置于目标（安般似相），或正确地把心置于目标，或只是令心专一，因此它是定。其相是不动摇或不散乱；作用是统一相应法，好像水结合肥皂粉；现起是平静；通常其近因是乐。当视之为心的稳定，犹如无风之灯火的稳定。（Vs 2. 94）

一共有寻、伺、喜、乐、一境性五禅支。刚开始检查五禅支时，从寻开始，每次只检查一个禅支。能够逐一地检查五禅支之后，就可以试着同时检查五禅支。成功之后，就要练习五自在。

（3）五自在

第一，应当练习无论在任何时候，想入定时就能迅速地入定。

第二，练习能在预定要出定的时间自在地出定。

第三，练习想住在定中多久就能持续地住定多久，例如一小时、二小时、三小时，等等。

第四与第五项自在属于同一个步骤，那就是想检查禅支时，就能清楚地检查，唯一的差别是：以意门转向心检查禅支称为转向自在，以同一个心路过程中的速行心检查禅支称为审察自在。

修成五自在之后，你可以逐步地修行第二禅、第三禅与第四禅。在初禅的时候，呼吸变得很微细；在第二禅的时候，呼吸变得更微细；在第三禅中，呼吸又更微细；在第四禅的时候，呼吸完全停止。

（4）呼吸变得愈来愈微细

长部诵者与相应部诵者的见解

关于觉知禅修目标，跟初禅近行定中比较微细的出入息比较，（开始时的）出入息粗；跟初禅的出入息比较，初禅近行定的出入息粗；跟第二禅中比较微细的出入息比较，初禅与第二禅近行定的出入息粗；第三禅的出入息微细，第二禅与第三禅近行定的出入息粗；跟第四禅中极其微细到甚至完全停止的出入息比较，第三禅与第四禅近行定的出入息粗。这是长部诵者与相应部诵者的见解。

中部诵者的见解

然而，中部诵者则说每一个近行定的（出入息）比在它之前的禅那的（出入息）更微细，如下：跟第二禅近行定微细的出入息比较，初禅的出入息粗，等等。然而，这是他们相同的见解：还未觉知之前的身行（即出入息）在觉知时变得更宁静，觉知时的身行在初禅近行定时变得更宁静……第四禅近行定的身行在第四禅时变得更宁静。这是关于止禅的解释。

修行观禅时的呼吸

然而，在观禅的情形里，未观究竟法之前的身行粗，观四界时的身行则比较微细。跟观照所造色时的身行比较起来，这也是粗；跟观照一切微细色时的身行比较起来，那也是粗；跟观照微细的究竟名色法时的身行比较起来，那也是粗；跟观照微细的究竟名色法及它们的因缘时的身行比较起来，那也是粗；跟坚强观智时微细的身行比较起来，微弱观智时的身行粗。为什么呢？随着禅修逐阶地提升，它变得越来越微细。

在此，应当理解"宁静"是指在后和在前比较性的宁静。所以应当如此理解粗与细之法，以及逐渐提升的宁静。（《清净道论》）（Vs 1. 267 – 268）

《无碍解道》之言

在《无碍解道》里也提到这含义：他如何练习"我应当平静（气息的）身行而吸气。我应当平静（气息的）身行而呼气"？什么是全身行？

吸气长……呼气长，体验属于身的全息身：这些与身相连之法是气息的身行。他练习平静、停止、静止那些气息的身行等。

他保持身体完全静止不动，让气息渐次地变得更微细、更柔软。由于平静气息，它变得更微细，甚至无法觉察到。这时候该怎么做？注释举出钟的譬喻：敲钟时，开始时声音粗显，心随之生起，因为粗显声音之相已被识知、已被注意、已被觉察。当粗显的声音停止，接着产生的是微弱的声音，心也随之生起，因为微弱声音之相已被识知、已被注意、已被觉察。当微弱的声音停止，心也随之生起，因为它取微弱声音之相为目标。

同样地，开始时出入息粗显，心不会散乱，因为粗显的出入息之相已被识知、已被注意、已被觉察。当粗显的出入息变得柔软与微弱，生起的是柔软与微弱的出入息，心不会散乱，因为微弱的出入息之相已被识知、已被注意、已被觉察。当微弱的出入息停止，心不会散乱，因为它取微弱的出入息之相为目标。（Vs 1.268）

出入息与禅相

我已经解释了安般禅相。当专注于长与短气息的全身的定力提升时，你的气息将会变成禅相。

Assāsapassāse nissāya uppannanimittampettha assāsa-passāsasam-aññameva vuttaṁ. ——依靠原本的出入息出现的禅相也称为出入息。（Pm 1.319）

所以你应该记得"禅相"也称为"出入息"。当禅相出现且变得稳定时，你的心会自动紧系于禅相，虽然还有微细的气息，但这个时候你应该只专注于禅相。在初禅时，气息变得非常微细；在第二禅时变得更微细；在第三禅时又更加微细；在第四禅时，它完全停止。虽然完全停止，但是还有禅相，也就是安般似相。四种禅那就是取该安般似相为目标而生起。因为这样，才有透过安般念培育定力。

接下来，我要逐一地解释初禅的"舍离五支""具备五支""于三方面善"及"具有十相"。

（5）舍离五支

舍离五支就是舍离五盖：欲欲、瞋恨、昏沉与睡眠、掉举与追悔、疑。只要它们还未被舍离，就没有禅那能够生起。虽然其他不善法也在禅那的刹那被舍离，但只有它们被称为舍离支，因为它们特别地障碍证得禅那。

受到欲欲影响的心渴求各种目标，不会专注于目标。在心受到对某个目标瞋恨的干扰时，它无法持续不断地生起。在心被昏沉与睡眠击败时，它软弱无力。在心为掉举与追悔缠绕时，它动摇不定。在心被疑或不确定困扰时，它不能用正确的方法成就禅那。因此这五项称为舍离支，因为它们特别地障碍禅那。

（6）具备五支

"寻"把心导向目标，"伺"保持心钩住目标。精进成就产生的"喜"令心清新，心的精进则已经透过不被诸盖弄得散乱而获得了成就。"乐"也基于相同的原因而强化了。受到这个导向、钩住、清新、强化协助的"一境性"平稳地、正确地把心及其相应名法置放于目标，例如安般似相。因此，应当理解，具备初禅的五支就是寻、伺、喜、乐及一境性这五支的生起。

当这五支已经生起时，禅那才可以称为生起，这是为何它们被称为五具备支。因此不能假设是禅那拥有它们，就好像说"有四支的军队""有五支的音乐""有八支的道"时，纯粹是以"支"来形容它们，同样地，说它"具备五支"时，这也纯粹是以"支"来形容它。这就是说，五禅支的每一项都称为禅支，整体合起来则称为禅那。

事实上，这五支在近行定的刹那也存在，而且比一般的心里的还要强。在禅那阶段，它们更强，也获得色界的特征。因为在此寻生起时非常清晰地把心导向目标，伺非常强烈地把心压住目标，喜与乐则遍满全身。所以说："他的身体没有任何一个部分不遍满喜与寂静生乐。"（《长部》）（D 1.70）一境性也因为与目标完全接触而生起。

虽然一境性并没有被列入前述经文里的诸支之内，即始于"有寻有伺"的经文，但是随后在《分别论》（Vbh. 267）里有提到它："禅那：它是寻、伺、喜、乐、一境性。"，因此它也是其中一支，因为世尊给予简说时的意思是与他随后详细解释时一样的。（《清净道论》）（Vs 1. 141 – 142）

喜与乐

喜（pīti）和乐（sukha）与它们的相应禅那名法一同生起，依靠也是有分（意门）所依靠的心所依处，但它们并不依靠身净色而生起，因此它们不能遍满全身。然而经中说："他的身体没有任何一个部分不遍满喜与寂静生乐。"（《长部》）（D 1.70）这是隐喻性的说法。这一句的真正含义是什么？与包括喜乐在内的五禅支相应地生起的初禅心，产生许多代的心生色，这些色法以称为色聚的微小粒子形态生起。禅那心是广大心。一个禅那心就能产生许许多多的色聚。由于禅那心是广大心，所产生的色聚也是优胜的色聚，遍满了全身。这些色聚的触尘，也就是地界、火界与风界，撞击同样遍满全身的身净色。与身识相应的乐身受，因为身净色、触尘与身识这三法结合而生起。禅那的喜乐只依靠心所依处生起，而不依靠身净色。当触尘同时撞击身门与意门（有分）这两门时，禅修者体验身与心的乐受。然而这只有在他从禅那出来之后才能够省察得到。虽然真正安住于初禅的人不会去注意乐受，然而他还是会感到与名身相应的喜乐，出定后他也能够感到喜乐，因为他的名身已经受到与禅那名身相应的喜乐所产生的极其胜色所影响。虽然这些禅那法并没有遍满全身，但它们所产生的极其胜色遍满了全身，所以禅修者会感到："我的身体没有任何一个部分不遍满喜与寂静生乐。"

因此你应该明白，对喜乐的这种说法只是隐喻式的说法。由于禅那产生的胜色遍满全身，前述身的乐受遍满全身地生起。然而，我们说，这些"受"生起是因为与禅那相应的喜乐。这产生了胜色，这些胜色的触尘则透过撞击身处而产生身的乐受。

（7）禅那在三方面的善及具有十相

在三方面的善是：初善、中善与后善。具有十相是指初、中、后之相。以下它的经文：

于初禅，行道清净是初，舍的强化是中，满足是后。

于初禅，行道清净是初：初有多少相？初有三相：（1）心已从障碍该禅那之法中清净出来；（2）于是它为属于寂静相的中舍之境铺路；（3）因此心进入该境。

于初禅，舍的强化是中：中有多少相？中有三相：（1）如今，他平舍地旁观清净心；（2）他平舍地旁观它已经为寂静铺路；（3）他平舍地旁观一境之出现（一境是寂静相的出现，出现于那些精勤地修行增上心或定的人）。

于初禅，满足是后：后有多少相？后有四相：（1）对没有任何生于其中之法（五根等）会过盛感到满足；（2）对诸根有同一个作用感到满足；（3）对适当的精进有效感到满足；（4）对成就初禅感到满足。（Ps . 167）

什么是行道清净（paṭipadāvisuddhi）？那就是近行定及它的相应法。什么是舍的强化（upekkhānubyuhanā）？那就是安止定（禅那定）。什么是满足（sampahaṁsanā）？那就是省察（pacca-vekkhaṇā）。

（8）禅那的含义

Ārammaṇūpanijjhānato paccanikajhāpanato vā jhānaṁ. ——称之为禅那是因为它照亮（upanijjhāna）（禅修）所缘（例如安般似相）及因为烧掉（jhāpana）障碍（即五盖）。（《清净道论》第4章，第119节）

禅那有两种："照亮所缘禅那"（ārammaṇūpanijjhāna jhāna）与"照亮相禅那"（lakkhaṇūpanijjhāna jhāna）。八定是"照亮所缘禅那"，因为照亮禅修目标，例如地遍、安般似相，等等。观智、道智与果智称为"照亮相禅那"。观智照亮或知见诸行的无常相、苦相与无我相，因此称为"照亮相禅那"。观智的作用因为圣道而成就,因此圣道也称为"照亮相禅那"。圣果智也称为"照亮相禅那",因为它照亮或知见灭圣谛的真实相,那就是涅槃的寂静相。(《殊胜义注》)(Asl 211)

(9) 如何维持禅那

如此证得禅那之后,禅修者必须好像射裂毛发者或厨师般地观察证得它的方式。有位神射手要射裂毛发。他曾经有一次真的射裂了毛发,当时他注意自己双足、弓、弓绳与箭的方位,如下:"我这么站立、这么(执持)弓、弓绳与箭的时候,我射裂了毛发。"从那时候起,他再次掌握了同样的方式,再次成功射裂了毛发。同样地,你必须观察"适合的食物"等的方式,如下:"吃了这种食物,接触这种人,住在这种住所,在这时候以这种姿势,我证得了这个。"如此,失去禅那时,你能够再次掌握那些方式,重新进入安止,或在使自己熟悉它时,你能够一而再地重复进入安止。

就好像一位善巧的厨师服侍他的雇主。他注意雇主选来吃的一切食物,以后就只送来那些食物,因此得到了奖赏。同样地,你也应该好像厨师注意食物般,在证得禅那时观察其方式,然后每当失去禅那时,你都能够再次掌握及证入安止。因此,你必须好像射裂毛发者或厨师般地观察。

当你透过观察相而再次掌握了那些方式,你就能够成功达到安止,但还不能使它持久。当它完全从障碍禅定的诸盖中清净出来后,它就能够持久。

当你还未先透过省察欲欲的危险而完全地镇伏欲欲、还未先透过平静名身而完全地平静身的扰动(即瞋恨)、还未先透过致力界完全地去除昏沉与睡眠、还未先清净心中障碍定的其他诸盖或不善法,你就已经入禅,那么你很快就会再从该禅那出来,就像进入肮脏蜂巢的蜜蜂,也像去到凌乱公园的国王。

当你先完全清净心中那些障碍定的不善法之后，再入禅，那么你甚至能够安住于该禅那一整天，就像蜜蜂进入完全清净的蜂巢，也像国王来到完全整洁的公园里一般。

因此，如果要长久地安住于禅那之中，你就必须先清净心中障碍定的不善法，然后再入禅。如果能够这么做，接下来你应该如前面所述般地修行五自在。

（10）应当谨记的一个要点

不需要把安般禅相扩大。为什么呢？当你扩大出入息相（安般禅相）时，只有一小点的气息被扩大，而且它有固定的地点，即鼻尖或人中。由于这个坏处及地点的固定性，因此不需要扩大它。（Vs 1. 109）

对于要修行安般念的人，他们应该保持觉知的固定地点是鼻尖或人中，即呼吸时出入息摩擦与接触之处。见到安般禅相时，他只需要以同样的方式专注于已经和气息结合、出现在出入息摩擦与接触的同一个地方的安般禅相。只有这么做的人才能够达到这禅修业处的目标。

第二禅

诸经对第二禅的标准描述如下：

> 止息寻与伺之后，比丘进入并安住于伴随着自信与定心、无寻无伺、充满由定所生之喜乐的第二禅。（《长部·沙门果经》）

当你已熟练初禅的五自在之后，可以进而修行第二禅。为此，首先你应再次进入初禅大约一小时。从初禅出来之后，思维初禅的缺点及第二禅的优点："初禅有接近五盖的危险，初禅中粗劣的寻、伺禅支使得它变弱。第二禅比初禅寂静。"如此去除了对初禅的执着，以及为了证得第二禅，你再次将心专注于似相，因而再次证入初禅。

从初禅出来之后，当你以正念及正知观察禅支时，寻与伺显现得粗劣，喜、乐及一境性则显现得寂静。为了去除粗劣的禅支及获得寂静的禅支，你再次不断地专注于安般似相。如果你持续地这么做，强而有力的安止将会生起，你将能达到具有喜、乐及一境性的第二禅。接着应当修行第二禅的五自在。

现在我要解释对于第二禅的（惯用）描述中的一些词语的含义。

"止息寻与伺"，是指必须超越这两者才能证入第二禅。

自信：其含义与信相同。禅那透过止息寻与伺造成的干扰而"有自信"。

可能有人会问："但这自信不也存在于初禅里吗？为什么只有第二禅才称为'有自信与定心'？"这可以如下地回答：由于寻与伺造成的干扰，就像水受到涟漪与波浪扰动，初禅不完全拥有自信。这是为何虽然信存在其中，但它却不被称为"自信"。因为缺乏自信，所以定也不完全明显。这是为何不称它为"有定心"。然而，在第二禅里的信坚强，由于没有寻与伺的障碍而有立足处；定也因为有坚强的信伴随而明显。可以明白这是为什么只有此禅那是如此形容的原因。《分别论》也这么说，把"自信"定义为信、有信、相信、完全的自信。"定心"则是心的稳定……正定。（Vbh. 268）

无寻无伺：由于透过修习而舍离，因此这禅那里没有寻。这种解释也适用于伺。《分别论》也说："是故此寻此伺已被平静、致使平静、止息、平息、完全平息、去除、完全去除、弄干、完全弄干、终止；所以说：无寻无伺。"（Vbh. 268）

由定所生：其含义是由初禅定或相应定产生。虽然初禅也是由相应定产生，但是只有此定才配称为"定"，因为它完全自信，以及因为没有寻伺的干扰而极难动摇。因此只有此禅那被称为"由定所生"，这也是为了建议培育它。

舍离两支：应该明白舍离两支就是舍离寻与伺。虽然五盖在初禅的近行定时刻被舍离，对于此禅那（第二禅），寻与伺并非在其近行定时刻被舍离。只有在真正的安止时刻，该禅那才没有它们的生起，因此称它们为"舍离支"。

具备三支：应该明白它具备的三支是喜、乐与一境性这三者的生起。因此，当《分别论》说禅那是"信、喜、乐、一境性"时，这是隐喻式地说，以显示该禅那及其成分。然而，除了信，此禅那具备已达到照明之相或彻见目标的三个禅支，所以说："当时什么是具备三支的禅那？那就是喜、乐、一境性。"（《分别论》）（Vbh. 276）

第三禅

如此证得此禅那之后，你应该练习第二禅的五自在。当你已熟练第二禅的五自在，进而想要修行第三禅的时候，你应当思维第二禅的缺点："第二禅有接近寻伺的危险，其中的喜、心之激动是粗劣的（D1.34），而且喜禅支的粗劣使得它变弱。第三禅比较寂静。"如此去除了对第二禅的执着，以及为了证得第三禅，你再次将心专注于似相，因而再次证入第二禅。

从第二禅出来之后，当你以正念及正知观察禅支时，喜显现得粗劣，乐及一境性则显现得寂静。为了去除粗劣的禅支及获得寂静的禅支，你再次不断地专注于安般似相。如果你持续地这么做，强而有力的安止将会生起，你将能达到具有乐及一境性的第三禅。

诸经对证得第三禅的标准描述如下：

> 喜也消退之后，比丘安住于舍、正念与正知，他的身体感受到快乐。于是他进入并安住于圣者们所说"有舍与正念者有快乐的安住"的第三禅。

喜也消退：应明白这有两种含义：止息了寻与伺，喜也消退了；止息了寻与伺，以及超越了喜。

当然，在第二禅里，寻与伺早已被止息。然而，这么说是为了显示导向第三禅之道，以及为了建议培育它。因为说"止息寻与伺"时，那是表示必须透过止息寻与伺（进入）导向此禅那之道。请再次记住这项事实："第三禅的近行定不单只与寻伺相应，也与喜相应。只有第三禅的安止才舍离了这三支。由于这个缘故，必须给予上述的解释。

比丘安住于舍：舍如实地观看禅修目标，例如安般似相，因此它是舍（upekkhā 或旁观）。其含义是它公平地看待，没有偏心。证得第三禅者被称为"安住于舍"，因为他拥有清晰、充足与美好的舍。

（1）十种舍

舍有十种：

六支舍（chaḷaṅgupekkhā）；

梵住舍（brahmavihārupekkhā）；

觉支舍（bojjhaṅgupekkhā）；

精进舍（viriyupekkhā）；

行舍（saṅkhārupekkhā）；

受舍（vedanupekkhā）；

观舍（vippassanupekkhā）；

中舍性舍（tatramajjhattupekkhā）；

禅舍（jhānupekkhā）；

遍净舍（pārisuddhupekkhā）。

①六支舍是漏尽者之舍的名称。它是在可喜与不可喜的六所缘呈现于六门时，保持清净的中舍。它被这样地形容："在此，漏尽的比丘在眼睛见到色尘时，他既不喜悦，也不伤心：他正念与正知地安住于舍。"（《增支部》）（A 2.247）

②梵住舍是对众生保持中舍，这可以如此形容："他对一方的有情以舍心安住。"（《长部》）（D 1.234）

③觉支舍是对同时生起的诸法中舍，这可以如此形容："他依靠舍离培育舍觉支。"（《中部》）（M 1.14）

④精进舍是既不太过精进，也不太过懈怠，这可以如此形容："他不时忆起舍相。"（《增支部》）（A 1.258）

⑤行舍是有关省察与平静诸盖的中舍，这可以如此形容："透过定而生起的行舍有几种？透过观智而生起的行舍有几种？透过定而生起的行舍有八种。透过观智而生起的行舍有十种。"（《无碍解道》）（Ps 62）

八种是与八定相关的舍。十种是与四道、四果、空解脱及无相解脱相关的舍。

⑥受舍是不苦不乐受，这可以如此形容："在舍俱欲界善心生起的时刻。"（《法聚论》）（Dhs 40）

⑦观舍是在以观智观照诸行之相之后，对观照诸行之相保持中舍，这可以如此形容："他舍离了存在的、已生的，因而获得了舍。"（《中部》）（M 3.51）

该段经文的含义：

观智知见依靠各自的因缘而生起的五蕴之相。即该观智舍离了对诸蕴的执着，因为它知见无常、苦、无我的诸蕴的过患，而且它也舍离了邪想、常想，等等。

⑧中舍性舍是俱生法的效力同等：它包含在始于欲（chanda）的"或任何法"（yevāpanakas）之内。它是负责保持美心里的俱生法平衡的心所。根据阿毗达摩，中舍性舍存在于每一个美心，给与美心平衡及和谐，不让心变得软弱或扰动。作为一个个别的心所，中舍性舍在不同的情况以不同的方式呈现。

⑨禅舍是对即使是最上等的乐也不偏不倚，这可以如此形容："他

安住于舍。"(《长部》《法聚论》)（D 1.71；Dhs 45）

⑩遍净舍是从一切障碍中净化出来，也是对止息障碍不关心，这可以如此形容："比丘进入且安住于不苦不乐、由于舍而正念清净的第四禅。"（《长部》）（D 1.71）

在此，六支舍、梵住舍、觉支舍、中舍性舍、禅舍与遍净舍在究竟上是一样的，都是中舍性心所。然而，它们的差别是因为它们在不同的时候生起，就像一个人是男孩、少男、成年人、将军、国王等时间的差别。因此，应该明白作为觉支的舍在六支舍里找不到；六支舍也在觉支舍里找不到。

就像这些是同一个究竟法，行舍与观舍也是同一个究竟法，因为它们只是根据两种作用而被分别为两种。就像一个男人在晚上见到一条蛇进入他的屋子，他拿着一根分叉的树枝去捉那条蛇，而在见到它躺在谷仓里时，他要确定它是否是蛇。透过观察它的三相，他不再怀疑，因此对"再观察它是否是蛇"感到中舍。同样地，当一位已经修行观禅的比丘以观智知见三相，他对"再观察诸行的无常"等感到中舍，而这种舍就称为"观舍"。

就像当该男人以分叉的树枝捉稳了那条蛇，心想："我如何才能在不伤害它，又不被它咬的情况之下去除它？"这时候，他只寻找一个去除它的方法，他对捉住它感到中舍。同样地，当比丘透过寻找三相见到犹如在燃烧的三有，他对执取诸行感到中舍。此舍称为"行舍"。因此，在建立了"观舍"时，"行舍"也已经建立了。然而，它根据对观察或对执取感到中舍而分别为两种。

精进舍与受舍这两种是不同的，也跟其他的舍不同。

在这些舍当中，在此所指的是禅舍。其特相是中舍；作用是不关心；现起是不感兴趣；近因是喜的消失。

（2）正念与正知

这是依自性来说正念与正知。正念的特相是忆念目标，例如安般似相。其作用是不忘失目标。它现起为保持心于目标之中。

正知的特相是不迷惑，作用是察看（判断）目标。它现起为检查目标。

虽然正念与正知也存在于较前的禅那，因为善忘与无正知的人甚至不能证得近行定，更别说是安止定，但是由于那些禅那比较粗显，因此心能够轻易地专注于禅修目标，就像一个男人走过平原般。因此正念与正知的作用在那些禅那里不明显。然而，在此才提到是因为此禅那在舍离粗支之后的微细性，需要心每次都具备正念与正知的作用，才能进入该禅修目标，就像一个男人走在剃刀的利锋上。

还有，就像跟随母牛的小牛，在分开之后又回到该母牛身边，同样地，在心被引离喜而证入第三禅之后，如果没有受到正念与正知防护，它将会回到喜。众生贪爱乐，而这种乐是非常甜美的，因为在世间里没有比这种更好的。然而，在此并没有对该乐的欲求，这是因为正念与正知的缘故，而不是因为其他原因。

其身感到乐：在此，虽然证入第三禅的人并不关心乐受，但他还是会感到与其名身相应的乐；在从禅那出来之后，他也会感到乐，因为其色身已经受到与名身相应之乐所产生的极其胜色的影响。

详细的解释：每一个依靠心所依处生起的心都能够产生许多代的微小粒子，称为心生色。缘取似相（例如安般似相）为目标的禅那心与近行定心，也能够制造许多代的心生色，这些是胜色，遍满了全身。由于这些色法，禅修者感到与其名身相应之乐。在从禅那出来之后，他也会感到乐，因为其色身已经受到那些胜色的影响。觉者、圣者如此宣说，赞叹具备、进入并安住于第三禅的人："有舍与正念者安住于乐。"为什么他们如此赞叹他？因为虽然第三禅具备极其甜美、圆满之乐，他依然能够对第三禅感到中舍。这是因为他不会基于喜爱乐而趣向它，因为他透过了为了防止喜生起的正念而保持正念，也因为他以名身感受到圣者喜爱与培育的无染之乐。

（3）舍离一支；具备二支

在此，应该明白舍离一支是舍离喜。但这只在安止的刹那才被舍离，就像寻与伺在第二禅里被舍离，因此称之为"舍离支"。

应该明白"具备二支"就是乐与一境性这两者生起。因此，《分别论》（Vbh 270）里说"禅那是舍、正念、正知、乐与一境性"时，那是以隐喻的说法来显示禅那及其具备之法。然而，此禅那只具备两个有照明之相的禅支，所以说："当时什么是具备二支的禅那？那就是乐与一境性。"（Vbh 275）（也请参考 Vs 1.153－159）

第四禅

如此证得第三禅之后，你应该练习第三禅的五自在。当你已熟练第三禅的五自在，想要进而修行第四禅的时候，你应思维第三禅的缺点："第三禅有接近喜的危险，而且乐禅支的粗劣（D 1.34），使得它变弱，比不上无乐的第四禅寂静。"如此去除了对第三禅的执着，以及为了证得第四禅，你再次将心专注于似相，因而再次证入第三禅。

从第三禅出来之后，当你以正念及正知观察禅支时，乐显现得粗劣，舍及一境性则显现得寂静。为了去除粗劣的禅支及获得寂静的禅支，你再次不断地专注于安般似相。如果你持续地这么做，强而有力的安止将会生起，你将能达到具备舍及一境性的第四禅。

但是这里有这一项差别：乐受不是"不苦不乐受"的缘，因为第四禅必须与不苦不乐受同生。因此遍作的心与不苦不乐受相应。在此，"喜"纯粹因为它们与舍相应而消失。

诸经对第四禅的标准描述如下：

透过舍弃了乐与苦，以及先前悦与忧的消逝，比丘进入并安住于无苦无乐、具有因舍心而完全净化之正念的第四禅。（M 2.208）

（1）注解

在此，"透过舍离了乐与苦"是透过舍离了身乐与身苦。

悦与忧的消逝：透过先前心乐与心苦这两者的消逝，意思是透过舍离它们。

在什么时候发生舍离这些？在第四禅的近行定刹那。因为悦（心的乐受）只有在第四禅的近行定刹那才被舍离，而身苦、心忧与身乐各别在初禅、第二禅与第三禅的近行定刹那被舍离。因此，虽然没有提及它们被舍离的次第，但在此是根据"根分别"里简说诸根的次第来说舍离身乐、身苦、悦与忧。（Vbh 129 – 130）

但是，如果这些只有在几种禅那的近行定刹那被舍离，为什么以下的经文说它们的息灭在禅那时发生："已生起的苦根在哪里灭尽无余？在此，诸比丘，完全远离欲乐、完全远离不善法，比丘进入并安住于初禅……由寂静所生。即是在此，已生起的身苦根灭尽无余。已生起的忧根在哪里灭尽无余？……第二禅……已生起的身乐根在哪里灭尽无余？……第三禅……已生起的悦根在哪里灭尽无余？透过舍离了乐与苦，以及先前悦与忧的消逝，比丘进入并安住于无苦无乐、具有因舍心而完全净化之正念的第四禅。即是在此，已生起的悦根灭尽无余。"（《相应部》）（S 3.188）

在该处这么说是指强化了的息灭，因为在初禅发生的是它们强化了的息灭，而不只是它们的息灭。在近行刹那，发生的只是它们的息灭，不是它们强化了的息灭。

因此，在拥有许多转向（许多意门心路过程）的初禅近行定的时候，虽然身苦根已经息灭了，它还是会因为与牛虻、苍蝇或蚊子接触，或因为不平的座位所引起的不适而再度生起，但是在安止里，这是不可能发生的。或者，虽然身苦根已经在近行定的时候息灭了，它并没有完全息灭，因为它还没有被对立法完全击败。然而，安止时，全身因为喜的散播而充满了乐。对于身体充满乐的人，苦根完全息灭，因为在那时候它已经被对立法完全击败。

在拥有许多转向的第二禅近行定的时刻，虽然之前心忧根已经息灭了，它也能够再度生起，因为只要有以寻伺为缘的身疲惫与心扰乱，它就会生起；然而，没有寻伺时，它就不会生起。如果它生起，它是有寻有伺地生起，而在第二禅近行定的时刻，寻伺还未被舍离。但是在第二禅里就不会这样，因为那时已经舍离了其因缘。

同样地，在第三禅近行定里，对于身体充满与喜相应之心产生胜色的人，之前已经舍离的身乐根能够再度生起。但是在第三禅里就不会这样，因为在第三禅里，作为身乐之缘的喜已经完全息灭。

同样地，在第四禅近行定里，之前已经舍离的悦根（心之乐受）能够再度生起，因为它接近，也因为它还没有被达到安止强度的舍正确地镇伏。但是在第四禅里就不会这样。这是为何在每一种情况里都有"无余"这一词，如下："即是在此，已生起的苦根灭尽无余。"

（2）另一个问题

在此可能会问："如果这些受在近行定时被舍离，为什么在这里提及它们？"

这么做是为了易于了解它们，因为在此以"无苦无乐"这些字来形容的不苦不乐受很微细、甚难了知、不易辨识。因此，就像牧牛人要捉那些人完全不能接近它的蛮牛时，他把所有的牛集合在一个牛栏里，然后让它们一只一只地出去，说道："好了，我已经捉到它们了。"如此，它们被捉了。同样地，世尊把这五种受全部集合在一起，以便易于了解它们；因为如此整体地显示它们时，不是身乐，或身苦，或心悦，或心忧之法也能够如此辨识：这就是不苦不乐受。

再者，也可以理解这么说是为了显示"不苦不乐心解脱"之缘，因为舍离身苦等是它的缘，所以说："贤友，'不苦不乐心解脱成就'有四种缘。在此，贤友，透过舍离了身乐与苦，以及先前悦与忧的消逝，比丘进入并安住于无苦无乐、具有因舍心而完全净化之正念的第四禅。这些是'不苦不乐心解脱成就'的四种缘。"（M 1.370）

无苦无乐：由于苦不存在而无苦；由于乐不存在而无乐。这显示与苦及乐两者相反的第三种受，而不是纯粹无苦无乐。这第三种称为"不苦不乐"的受也称为"舍"。它的特相是体验与可喜及不可喜两者相反之法；作用是平淡；现起是不明显的受。应该明白其近因是悦（心的乐受）的息灭。

具有因舍心而完全净化之正念：拥有舍产生的正念之清净。因为这个禅那里的正念完全清净，其清净是由于舍而产生，而不是因为其他法。这是为何说它拥有舍产生的正念之清净。产生正念之清净的舍是中舍性舍（tatramajjhattatā）。在此，不单只有正念受到净化，而是一切相应法都受到净化。然而，此教法是依正念的题目来教。

舍（中舍性舍）也存在于三种较低层次的禅那，但是并不明显，因为它被比较粗劣的禅支隐藏起来。就像在白天，星星还是在天空中发亮，但是却因为阳光而看不到它。日落后，星星就变得可见。因此，透过超越较粗的禅支，正念变得清净，直到第四禅时，舍单独地凸显出来。

（3）舍离一支、具备二支

在此，应该明白舍离一支是舍离悦或心的乐受（somanassa）。然而，事实上，在同一个禅那心路过程的前面速行，也就是在第四禅近行定时，悦已经被舍离了，所以称之为舍离支。

应该明白具备二支是舍受与一境性两者之生起。

这是根据禅那四分法（catukkajjhāna）的教法。

（八）禅那五分法（pañcakajjhāna）

诸经把禅那分为四种，然而阿毗达摩藏以两种方法来教禅那——为人熟悉的经教四分法，以及五分法。透过分开舍离寻与伺，而不同时舍离它们，禅那四分法变成五分法。在禅那五分法里，组成五种禅那的禅支如下：

1. 初禅：寻、伺、喜、乐、一境性。
2. 第二禅：伺、喜、乐、一境性。
3. 第三禅：喜、乐、一境性。
4. 第四禅：乐、一境性。
5. 第五禅：不苦不乐受（舍受）、一境性。

依照五分法，已经证得初禅，接着想要证得较高层次禅那的禅修者省察其禅支，而发现只有寻粗劣。因此他致力于只去除寻，而证得无寻、但还与伺相应的第二禅。五分法的第二禅是四分法里所没有的。掌握了第二禅之后，禅修者发现伺粗，去除它，及证得了与四分法的第二禅相同的（五分法）第三禅。五分法的第四禅与第五禅各自和四分法的第三禅与第四禅相同。

这两种不同的分法，配合提升心一境的能力不同的禅修者。这能力的差别可以是因为他们同时观察寻与伺的能力不同，或是因为他们同时舍离寻与伺的能力不同。依照四分法修行者的进展比较快，因为他从同一个地方向上移时舍离了两支。然而，两者皆经历相同范围的精神体验，最终依各自的分法达到同一个目的地。

禅那五分法第一次出现是在阿毗达摩藏里，也继续成为"论教法"的特征，虽然如此，此分法在诸经拥有明确的根据。虽然诸经时常说四禅，但它们把定分为三种：有寻有伺之定、无寻有伺之定、无寻无伺之

定。(《长部》)(D 3.184)

佛陀根据听众的意愿或教法之优美教导两种禅那分法。当佛陀在天界开示阿毗达摩时,有些听众省察禅支时,只有寻显现得粗劣,伺则显现得宁静。根据他们的意愿,佛陀教导有四个禅支、但是无寻的第二禅。

佛陀已经清晰地透视了各种法界,因此他拥有教法之优美。由于其圆满的智慧,他善于教法。因此,他根据自己的意愿教导不同的分法。在这分法里,初禅有五支,第二禅有四支,第三禅有三支,第四禅有二支,第五禅也有二支。

如何修行

如果你修行安般念来培育五分法禅那,你必须先专注于安般似相,直到证入初禅。从初禅出来之后,思维初禅的缺点:"初禅有接近五盖的危险,初禅中粗劣的寻禅支使得它变弱。第二禅比初禅寂静。"如此去除了对初禅的执着,以及为了证得第二禅,你再次将心专注于似相,因而再次证入初禅。

从初禅出来之后,当你以正念及正知观察禅支时,只有寻显现得粗劣,伺则显现得宁静。为了去除粗劣的禅支及获得寂静的禅支,你再次不断地专注于安般似相,第二禅将会如前所述般地生起。

它的舍离支只有寻而已。以伺为始的四支则是它的具备支。

如此证得此禅那,而且熟练了第二禅的五自在,那么从第二禅出来之后,你应思维第二禅的缺点:"第二禅有接近寻的危险,而且伺禅支的粗劣使得它变弱。第三禅比较寂静。"如此去除了对第二禅的执着,你可以如前所述地致力于证得第三禅。

从第二禅出来之后,当你以正念及正知观察禅支时,只有伺显现得粗劣,喜、乐及一境性则显现得寂静。为了去除粗劣的禅支及获得寂静的禅支,你再次不断地专注于安般似相。如果你持续地这么做,第三禅将会如前所述般地生起。

它的舍离支只有伺而已。和四分法的第二禅一样,以喜为始的三支是它的具备支。应继续以前述的方法来修行接下来的禅那。

因此,四分法里的第二禅被分成两个,而成为五分法里的第二禅和第三禅。四分法里的第三禅与第四禅则变成五分法的第四禅与第五禅。在这两者里,初禅还是初禅。

我询问过许多禅修者,让他们比较四分法里各种禅那的优劣。多数禅修者说:第二禅比初禅更殊胜,第三禅比第二禅更殊胜,第四禅则是这四种禅那当中最殊胜的。

能进入这些禅那是由于心力的缘故。每个人都有这样的心力。大家应当在佛陀的教法中精进修行。 "Viriyayavato kināma kammam na sijjhati." ——"对于以够强的决意及智慧来精进之人,没有什么事是不能达成的。"如果大家如此精进地修行,什么成就都是可能的。大家都能如愿地证得所有四禅。

(九) 呼吸行者

成就第四禅之后,如果转修十遍、八定、四梵住等止禅法门,你很容易就能修成它们。此外你也可以转修观禅。以安般禅那为基础而转修观禅者有两种:呼吸行者(assāsapassāsakammika 入出息行者)和禅那行者(jhānakammika)。然而,这样的翻译并不精确。以下我要进一步解释,这两种禅修者如何以安般第四禅为基础来修行观禅。

在止禅中有四十种业处(修行法门),而在观禅中只有两种业处,即色业处(rūpa-kammaṭṭhāna)与名业处(nāmakammaṭṭhāna)。色业处以色法(物质现象)作为观照的目标;名业处以名法(精神现象)作为观照的目标。色业处也称为色摄受(rūpa-pariggaha);名业处也称为非色摄受(arūpapariggaha),在此,非色是指名法而言。禅修者修成安般第四禅之后，如果想先修行色业处，他应当先观照呼吸里的究竟色法，因此称他为呼吸行者。如果想先修行名业处，他应当先观照禅支，因此称他为禅那行者。（Smv 252；MA 1. 280）

呼吸行者应当再度修行安般念，达到第四禅。从第四禅出定之后，逐一地观察呼吸里四界的十二特相，即硬、粗、重、软、滑、轻、流动、黏结、热、冷、支持、推动。观察纯熟之后，就将这十二特相分为四组，即同时观察到硬、粗、重、软、滑、轻时就了知它们为地界；同时观察到流动与黏结时就了知它们为水界；同时观察到热与冷时就了知它们为火界；同时观察到支持与推动时就了知它们为风界。如此一再重复地观察："地、水、火、风；地、水、火、风……"，持续地专注于呼吸里的四界。如果能这样有系统地专注，就能见到色聚。进一步分析色聚时，就能透视到每一粒色聚里所包含的九种色法，即地界、水界、火界、风界、颜色、香、味、食素与声音。这九种色法称为呼吸身（assāsapassāsa kāya）。

观照了呼吸身之后，他应当如此思维："呼吸身依靠什么而生起呢？"他发现呼吸身依靠依处而生起。依处是什么呢？根据《阿毗达摩藏》，依处有六种，即眼处、耳处、鼻处、舌处、身处与心所依处。然而，根据经上的教导，依处是指所生身而言。所生身包括四类色法：（1）业生色：由业力所产生的色法。（2）心生色：由心产生的色法。（3）时节生色：由火界产生的色法。（4）食生色：由食素产生的色法。为什么经与论所教导的方法不同呢？因为经是教导实际修行的方法，而论是显示精确的含义。例如，如果有系统地对眼睛修行四界分别观，你就能见到色聚。分析色聚之后，就能辨别眼睛里的六种色聚，眼十法聚是其中的一种。如果分析一粒眼十法聚，你可以透视到其中的十种色法，即地界、水界、火界、风界、颜色、香、味、食素、命根及眼净色。在这十种色法当中，只有眼净色才是真正的眼处，其他九种色法不是眼处。虽然如此，但是它们与眼处同时生起，成为一粒色聚。必须能分析眼十法聚里的所有十种色法，才能破除组合密集见到眼处（眼净色）。因此，根据经教，依处是所生身，因为你必须观照与眼净色同在一粒色聚中的所有俱生色法，而不只是观照眼净色而已。关于耳处、鼻处、舌处、身处与心所依处也应以同样的道理来理解。

眼十法聚不能单独存在。有系统地对眼睛修行四界分别观时你就可以见到其他种色聚。当你用手碰触眼睛的时候，眼睛可以感受到手所给予的触觉，由此可知眼睛里必定有身十法聚存在，因为身识唯有依靠身净色（身处）才能生起。眼睛里也有性根十法聚，由于其中的性根色，才让你能很容易地知道"这是男人"或"这是女人"。眼十法聚、身十法聚与性根十法聚是由过去世的业力所产生的，称为业生色。想眨眼的时候就能眨眼，由此可知眼睛里也含有心生色法（心生八法聚）。每一粒色聚里都有火界，多数的火界能产生许多代的新色聚，这些是时节生色。每一粒色聚里都有食素，在食生食素的帮助之下，多数的食素能产生新色聚，这些是食生色。眼睛里有上面提到的这六种色聚。分析它们时就能见到包含在它们之中的五十四种色法。你必须透视这五十四种色法，以便破除密集。

然后必须以同样的方法照见六门与三十二身分的色法。在三十二身分的多数身分里有业生、心生、时节生、食生这四类色法。

注释中解释所生身为："所生身是由四大种色及四大所造的色法所构成的。"这是什么意思呢？在每一粒色聚里都有地、水、火、风这四大种色（即四界），也有颜色、香、味、食素等四大所造成的色法。事实上总共有二十八种色法：四大种色和二十四种所造色。二十四种所造色（其中的十四种）：

- 五种净色：眼净色、耳净色、鼻净色、舌净色、身净色
- 四种境色：颜色、声音、气味、味道。

- 食素（营养素）

- 命根

- 心色

- 两种性根色：男性根色、女性根色

（这十四种色法及四大种色）这十八种色法亦名为：

- "自性色"（sabhāvarūpa），因为它们每个都拥有自性相，例如地界的硬、粗等；

- "有相色"（salakkhaṇarūpa），因为它们都拥有一切名色法的无常、苦、无我三种共相；

- "完成色"（nipphannarūpa），因为它们以业等为因而生起；

- "色色"（rūparūpa），因为它们拥有色法不断变化的特征；

- "思维色"（sammasanarūpa），因为适于作为观禅的目标，可以观照它们为无常、苦与无我。

除此之外，有十种非真实的所造色，即：

1. 空界

2. 身表

3. 语表

4. 色轻快性

5. 色柔软性

6. 色适业性

7. 色积集

8. 色相续

9. 色老性

10. 色无常性

你必须辨识这一切色法。

只观照色法为无常、苦、无我并不足以证悟涅槃，还必须观照名法为无常、苦、无我。观照名法的时候，禅那名法是最佳的观照起点，因为你已经熟练于观察五禅支。观照禅那名法之后，你应当观照欲界的名法，包括六门心路过程心与离心路过程心的所有名法。所以注释里说：接着，他观照触等五项名法，即触、受、想、思、识。在这五项名法当中，受是受蕴，想是想蕴，触与思是行蕴，识是识蕴，它们是四种名蕴；之前谈到的二十八种色法是色蕴，总共是五蕴。关于这五蕴中的行蕴，注释只提到触与思这两种名法，因为它们是行蕴中最显著的。提到这两项名法时，行蕴里其他的名法也都包括在内了。这就好像在皇家出巡的行列里，提到国王的时候，他的随从人员也都包括在内了。

观照了名法与色法之后，接着他观照名色法的因，见到过去世所造的无明、爱、取、行、业这五项主因。过去世的这五种因造成今世投生时的五取蕴。他观照因果之间的关系，这就是缘起法。于是他下了一个结论：名法与色法都只是缘法及缘生法，除此之外没有人或众生存在。因此他超越了对于名色法及其因的疑惑。

已经超越疑惑的禅修者观照名色法及其因为无常、苦、无我。如此就能逐步地提升智慧，乃至证悟阿罗汉果。这种禅修者称为呼吸行者。

（十）禅那行者

接着我要解释禅那行者。这种禅修者出定后先观照禅支。由于之前以安般念修行止禅时他已经检查过禅支，所以转修观禅时，观照禅支对他而言是很容易的。然后他必须观照与禅支同时生起的其他名法。包括禅支在内的所有这些名法称为禅那法。观照禅那法之后，他应当检查这些禅那法是依靠什么而生起。于是他见到它们依靠心所依处而生起。根据经的解释，心所依处是所生身：业生、心生、时节生与食生四类色法。

禅那法与欲界名法是名法，所生身是色法。观照它们之后，他探究名色法的因，依照无明、爱、取等缘起法来观照。于是他下了一个结论：名法与色法都只是缘法及缘生法，除此之外没有人或众生存在。因此他超越了疑惑。

已经超越疑惑的禅修者观察名色法及其因为无常、苦、无我。如此就能逐步地提升智慧，直到证悟阿罗汉果。这种禅修者称为禅那行者。（MA 1.254）

如果明白上述所解释的内容，你就能了解佛陀开示的以下经文。在《大念处经》当中，佛陀教导以安般禅那为基础而修行观禅的方法如下：

> 如此，他安住于观照内在的身为身、安住于观照外在的身为身或安住于观照内在与外在的身为身。（M. 171）

这是修行安般念达到第四禅的禅修者转修观禅的开始阶段。什么是"身"呢？根据巴利圣典《无碍解道》，身有三种，即呼吸身、所生身与名身。这些在前面已经解释过，相信大家已经明白了。

（十一） 如何修行四界分别观

我已经解释了如何简要地辨识色法。现在我要进一步解释四界分别观。在还未修行四界分别观之前，你应该在每次坐禅时都修行安般念直到第四禅。当第四禅产生极强的光明时，你就可以开始修行四界分别观。这是对安般念禅修者的建议。

巴利圣典记载了两种修习四界分别观的方法，即：简略法与详尽法。在此要为大家解说的是适合利慧者的简略法，而另一个则是给予修习简略法有困难者的详尽法。

佛陀在《大念处经》（Mahāsatipaṭṭhāna Sutta）里教导简略法：

　　同样地，诸比丘，比丘观察此身无论是处于任何姿势，都只是由诸界组成而已：于此身中，有地界、水界、火界、风界。

《清净道论》（第11章·节41～43）进一步解释：

　　是故欲修习此业处的利慧者，首先应独居静处，念虑于自己的全色身："于此身中，坚（硬）性或固性的是地界，结性或流动性的是水界，遍熟性或暖热性的是火界，支持性或推动性的是风界。"他应当数数地念虑作意及观察"地界、水界、火界、风界"，意即仅是界而非有情非寿者。如此精进，不久之后即生起由辨识及差别诸界之慧所增强之定。由于以自性法为所缘，其定不能达至安止，而只是近行定。

　　再者，或如舍利弗尊者所说的身体四个部分，以显示四界之中并无任何有情，即："因骨、因腱、因肉、因皮包围空间而称为色"。（M 1.190）他应当决意在每个部分里，以智之手把它们分别，及依上述的方法观察它们，即："于此身中，坚（硬）性……不能达至安止定，而只是近行定。"

　　在帕奥禅林里教导的是遍照全身四界的方法，即辨识地界的硬、粗、重、软、滑、轻六种性质；水界的流动及黏结两种性质；火界的热及冷两种性质；风界的支持及推动两种性质。

　　《法聚论》（Dhammasaṅganī）里记载地界的六种特相，它们的巴利原文是：硬（kakkhaḷaṁ）、软（mudukaṁ）、粗（pharusaṁ）、滑（saṇhaṁ）、重（garukaṁ）、轻（lahukaṁ）。流动（paggharana）是水界的特相，黏结（ābandhana）或聚合（saṅgaha）则是水界的现起。热（uṇha）及冷（sīta）皆是火界的特相。支持（vitthambhana）是风界的特相，推动

（samudīraṇa）则是风界的作用。

修习四界分别观时，必须先逐一地辨识这十二种性质。对于初学者，一般先教导较易辨识的性质，而较难的则留待于后。按照易至难的次序排列：推动、硬、粗、重、支持、软、滑、轻、热、冷、流动及黏结。当开始观照其中任何一个性质时，必须先在身体的某个部位辨识到它，然后再将之扩大至能够遍照全身。

开始辨识"推动"时，你可以经由触觉来注意呼吸时头部中央所感受到的推动。能够辨识推动之后，应当专注于它，直到你的心能很清楚地认识它。然后，你应转移注意力到附近的另一个身体部位，辨识那里的推动。如此，慢慢地，你将能先辨识头部的推动、然后颈部、躯体、手臂、腿乃至脚。必须如此一再地重复许多次，直到无论将注意力放在身体的哪个部位，你都能很容易地感觉到推动。

如果不容易在头部中央辨识到呼吸的推动，那么，尝试辨识呼吸时胸部扩张的推动，或腹部移动时的推动。如果这些地方的推动不明显，尝试辨识心跳时脉搏的推动，或其他任何形式明显的推动；有移动的地方就有推动。无论从哪个部位开始辨识，都必须继续慢慢地培育透视力，使你在全身各处都能辨识到推动。尽管某些部位的推动很明显，某些部位的推动很微弱，但是推动确实存在全身的每一个部位。

当你对辨识推动感到满意之后，可以进而辨识"硬"。首先在牙齿辨识硬：咬一咬牙就可以感到它的坚硬，过后把咬紧的牙齿放松，再去感觉牙齿的坚硬。当能感觉到硬后，再有系统地从头到脚遍照全身的硬，就好像在辨识推动时一样，但切记不要故意将身体绷紧。

如能看到全身硬，可以再遍照全身的推动。在推动与硬两种性质之间交替，从头到脚遍照全身的推动，然后再遍照全身的硬，不断重复地修习多次，直到满意为止。

然后可进而辨识"粗"。用舌头与牙齿互相摩擦，或用手背摩擦另一只手臂的皮肤，这样就会感觉到粗的性质。然后如前面所说有系统地辨识全身的粗。如果不能感觉到粗，可再重复地辨识推动和硬，如此就会看到粗与推动、硬在一起。能看到粗时，即应持续地从头到脚逐一地遍照全身的推动、硬及粗。但是如果能够同时辨识它们则更好。

对辨识全身的这三种性质感到满意时，就可以辨识全身的"重"。首先把双手重叠放在中间、置于脚上，上面的手就会有重的感觉，或者可把头往前垂，体会它的重感。继续有系统地修习，直到能够遍照全身的重。然后应逐一辨识全身的推动、硬、粗及重四种性质，直到满意为止。

然后你应辨识全身的"支持"。先放松背部使身体稍微向前弯曲，然后再挺直身体，保持竖立。保持身体挺直、静止、竖立的力量就是支持。继续有系统地修行，直到能够辨识全身从头到脚的支持。如果这么做有困难，你应尝试在辨识支持的同时也辨识硬，因为这样能比较容易辨识到支持。能够轻易地辨识支持之后，你应辨识全身的推动、硬、粗、重、支持。

能辨识这五种特相之后，借着以舌头轻压嘴唇的内侧，可以感受到"软"。放松你的身体，并且有系统地修行，直到能够辨识全身的软。然后你应逐一地辨识全身的推动、硬、粗、重、支持、软。

接下来先以唾液弄湿双唇，然后用舌头左右地擦它们，感觉"滑"的性质。继续有系统地修习，直到能遍照全身的滑。然后，应逐一地辨识全身的上述七种性质。

接着上下地移动一只手指，感觉它"轻"的性质。如果能够感觉到轻的话就好。如果不能的话，你就应该再次辨识重。感到全身的重之后，再以刚才所说的方法去感觉轻。修习到能够遍照全身的轻之后，再继续逐一地辨识全身的上述八种性质。

接着是遍照全身的"热"（或"暖"）。你可以从身体里任何一个热明显的部分开始。举例而言，把双手重叠放在中间、置于脚上，然后感觉双手接触之处的热。一般来说，这是非常容易办到的。有系统地辨识全身的热。接着你可以辨识九种性质。

接着在吸气时感觉气息的"冷"，然后再有系统地遍照全身的冷。

至此已能够辨识十种都是直接地从触的察觉得知的性质。但流动和黏结最后这两种性质只能根据其他十种性质的推理而得知，这是为何要留待最后才教导它们的缘故。

要辨识"黏结"，你应觉察身体如何借着皮肤、肌肉、腱而凝结在一起。血液靠皮肤包围而维持在身体内，犹如气球中的水一样。如果没有黏结的作用，身体将分裂成碎片或颗粒。将人体黏附在地面的地心引力也是黏结的作用。如前面所说，有系统地辨识各种性质。

要辨识"流动"，你可觉察唾液进入口中的流动、血管中血液的流动、空气进入肺部的流动，或热气在全身的流动。如前面所说，有系统地辨识各种性质。

如果对辨识流动或黏结感到困难的话，你应重复逐一地在全身辨识前面的十种性质。熟练之后，你会发现黏结的性质也变得很清楚。万一黏结还是不清楚，你应一再地只专注于推动与硬这两种性质。最后，你会感觉全身好像被一捆绳子绑住一样，这就是黏结的性质。如果流动的性质没有变得清楚，你应在辨识它的同时也辨识冷、热或推动，这样你将能辨识到流动。

能够在全身从头到脚很清楚地辨识到所有十二种性质之后，你应继续以此次序一再地辨识它们。对自己能这么做感到很满意之后，你应将次序重新排列成前面最初谈到的，即：硬、粗、重、软、滑、轻、流动、黏结、热、冷、支持、推动。以这样的次序从头到脚逐一地辨识每一种性质，直到你能辨识得相当快速，一分钟内大约三转。

如此修行之时，某些禅修者的诸界会失去平衡。有些界会变得过强且令人难以忍受，尤其是硬、热与推动。如果这种情况发生，你应将较多的注意力放在与过强者对立的性质上，并继续那样培育定力，如此即能再将诸界平衡。诸界平衡时比较容易培育定力，这就是最初要教导十二种性质的理由。

相对的性质：硬与软；粗与滑；重与轻；流动与黏结；热与冷；支持与推动。

如果一对里的其中一个性质过强，可以多注意相对的性质来平衡它。例如：当流动的性质过强时，可以多注意黏结；或者当支持过强时，可以多注意推动。

现在你已熟练于辨识遍身的十二种性质。当它们变得清晰，而且好像同时呈现时，你应把它们分为地、水、火、风四组来观。你应同时辨识前六种性质为"地界"，然后同时辨识流动与黏结为"水界"，接着辨识热与冷为"火界"，以及辨识支持与推动为"风界"。你应继续辨识它们为地、水、火、风，令心平静及获取定力，不断重复地修习百次、千次乃至百万次。

在此阶段，有一种实用的好方法是对于每一界都同时遍照全身。为了保持心静且稳定，不必像之前那样，把注意力从身体的一个部位移至另一个部位，现在应该同时遍照全身。一般而言，最佳方法是仿佛从双肩后面遍照全身，也可以采用有如从头顶上向下遍照全身，但这可能会令某些禅修者感到绷紧及导致诸界失去平衡。

注解《清净道论》的《大疏钞》（Pm 1.434－435）提及以十种观察法来培育定力，即有次第、不太快、不太慢、避开干扰、跨越概念、舍弃不清晰的、辨明诸相及依据《增上心经》（Adhicitta Sutta）、《无上清凉经》（Anuttarasītibhāva Sutta）及《觉支经》（Bojjhaṅga Sutta）的方法修行。

1. 有次第（anupubbato）：这里的次第是指佛陀教导的顺序，即：

地、水、火、风。

2. 不太快（nātisīghato）

3. 不太慢（nātisaṇikato）

如果辨识得太快，四界将不清晰。如果辨识得太慢，你将无法达到禅修的成就。

4. 避开干扰（vikkhepapaṭibāhanato）：修行四界分别观以培育近行定时，你应该保持心只专注于禅修的对象，即四界，不让它转移到其他对象。

5. 跨越概念（paññattisamatikkamanato）：不应只是心念"地、水、火、风"而已，应同时注意它们所代表的真实内涵，即硬、粗、重、软、滑、轻、流动、黏结、热、冷、支持与推动。

6. 舍弃不清晰的（anupaṭṭhānamuñcanato）：在你熟练于辨识所有十二种性质之后，进而分成四组以培育专注力时，可以暂时舍弃不清晰的性质。然而，如果这样会导致诸界失去平衡而产生痛或紧，就不适合如此做。此外，对于每一界你应至少保留一种性质，不能只以三界、二界或一界修行四界分别观。最好是所有十二种性质都清晰，而不舍弃任何性质。

7. 辨明诸相（lakkhaṇato）：当你开始禅修，而每一界的自性相（sabhāva-lakkhaṇa，即特相）还不清晰时，也可以专注于它们的作用（或现起）；当定力较佳时，你应专注于每一界的自性相，即地界的硬与粗；水界的流动；火界的热与冷；风界的支持。此时你将只照见各种界，并且照见它们既不是"人"，也不是"我"。

疏钞还建议依据8.《增上心经》（Adhicitta Sutta/Nimitta Sutta）、9.《无上清凉经》（Anuttarasītibhāva Sutta）及10.《觉支善巧经》（Bojjhaṅga-kosalla Sutta）来修行。这三部经教导禅修者平衡信、精进、念、定、

慧五根（indriya），以及平衡念、择法、精进、喜、轻安、定、舍七觉支。

关于那三部经，其义是如此：应该明白那三部经，即《增上心经》、《无上清凉经》及《觉支善巧经》拥有连接精进与定的目的。我要逐一地引用这些经的经文，以便能够更深入地了解平衡五根及七觉支。

《增上心经》

在此，应明白此经与"增上心"有关，那就是止禅心与观禅心：

> 诸比丘，勤修增上心之比丘应当不时作意三相：
>
> 1. 应不时作意定相。
>
> 2. 应不时作意精勤相。
>
> 3. 应不时作意舍相。
>
> 若勤修增上心之比丘只作意定相，其心可能变得怠惰。若勤修增上心之比丘只作意精勤相，其心可能变得扰动。若勤修增上心之比丘只作意舍相，其心无法为达到漏尽而正确地专注。
>
> 然而，诸比丘，当勤修增上心之比丘不时作意定相，不时作意精勤相，且不时作意舍相，其心变得柔软、适合作业、极光净、不脆弱、能为达到漏尽而正确地专注。
>
> 诸比丘，犹如善巧的金匠或金匠学徒，在准备熔炉时烧热它，以钳子将未经提炼的金夹起来放进炉里。他不时为它煽火，不时为它洒水，及不时旁观它。
>
> 若该金匠或金匠学徒只为未经提炼的金煽火，它将会被烧毁；若他只为它洒水，它将会冷却；若他只是旁观它，它将无法获得正确的提炼。然而，当该金匠或金匠学徒不时为未经提炼的金煽火，不时为它洒水，不时旁观它，它将会变得柔软、适合作业、极明

亮、不脆弱、能被正确地打造；无论他想把它做成什么装饰品，无论是链子、戒指、项链或金头带，它都能够如他所愿。同样地，诸比丘，勤修增上心之比丘应当不时作意三相：

1. 应不时作意定相。

2. 应不时作意精勤相。

3. 应不时作意舍相。

诸比丘，当勤修增上心之比丘不时作意定相，不时作意精勤相，且不时作意舍相，其心变得柔软、适合作业、极光净、不脆弱、能为达到漏尽而正确地专注。

若有机会，那就是说如果他在今生证得八定，以及在过去世累积了足够的波罗蜜，以便透过亲证智证悟且达到增上心的成就，他便会透过亲证智获得能力成为见证者，见证任何其心趣向、可以透过亲证智证悟之法。（A 1.258 – 260）

《无上清凉经》

此经有关无上清凉的涅槃：

诸比丘，当比丘拥有六法时，他能够证悟无上清凉的涅槃。在此，诸比丘：

1. 应该抑制心时，他抑制心；

2. 应该令心精勤时，他令心精勤；

3. 应该激励心时，他激励心；

4. 应该中舍地旁观心时，他中舍地旁观心；

5. 他决意要证悟无上清凉的涅槃；

6. 他乐于涅槃。

拥有这六法的比丘能够证悟无上清凉的涅槃。（A 2.379）

《觉支善巧经》（或《火经》）

在解释安止的善巧、有关始于"诸比丘，心变得软弱无力时，那不是加强舍觉支的时候……"的经文时，已经解释了有关觉支的善巧。（S 3.98 – 100）

这部经的简要含义：心软弱无力时，那不是加强轻安觉支、定觉支和舍觉支的时候，而是加强择法觉支、精进觉支与喜觉支的时候。心激动或扰动时，那不是加强择法觉支、精进觉支与喜觉支的时候，而是加强轻安觉支、定觉支和舍觉支的时候。

请大家自行参考《增上心经》《无上清凉经》及《觉支善巧经》的原文。

继续以四界培育定力朝向近行定时，就会开始见到不同种类的光。对于某些禅修者，开始阶段出现的光好像灰烟一般。如果继续辨识灰光里的四界，它将会变得白若棉花，过后白亮得有如云朵。此时，全身会呈现为一团白色物体。在继续辨识白色物体里的四界之下，它就会变得透明晶莹，犹如冰块或玻璃。

这明净的色法是五根，又称为"净色"（pasāda rūpa），当中的身净色（kāya pasāda）遍布全身。在此阶段所见的身净色、眼净色、耳净色、鼻净色及舌净色是属团块状的，因为还未破除三种"密集"（ghana）。

如果继续辨识透明体里的四界，它就会发亮与放射光芒。当这光至少持续出现半小时之后，如果你辨识透明体里的空界（小空间），该透明体即会粉碎成许多名为"色聚"（rūpa kalāpa）的极微粒子。当达到这名为"心清净"（citta visuddhi）的阶段后，可进而分别色聚以培育"见清净"（diṭṭhi visuddhi）。然而，如果你的定力之光还不够强盛，且想修习其他止禅，那么最好在尚未见到色聚之前转修止禅。此时，你可以转修三十二身分。然后再采用其中一个身分，观其不净以培育定力，直到证得初禅，或者可采用其中一个身分的颜色修习色遍禅（kasiṇa），直到证得第四禅，进而转修慈心观、佛随念、不净观及死随念四种护卫禅。

如果禅修者是纯观行者（suddha vipassanā yānika），他应该辨识四界各自的性质，直到见到透明体，且其近行定之光极其明亮，再进而修习至能够辨识诸色聚。

（十二）分析色聚的方法

如何辨识四界

色聚可分为"明净"与"非明净"两种，而唯有含有"净色"（pasāda rūpa）的业生色聚才是明净的。

你应该先修习辨识个别色聚里的地、水、火、风四界。开始见到色聚时，禅修者会发现它们生灭得非常迅速。此时，他还没有能力分别诸色聚，所见的色聚是仍有体积的极微粒子。这是因为他还未破除三种密集，即相续密集、组合密集与作用密集，所以还停留于概念之境，还未达到究竟法的境地。

在尚未破除组合与形状的概念之前，仍然会有"小粒"或"小块"（极微）的概念存在。如果不更进一步地分别诸界（dhātu），反而观照这些极微小粒子的生灭修习观禅，那么他只是在尝试以概念为目标来修观禅而已。所以禅修者必须更进一步分别诸界，以便得见究竟色法。

首先，应该辨识个别明净与非明净色聚里的地、水、火、风四界。如果因色聚极度迅速生灭，而未能辨识单一粒色聚里的四界，就不应该注意它们的生灭。就像遇到不想见的人时对他视而不见一样，不理会它们的生灭，而只是专注和知道单一粒色聚里的四界。

如果还不能成功，你就应该再次修行安般念达到第四禅。当第四禅的光明极其明亮时，你应再同时注意全身的四界，直到见到色聚。这时，你应同时注意全身的地界，然后再注意单一粒色聚里的地界。接着同时注意全身的水界，然后再注意单一粒色聚里的水界。接着同时注意全身的火界，然后再注意单一粒色聚里的火界。最后同时注意全身的风界，然后再注意单一粒色聚里的风界。如此修行你就能够辨识明净与非明净色聚里的四界。接着，你应该尝试同时辨识它们。成功这么做之后，接着你应该轮流辨识眼处、耳处、鼻处、舌处、身处及意处这六处中的明净与非明净色聚中的四界。

如果还不能成功，则你应逐一地辨识每一种性质。你应该再次修行安般念达到第四禅。当第四禅的光明极其明亮时，你应再同时注意全身的四界，直到见到色聚。这时，你应同时注意全身的硬，然后再注意单一粒色聚里的硬，如此一再交替地辨识，直到能清楚地辨识单一粒色聚里的硬。然后辨识地界的其他性质，例如粗与重。

在一粒色聚里，如果硬、粗、重明显，软、滑、轻就不明显，反之亦然。同样地，在一粒色聚里，如果热明显，冷就不明显，反之亦然。因此，在一粒色聚里只能见到八种性质：

- 硬、粗、重、流动、黏结、热、支持与推动；或
- 硬、粗、重、流动、黏结、冷、支持与推动；或
- 软、滑、轻、流动、黏结、热、支持与推动；或
- 软、滑、轻、流动、黏结、冷、支持与推动。

如果你能够逐一地辨识单一粒色聚里的这八种性质，就应该尝试逐渐地增加同时辨识它们的数目，例如同时辨识硬与粗两种性质等。

如何辨识色、香、味、食素

色（颜色，vaṇṇa）：又名为色所缘（rūpārammaṇa），是每一粒色聚

里都有且非常容易辨识的色法。

香（气味，gandha）：每一粒色聚里都有此色法。首先，你应辨识鼻净色与有分两者。辨识鼻子里的四界，你将会很容易地在鼻内正确的色聚（即鼻十法聚）里看到鼻净色。

由于你已能成功地辨识六处门的明净与非明净色聚里的四界，你能很容易地看到明亮的有分。它依靠在心脏里的心所依处而生起。心所依处是心色十法聚（hadaya dasaka kalāpa）里的心色。

在辨识鼻净色与有分之后，你可选一粒色聚来辨识它的香。你会看到香同时撞击鼻净色与有分。香是一种可由鼻识或意识认知的法。鼻识依靠鼻净色而生起，而有分与意识都依靠心所依处而生起。这是为何在想要辨识色聚里的香时，必须先观察与识知跟香有关的鼻净色和有分的原因。

味（味道，rasa）：每一粒色聚里都有此色法。同时辨识舌净色与有分两者时，也辨识所选的色聚的味道。可以从辨识舌头上的唾液的味道开始。跟香类似，味是一种可以由舌识或意识认知的目标，所以必须先辨识舌净色与有分两者。

《迷惑冰消》中提到：sabbopi panessapabhedo manodvārika javaneyeva labhati. ——"仅凭意门速行心亦能识知一切不同的目标。"这显示可以只凭意识（即观智心路过程）来识知色、香与味。当禅修不够深入时，可以靠鼻识与舌识来协助自己学习如何以意识认知香与味。在禅修深入坚强之后，你就能够只凭意识认知香与味。

食素（ojā 营养素）：每一粒色聚里都有此色法。有四种食素，即由业、心、时节与食产生的。看任何一粒色聚里面，就可以见到好像一滴油的食素。从这食素，色聚可以重复地增加或生起。

（关于色聚重复地增加的方式，之后会解释。）

如何辨识命根、性根色、心色

命根（jīvita）：此色法维持与它在同一粒色聚里的业生色的生命。在心生、时节生与食生色聚里是没有命根的，只有业生色聚里才有命根。一切明净色聚都是由业所生，因此你应先辨识明净色聚里的命根。你应先辨识明净色聚，然后再辨识其中的命根色。命根色只维持与它在同一粒色聚里的色法，不维持其他色聚里的色法。辨识时，你见到它好像一个移动的小点，维持与它在同一粒色聚里的其他色法。这移动与维持的作用是其俱生色法的因。

辨识明净色聚中的命根色之后，也应辨识非明净色聚里的命根色。在身体里只有三种非明净色聚有命根。其中一种是只存在心脏里的"心色十法聚"。其余两种，即"性根十法聚"（bhāva dasaka kalāpa）和"命根九法聚"（jīvita navaka kalāpa）则遍布全身。因此，如果能在心脏外的非明净色聚里看到命根，该色聚肯定是性根十法聚或命根九法聚。为了分别这两者，你必须进而辨识性根色。

性根色（bhāva rūpa）：性根十法聚是非明净色聚，可以在所有六处里找到。辨识了明净色聚和非明净色聚内的命根之后，你应该在有命根的非明净色聚内观察性根色，如果有性根色，它便是性根十法聚，而非命根九法聚。男性只有男根色，女性则只有女根色。男根色是令我们知道"这是男人"的素质；女根色则是令我们晓得"这是女人"的素质。当你能够辨识性根色时，再继续逐一辨识全身眼、耳、鼻、舌、身及心所依处六处门里的性根色。

心色（hadayarūpa 亦称为心所依处色）：这是支持有分（亦称为意界 manodhātu 或意门 manodvāra）和意识界（manoviññāṇadhātu）的色法。除了眼、耳、鼻、舌、身五识之外，其他的心都包括在意识界里。心色是意界和意识界所依靠的色法，其特相是作为它们所依靠的色法。

要辨识心色时，先专注于有分，然后辨识支助有分及意识界的色聚。你能够在有分的下方找到这些色聚。它们是非明净色聚，其中的心色是意界及意识界的支助。如果这样不能够辨识到心色，你可以弯动一根手指，观察想要弯动手指的心会在有分里生起，然后观察那些心是依靠什么色法而生起。该色法就是存在心色十法聚中的心色。

辨识五净色

眼睛里有好几种色聚，好像米粉和面粉混合在一起。眼睛里有两种掺杂散置在一处的净色：眼净色与身净色。这就是说眼睛里的眼十法聚和身十法聚掺杂散置在一处。含有身净色的身十法聚遍布全身六处门。它在眼睛里与眼十法聚、在耳朵里与耳十法聚、在鼻子里与鼻十法聚、在舌头里与舌十法聚、在心脏里与心十法聚掺杂散置在一处。拥有性根色的性根十法聚也遍布全身六处门，与明净色聚掺杂散置在一处。如果要辨识它们，你应该先辨识净色。

眼净色（cakkhu pasāda）：眼净色对颜色（色尘）的撞击敏感，而身净色则对触尘的撞击敏感。这对目标（所缘）敏感的差异使你能够分别和知道哪一种是眼净色或身净色。先辨识眼睛里的四界，再选看一粒明净色聚，然后看稍远处一团色聚的颜色，如果见到颜色撞击所选看的净色，它即是眼净色，而含有那眼净色的色聚即眼十法聚。如果那颜色并没有撞击所选看的净色，它即非眼净色，而肯定是身净色，因为在眼睛里只有两种净色。

身净色（kāya pasāda）：身净色对触尘的撞击敏感。触尘是地、火与风三界。先选看一粒明净色聚，然后再注意近处一粒色聚里的地、火，或风界，如果见到这三界之一撞击所选看的净色，它是身净色，而含有身净色的色聚是身十法聚。跟辨识眼睛里的身十法聚一样，你也应辨识耳朵、鼻子、舌头、身体与心脏里的身十法聚。

耳净色（sota pasāda）：耳净色对声尘的撞击敏感。先看耳朵里的四界，再看一粒明净色聚，然后听声音，若该声音撞击所选看的净色，它是耳净色，而含有耳净色的色聚是耳十法聚。辨识身十法聚的方法与上述相同。

鼻净色（ghāna pasāda）：鼻净色对香尘的撞击敏感。先看鼻子里的四界，再看一粒明净色聚，然后嗅一粒色聚的气味。若该气味撞击所选看的净色，它是鼻净色，而含有鼻净色的色聚是鼻十法聚。

舌净色（jivhā pasāda）：舌净色对味尘的撞击敏感。先看舌头里的四界，再看一粒明净色聚，然后尝一尝近处一粒色聚的味道，若该味道撞击所选看的净色，它即是舌净色，而含有舌净色的色聚是舌十法聚。如辨识眼处的色聚一样地辨识舌处的色聚。

身十法聚与性根十法聚在六处门里都有，因此在每一处门里都要辨识它们。

辨识心生色的方法

在一生当中，（除了结生心之外）一切依靠心所依处生起的意界和意识界都能产生许多遍布全身的心生食素八法聚（cittaja ojā aṭṭhamaka rūpa kalāpa）。

因此，如果观察有分，你会看到许多依靠心所依处色的心识持续不断地产生色聚。如果开始时不清楚，可在观察有分后，再来回伸屈一只手指，如此你就会看到由于心要移动手指而产生了许多遍布全身的色聚。这些都是拥有八个色法的非明净色聚。

辨识时节生色的方法

一切色聚里的火界亦称为时节（utu）。火界能产生新的色聚，即时节生食素八法聚（utuja ojā aṭṭhamaka rūpa kalāpa）（第一代时节生色聚）。这新一代时节生色聚里的火界也能够产生时节生食素八法聚（第二代）。如果产生第一代色聚的火界是来自业生色聚，上述的过程就会持续至产生了四或五代的时节生色聚。根据色法的法则，只有在时节到了住时（ṭhita kalā）才有能力产生新的色聚。

时节生食素八法聚也有食素。当它受到食生食素及消化之火界的支助时，它能够产生新的食生食素八法聚。因此你必须注意是火界还是食素产生了新的色聚。

也有心生火界。当普通欲界心产生心生食素八法聚时，这些色聚也有称为时节的火界。此火界能够产生新的时节生食素八法聚（心生火界所产生的第一代）。这新一代时节生色聚里的火界也能够产生时节生食素八法聚。这个过程可以持续二至三代。

如果产生第一代色聚的火界是来自遍作定、近行定、安止定、观禅、道或果心产生的心生色聚，依其慧或定的强弱，这个过程可以持续许多代。这些时节生色聚不单能在体内产生，而且也能散播至体外。

只有在时节到了住时（ṭhita kalā），这种重复产生色聚的过程才能发生。

心生色聚也有食素，当它受到食生食素及消化之火界的支助时，它能够产生新的食生食素八法聚，但这只能够在体内产生，不能在体外产生。

接下来会讲到的食生色聚也有称为时节的火界。在时节到了住时（ṭhita kalā），它能产生许多代的时节生食素八法聚。一般而言，如果产生第一代色聚的火界是来自食生色聚，这个过程可以持续十至十二代。但如果有特别的食物，譬如天界的食物，则这个过程可以持续一段很长的时间。如此产生的时节生食素八法聚也有食素。当它受到食生食素及消化之火界的支助时，它能够在体内产生许多代的食生食素八法聚。

辨识食生色的方法

《清净道论》中提到，胃中物、粪、脓和尿这四种身分只由时节生食素八法聚组成。在获得业生命根九法聚消化之火的助力之下，胃中物里的时节生食素可产生许多代遍布全身的色聚，即食生食素八法聚。一天里所吃的食物可产生食生色聚长达七天，而天界的食物则甚至可产生食生色聚一或两个月。一天里所吃的食物也在接下来的七天里支持业生、心生与时节生色聚里的食素。

先生食生色聚的食素在受到后生食生色聚的食素及业生消化之火支助之下，它能够产生十至十二代的食生色聚。

你可在用餐的时候修禅，以观察这些现象。先辨识在嘴、喉、胃和肠内食物的四界，你将会看到在那里的色聚。进而辨识那些色聚的食素在获得业生消化之火的助力之下，产生了散播至全身的食生色聚。

或者，你可在用餐后才观察这些现象。在次第地培育起定力之后，你可观察胃或肠里刚吃下的食物的四界，直到看见食物里色聚的食素在获得业生消化之火的助力之下，产生了散播至全身的食生色聚。然后你应辨识这些非明净色聚里的八种色法。

接下来培育定力，然后辨识散播至眼睛里的食生色聚，辨识它的八种色法，而其中的食素是食生食素。当这食生食素遇到眼十法聚里的业生食素时，一般上它能帮助后者产生四或五代的食生色聚。究竟能产生多少代则有赖于业生食素和食生食素的强度。再者，这四或五代的食生色聚也有称为时节的火界，当时节达到住时的时候，它能够产生许多代的时节生食素八法聚。

你也应观察身十法聚、性根十法聚等其他业生色聚里的食素，看它如何在获得食生食素的助力之下产生四或五代的食生色聚。也辨识这四或五代色聚的时节产生了许多代的时节生食素八法聚。

每一粒心生色聚里都有食素。当这心生食素在获得食生食素的助力时，它能产生二至三代的食生色聚。

止禅、观禅、道或果的心能够在体内产生许多代心生食素八法聚，而这些色聚里的火界则能够在体内及体外产生时节生食素八法聚。修禅时产生的光明是来自这些心生色聚和时节生色聚里极明亮的颜色界。

每一粒时节生食素八法聚里也有食素。当它受到食生食素及消化之火界的支助时，它能够产生十至十二代的食生食素八法聚。

食生食素八法聚里的火界也能够产生许多代的时节生食素八法聚。

已经解释了食物所产生、散播至眼睛的食生食素八法聚。这些色聚里的食素是食生食素。先生食生色聚的食素在受到后生食生色聚的食素及业生消化之火支助之下，能够产生十至十二代的食生色聚。能产生多少则有视食物的品质及业生消化之火的力量。食生食素八法聚里也有火界，能够产生许多代的时节生食素八法聚。

时节与食素都只有在住时才能产生新的色聚。在产生色聚时，无论是多少代，最后一代里的时节与食素是不能够产生新的时节生色聚与食生色聚的。

你应细心阅读这些说明，再参考下列的附表，并且在一位良师的指导之下，正确、有系统地修禅，如此你将会熟练于辨识由业、心、时节与食四个原因产生的色聚。跟辨识眼睛里的色法一样，你应辨识其他五处门及四十二身分的一切色法。

附表　眼门五十四色

	眼十法聚 *	身十法聚	性根十法聚	心生八法聚	时节生八法聚	食生八法聚
1	地界	地界	地界	地界	地界	地界
2	水界	水界	水界	水界	水界	水界
3	火界	火界	火界	火界	火界	火界
4	风界	风界	风界	风界	风界	风界
5	颜色	颜色	颜色	颜色	颜色	颜色

	眼十法聚*	身十法聚	性根十法聚	心生八法聚	时节生八法聚	食生八法聚
6	香	香	香	香	香	香
7	味	味	味	味	味	味
8	食素	食素	食素	食素	食素	食素
9	命根	命根	命根			
10	眼净色**	身净色	性根色			
	业生明净	业生明净	业生非明净	心生非明净	时节生非明净	食生非明净

（此表也适用于耳门、鼻门、舌门、身门及意门）

　　* 对于耳门、鼻门、舌门，应各自改成耳十法聚、鼻十法聚及舌十法聚。对于意门则应改成心色十法聚，但此色聚是非明净的。身门没有这一组，因此只有四十四种色法。

　　** 对于耳门、鼻门、舌门，应各自改成耳净色、鼻净色及舌净色。对于意门则应改成心色。

　　眼十法聚对光（色尘）的撞击敏感。身十法聚对触尘（地、火、风）的撞击敏感。耳十法聚、鼻十法聚及舌十法聚则各别对声尘、香尘及味尘的撞击敏感。心色支助意界与意识界。

四界分别观详尽法：四十二身分

身体有二十个部分是地界最显著的，即

1. 头发（kesā）

2. 身毛（lomā）

3. 指甲（nakhā）

4. 牙齿（dantā）

5. 皮肤（taco）

6. 肉（maṁsaṁ）

7. 腱（nahāru）

8. 骨（aṭṭhi）

9. 骨髓（aṭṭhimiñjaṁ）

10. 肾（vakkaṁ）

11. 心脏（hadayaṁ）

12. 肝（yakanaṁ）

13. 膜（kilomakaṁ）

14. 脾（pihakaṁ）

15. 肺（papphasaṁ）

16. 肠（antaṁ）

17. 肠间膜（antaguṇaṁ）

18. 胃中物（udariyaṁ）

19. 粪（karīsaṁ）

20. 脑（matthaluṅgaṁ）

　　在这二十个部分当中，除了胃中物与粪之外，其他每一部分都有四十四种色法，即与身门表里的一样。胃中物与粪只有时节生八法聚，所以只有八种色法。

身体有十二个部分是水界最显著的，即：

1. 胆汁（pittaṁ）
2. 痰（semhaṁ）
3. 脓（pubbo）
4. 血（lohitaṁ）
5. 汗（sedo）
6. 脂肪（medo）
7. 泪（assu）
8. 脂膏（vasā）
9. 唾（kheḷo）
10. 涕（siṅghānika）
11. 关节滑液（lasikā）
12. 尿（muttaṁ）

在这十二个部分当中，除了脓、汗、泪、唾、涕与尿之外，其他每一部分都有四十四种色法，即与身门表里的一样。脓和尿只有时节生八法聚，所以只有八种色法。汗、泪、唾和涕有心生和时节生八法聚，所以有十六种色法。

为了能够辨识身体每一部分的色法，你应先有系统地培育定力，然后辨识附表所示的六处门诸色法。如果能如此修习时，再选身体的一个部分，照见里面的四界，直到该部分变得透明时，再观察里面的空间，如此即会看到组成该部分的许多色聚。如果禅修力强，在选看一个部分里的四界时，就会即刻看到许多色聚。看到色聚时，再各别辨识它们为：业生色聚、心生色聚、时节生色聚及食生色聚。

辨识身毛和头发里的色聚时，你应辨识在皮肤内毛发根部的四十四种色法，因为在皮肤外面的毛发只有非常少的身十法聚，所以较难辨识。对于指甲与脚趾甲，你也应辨识它们接近肉的根部。

身体有四个部分是火界最显著的，即：

1. 令身体温暖之火（santappana tejo）；
2. 导致成熟和老化之火（jīrana tejo）；
3. 发烧之火（ḍaha tejo）；
4. 消化之火（pācaka tejo）。

这四个部分与地界或水界最显著的部分不一样，它们没有形状，而只是由火界最显著的非明净色聚组成，所以你应寻找火界最显著的色聚，以观察这些部分。如果它们不清晰，则可选发烧时的色聚来分析。

身体有六个部分是风界最显著的，即：

1. 上升风（uddhaṅgama vātā）；

2. 下降风（adhogama vātā）；

3. 腹内肠外风（kucchisaya vātā）；

4. 肠内风（koṭṭhasagha vātā）；

5. 于肢体内循环之风（aṅgamangānusārino vātā）；

6. 入息与出息（assāsa passāsaso）。

在这六个部分之中，除了入息与出息之外，其他每一部分皆有三十三种色法，由四种色聚组成，即命根九法聚、心生八法聚、时节生八法聚、食生八法聚。

这四种色聚一共有三十三种色法。

入息与出息只有心生声九法聚（cittaja sadda navaka kalāpa），只有八不离色与声这九种色法。

入息与出息是由心产生的，为了知见这一点，你必须先辨识依靠心所依处而生起的心。包括有分，每一个依靠心所依处而生起的心都能够产生入息与出息。见到出入息如此被产生之后，你应辨识息的四界，如此你就会看到组成息的色聚。此时，你应辨识其中的九种色法。

对于其他五个风界最显著的部分，你应先辨识每一种风，然后辨识该风里的四界。如此就能见到色聚，接着你应继续修行直到能够辨识它们之中的三十三种色法。

九种业生色聚

在辨识六处门和四十二身分里的色法时，你会看到九种业生色聚：

1. 眼十法聚；

2. 耳十法聚；

3. 鼻十法聚；

4. 舌十法聚；

5. 身十法聚；

6. 女根十法聚；

7. 男根十法聚；

8. 心色十法聚；

9. 命根九法聚。

今世的业生色法，是因为在过去世所造的业而生起；前世的业生色法，则是因为在更远的过去世里所造的业而生起；将在未来世生起的业生色法，则是因为在今世或过去世里所造的业而生起。若欲知道它们是由何业所生，例如布施、持戒或禅修，你就必须能够辨识过去世与未来世的名色法。只有在那时候，你才能亲自体验及明了。这些将在以后的"缘摄受智"阶段里学习。在现阶段，你只需要接受这些色法是由业产生的。

上述的业生色、心生色、时节生色与食生色都是真实色法，它们是你以后修行观禅时应以观智观照为无常、苦与无我的目标。除此之外，有时也有非真实色法与心生、时节生及食生的色法掺杂在一起。下文将做出说明。

八种心生色聚

1. 心生纯八法聚（cittaja suddhaṭṭhaka kalāpa）：存在所有六处门及多数的四十二身分。它们是真实色法，可作为观禅的目标。

2. 身表九法聚（kāyaviññatti navaka kalāpa）：照见有分后，屈伸地移动一只手指，你会看到许多心生色聚产生。它们具有八不离色及身表，一共有九种色法。

3. 色轻快性十一法聚（lahutā ekadasaka kalāpa）：有十一种色法，即八不离色加上色轻快性（lahutā）、色柔软性（mudutā）与色适业性（kammaññatā）。

4. 身表色轻快性十二法聚（kāyaviññatti lahutā dvidasaka kalāpa）：有十二种色法，即八不离色加上身表、色轻快性、色柔软性与色适业性。

5. 语表十法聚（vacīviññatti dasaka kalāpa）：有十种色法，即八不离色加上语表与声音。出声念："a、b、c"，然后看有分，再出声念："a、b、c"，看那些心生色聚散播至喉咙、声带和其他产生声音的地方。并在涉及语表动作和产生声音的地方，观察心生色聚里的地界如何与业生色聚里的地界互相摩擦而产生了声音。

6. 语表声色轻快性十三法聚（vacīviññatti sadda lahutā terasaka kalāpa）：有十三种色法，即八不离色加上语表、声、色轻快性、色柔软性与色适业性。

7. 入出息心生声九法聚（assāsa passāsa cittaja sadda navaka kalāpa）：有九种色法，即八不离色加上声。这些是真实色法，适合作为观禅的目标。

8. 入出息心生声色轻快性十二法聚（assāsa passāsa cittaja sadda lahutā dvidasaka kalāpa）：有十二种色法，即八不离色加上声、色轻快性、色柔软性与色适业性。

第7与第8项的声音是呼吸的声音。对于含有真实与非真实两种色法的色聚，应在分别名色时辨识，但却不能作为以后修观禅时的目标，不能观它们为无常、苦、无我。

四种时节生色聚

1. 时节生纯八法聚（utuja suddhaṭṭhaka kalāpa）：有八种色法，即八不离色。这是真实色法。

2. 时节生声九法聚（utuja sadda navaka kalāpa）：有九种色法，即八不离色加上声。这也是真实色法。

3. 色轻快性十一法聚：有十一种色法，即八不离色加上色轻快性、色柔软性与色适业性。这是含有非真实色法的色聚。

4. 声色轻快性十二法聚（sadda lahutā dvidasaka kalāpa）：有十二种色法，即八不离色加上声、色轻快性、色柔软性与色适业性。这是含有非真实色法的色聚。

在这四种色聚当中，第一种出现于所有六处门及多数的四十二身分。第二种色聚涉及产生胃里的声音和其他类似的声音。这两种色聚在体内与体外都有。第三与第四种色聚含有非真实色法，所以不是观禅的目标，但在修习分别名色时则应辨识它们。这两种色聚能存在有生命之物的体内与散播至体外。

两种食生色聚

1. 食生纯八法聚（āhāraja suddhaṭṭhaka kalāpa）。

2. 色轻快性十一法聚：有十一种色法，即八不离色加上色轻快性、色柔软性与色适业性。

这两种色聚出现于所有六处门及多数的四十二身分。第一种色聚是真实色法，适合作为观禅的目标。第二种则含有八种真实色法及三种非真实色法（色轻快性、色柔软性与色适业性）。八种真实色法可以作为观禅的目标，但是三种非真实色法则不可以作为观禅的目标。这两种色聚存在于有情自己的体内，在外则是在其他有情体内。

三种声音

1. 入出息心生声九法聚：入出息的声音。

2. 语表十法聚：说话的声音。

3. 时节生声九法聚：胃里的声音、风的声音等。

在这三种声音当中，前两种只出现于有生命之物，第三种则出现于有生命与无生命之物两者，其声音包括一切不在前两种声音之内的声音。语表十法聚里的语表是非真实色法，不适合作为观禅的目标。入出息心生声九法聚与时节生声九法聚里的所有色法则适合。

辨识四种相色

只有在能够看到投胎和胚胎于胎里成长中的色法时，才能够看到色积集（upacaya）。至于色相续（santati）、色老性（jaratā）与色无常性（aniccatā）则各别是真实色法的生、住与灭。修行时，先看一粒色聚，辨识其中的八、九或十种色法，然后观察这些真实色法都一起生、住与灭。然后，再同时遍照所有六处门和四十二身分里的真实色法的生、住与灭。然而，不可能全部的色聚都同时生、住与灭的，不可能都处于同一个阶段。

观诸色法为"色"的时刻

首先，各别观察每一处门里的五十四或四十四种真实色法，并且尽力观察它们的非真实色法。同时观察每一处门里所有色法正受到变化干扰之相，然后观它们为"色、色"或"这些是色"或"这些是色法"。对于四十二身分，也可采用同样的方法辨别。

受到变化干扰之相

这是指诸色法的强度会变化，如从热至冷，从硬至软，从粗至滑，但它们的自性相（特相）依旧是硬、流动、热与支持而没有变更。当热的时候，体内色法的热度可以高到难以忍受的程度；当冷的时候，冷也可以强到难以忍受的程度。色聚里的诸色强度不断地变化，因为它们在外皆会不断地互相干扰。

再简要地说明：

1. 在还没有看到色聚时，你应照见地、水、火、风四界来培育定力，直到近行定。

2. 能够看到色聚时，应辨识每一种色聚里的所有色法，例如：于眼十法聚，你应辨识其中的地、水、火、风、颜色、香、味、食素、命根与眼净色十种色法。

3. 然后再辨识：每一个处门里的所有色法，每一个身体部分的所有色法，所有六处门里的所有色法，所有四十二身分的所有色法。在看到它们都有受到变化干扰之相后，再观它们为"色、色"或"色法、色法"或"这些是色、这些是色"。

（十三）色业处的理论

修行观禅必须观照之法

Sabbaṁ bhikkhave anabhijānaṁ aparijānaṁ avirājayaṁ appajahaṁ ab-habbo dukkhakkhayāya…Sabbañca kho bhikkhave abhijānaṁ parijānaṁ virājayaṁ pajahaṁ bhabbo dukkhakkhayāya. （Saḷāyatana Saṁyutta, Sabbavagga, Aparijānana Sutta. S 2. 249－250）

诸比丘，于一切不知解、不通解、不离欲、不舍弃者，则不得灭苦……诸比丘，于此一切知解、通解、离欲、舍弃者，则善能灭苦。（《相应部·六处相应·一切品·不通解经》）

本经的注释更进一步地解释其内容是指"三遍知"：

Iti imasmiṁ sutte tissopi pariññā kathitā honti. "Abhijānan" ti hi vacanena ñātapariññā kathitā，"parijānan" ti vacena，tīraṇapariññā，"virājayaṁ pajahan" ti dvīhi pahānapariññāti.

此经中所讲的是三遍知。"知解"一词是指"所知遍知"（ñāta pariññā），"通解"一词是指"审察遍知"（tīraṇa pariññā，亦作度遍知），"离欲"与"舍弃"二者则指"断遍知"（pahāna pariññā）。（SA 3.6）

因此，唯有以三遍知透彻地了解一切属于五取蕴的名色法之后，我们才能够断除对名色法的爱而灭苦。再者，《大疏钞》（Pm 2.358）中提到：Taṇhi anāvasesato pariññeyyaṁ ekaṁsati virājitabbaṁ.——"必须先透彻与毫无遗漏地辨识这作为观禅目标的五取蕴。"然后，它指示禅修者观照一切名色法的无常、苦、无我三相，以断除对名色的爱着。

根据这些经论的指示，禅修者必须先各别地辨识组成五取蕴的一切名色法。各别地辨识一切色法的智慧名为"色分别智"（rūpa pariccheda ñāṇa）；各别地辨识一切名法的智慧名为"名分别智"（nāma pariccheda ñāṇa）；辨识名法与色法为两种个别组合的智慧名为"名色分别智"（nāmarūpa pariccheda ñāṇa）。

此三智亦各称为"色摄受智"（rūpa pariggaha ñāṇa）、"非色摄受智"（arūpa pariggaha ñāṇa）和"名色摄受智"（nāmarūpa pariggaha ñāṇa）。在此阶段了解到"无人、无有情及无我的存在，只有色法与名法而已"的智慧名为"名色差别智"（nāmarūpa vavatthāna ñāṇa）。

在辨识一切名色法时，如果禅修者还未证得禅那，可省略与禅那有关的名色法。如果已证得禅那，他即应观照它们。这是观照苦圣谛的智慧。

第二，禅修者必须正确地、如实地知见名色法的因，这智慧是

"缘摄受智"（paccaya pariggaha ñāṇa）。这是观照苦集圣谛的智慧。

由于名色分别智与缘摄受智能够清楚、明显及正确地知见作为观禅目标的诸行法，此二智亦名为"所知遍知"（ñāta pariññā）。

第三，在观禅的阶段，即从"思维智"（sammasana ñāṇa）开始，他必须彻见一切色法、名法及它们的因之无常、苦与无我三相。

于诸观智当中，"思维智"和"生灭随观智"的作用是审察与辨识一切名色法及它们的诸因的无常、苦与无我三相。此二智亦称为"审察遍知"（tīraṇa pariññā）。

从"坏灭随观智"（bhaṅga ñāṇa）开始的观智只看到一切名色法及它们的因的坏灭，以及这些行法的无常、苦与无我三相。由于应断的烦恼于此暂时受到观智断除，所以它们亦名为"断遍知"（pahāna pariññā）。

四个圣道智彻底根除蒙蔽心的无明（avijjā）或痴（moha）。证悟圣道者了知一切名色是苦谛，名色的因是集谛，以及苦谛与集谛的无常、苦与无我三相。由于圣道能圆满遍知、审察诸行法为无常、苦、无我的作用，所以称为"所知遍知"和"审察遍知"；因为能彻底根除蒙蔽心使之不了知四圣谛的烦恼，故称为"断遍知"。

禅修者必须致力培育三遍知以证得彻知组成五取蕴的一切名色法的智慧。为此，禅修者应该先知道、学习与记住一切名色法。以下是对于色法的解释。

二十八种色法

四大种（mahā bhūta），即四界（四大）

1. 地界（pathavī dhātu）：

重地（garupathavī）：硬、粗、重

轻地（lahupathavī）：软、滑、轻

2. 水界（āpo dhātu）：流动、黏结

3. 火界（tejo dhātu）：热、冷

4. 风界（vāyo dhātu）：支持、推动

五净色（pasāda rūpa）：

5. 眼净色（cakkhu pasāda）

6. 耳净色（sota pasāda）

7. 鼻净色（ghāna pasāda）

8. 舌净色（jivhā pasāda）

9. 身净色（kāya pasāda）

七境色（gocara rūpa）：

10. 颜色（vaṇṇa）

11. 声（sadda）

12. 香（gandha）

13. 味（rasa）

14. 触（phoṭṭhabba）（地、火、风）

地、火、风三界组成触境，如果把它们列成三境，计有七境色。计算二十八种色法时不包括触，因为触境色的地、火、风三界早已各被列入四界内。

性根色（bhāva rūpa）有两种：

15. 女根色（itthī bhāva rūpa）

16. 男根色（purisa bhāva rūpa）

每个人只有其中一种性根色，女性只有女根色，男性则只有男根色。性根色遍布于全身。

17. 心色（hadaya rūpa）

心色是意界和意识界所依靠的色法，所以称为心所依处。它是在散置于心脏内的血的心色十法聚里。由于这个地方是意界或意识界所居

住，所以叫作心色。

18. 命根色（jīvita rūpa, jīvitindriya）

此色法遍布于全身，它维持业生色（kammaja rūpa）的生命。

19. 食色（āhāra rūpa）

段食（kabaḷinkāra āhāra）是食物里的食素（ojā）。一切色聚里都有食素色（ojā rūpa），即使业生、心生及时节生的色聚里都有。那些食素各别被称为业生食素（kammaja ojā）、心生食素（cittaja ojā）及时节生食素（utuja ojā）。为了避免禅修者混淆，于此说明：只有食物被消化后，其"食素"产生的食素八法聚里的食素才是食生食素（āhāraja ojā）。也就是说，在胃里还未被消化的食物的食素还只是时节生食素（utuja ojā）。

透过命根九法聚的消化之火，也就是火界的助力，食物被消化了，而产生新的食素八法聚。这些色聚称为食生食素八法聚，其中的食素则称为食生食素。

除去七境色中的触，以上十八种色法亦名为：

1. "自性色"（sabhāva rūpa），因为它们每个都拥有自性相，即硬、粗等。

2. "有相色"（salakkhaṇa rūpa），因为它们都拥有一切名色法的共相：由于生灭而"无常"，由于受到生灭的压迫而"苦"，以及由于没有永恒不变的实质或我而"无我"。

3. "完成色"（nipphanna rūpa），因为它们以业，或心，或时节，或食为因而生起。

4. "色色"（rūpa rūpa，真实色），因为它们的强度不断地变化，从热至冷，从硬至软等。

5. "思维色"（sammasana rūpa），因为适于作为观禅的目标，可以观照它们为无常、苦与无我。

随后将要说明的剩余十种色法与上述十八种色法相反，它们是：

1. 无自性色（asabhāva rūpa）；

2. 无相色（alakkhaṇa rūpa）；

3. 非完成色（anipphanna rūpa）；

4. 非色色或非真实色（arūpa rūpa）；

5. 非思维色（asammasana rūpa）。

这十种色法亦名为：

1. 限制色（paricheda rūpa），即空界（ākāsa dhātu）

每一个色法皆不与其他色法混为一体，而有各自的界限，此界限及在色聚之间的空间名为限制色。

表色（viññatti rūpa）有两种：

2. 身表（kāyaviññatti），即作为沟通的身体动作。

3. 语表（vacī viññatti），即说话的动作。

能使他人懂得我们的念头的动作名为表色。身表是以身体动作来表达自己的念头，如向人招手。

语表则是以言语来表达自己的念头，如呼唤人时说："请来这里。"由于身表和语表是由心所造，因此它们不能存在于无生命物（如录音带）之中，而只存在于有情的语音和身体动作里。

变化色（vikara rūpa）有五种：

4. 色轻快性（lahutā）：心生、时节生及食生真实色的轻快性。

5. 色柔软性（mudutā）：心生、时节生及食生真实色的柔软性。

6. 色适业性（kammaññatā）：心生、时节生及食生真实色的适业性。

色轻快性、色柔软性和色适业性三色，再加上之前的身表和语表两色，总共有五种变化色。

相色（lakkhaṇa rūpa）有四种：

7. 色积集（upacaya）：（a）其特相是一生初期里的真实色之生起（upādā，生时）。（b）它导致诸根成长、完成，及令适当的色法达到足够的程度与继续成长。

8. 色相续（santati）：从诸根完成后至死亡的时期里，真实色的生起（生时）名为"色相续"。

对于色法之生起，佛陀把一生分为两个时期来教导。一个是从投胎至眼、耳等诸根完成的时期生起的色法，另一个是在诸根完成之后生起的色法。这两种色法是真实色法之生起。

9. 色老性（jaratā）：真实色的成熟或老化，即真实色的住时（ṭhita）。

10. 色无常性（aniccatā）：真实色的坏灭，即坏灭时（bhaṅga）。

十八种真实色加上十种非真实色，一共有二十八色。其中的地、水、火与风名为界（dhātu），或大种（mahā bhūta），或种色（bhūta rūpa）。其他二十四色名为所造色（upādā rūpa），因为它们是依靠四大界而生的。

色法的本质

这二十八色不能够单独存在，而只能以色聚的组合形态出现，即最小的色法组合，又名为"密集"（ghana）。在同一粒色聚里的诸色：同时生起（ekuppāda）、同时灭（ekanirodha）、依靠同一处（ekanissaya）。

同一粒色聚里的四大互相依靠，而所造色（upādā rūpa）则依靠在同一粒色聚里的四大而存在。四大和所造色都不依靠另一粒色聚里的四大。

为了能如实知见究竟色、四大如何互相依靠及所造色如何依靠四大，首先必须要能够看到色聚。当禅修者能够看到色聚后，他也就能够看到每种色聚里的究竟色法有八个，或九个，或十个，或更多。过后，他也需要以智辨识每种色法的自性相与本质。唯有如此，他才能了解究竟色法。这辨识色聚的方法名为"界分别"。

在《中部·根本五十经篇·大牧牛者经》中，佛陀说："诸比丘，具足十一支之比丘，不能在此教法里有成长、提升或成就。"

对于这十一支当中之一，佛陀说："诸比丘，云何比丘不知色？"

对于这点，佛陀进一步解释："诸比丘，言是比丘不如实知无论何色，所有之色皆是四大及依四大所造之色。诸比丘，如是比丘谓不知色。"

该经注释说：什么是"不知色"？对于色法，他不知道两点，即它们的"数目"与"起因"。不知道它们的数目即不知道巴利圣典所列下的二十五色：眼、耳、鼻、舌、身、色、声、香、味、触、女根、男根、命根、身表、语表、空界、水界、色轻快性、色柔软性、色适业性、色积集、色相续、色老性、色无常性与食素。

犹如不知道其牛有多少只的牧牛者一样，不知道色法有多少的比丘没有能力辨识色法、非色法（名）、名色法和它们的起因，以及观照它们的三相，而达到禅修的目的。

犹如其牛群不会增加的牧牛者一样，于佛法中，该比丘不会增长其戒、定、观、道、果或涅槃。犹如不能得享五种牛产品的牧牛者一样，该比丘不能得享五法，即阿罗汉的戒、定、慧、解脱与解脱智见。

不知道色法的起因，是指不知道"这些色法有一个起因、两个起因、三个起因、四个起因"。犹如不知牛的颜色或形状的牧牛者一样，不知道色法起因的比丘没有能力辨识色法、非色法（名）……不能得享五法，即阿罗汉的戒、定、慧、解脱与解脱智见。

想要证悟道、果与涅槃的禅修者，必须特别注意佛陀这一番叮咛。如果要知道色法的数目与它们的起因，你就必须能够各别地辨识与分别诸色聚，因为不能分别色聚就无法分辨何种色法是业生、心生、时节生与食生，因此不能说他已得见究竟法。

色法的三种密集

若欲知见究竟色，禅修者就必须破除色法的三种密集（rūpa gha-na）。疏钞解释色法有三种密集，它说：Ghanavinibbhogan'ti santati samūha kicca ghanānaṁ vinibbhujanaṁ vivecanaṁ.——"识别密集是指分别、简别密集的'相续''组合'与'作用'。"（MT 1.365）

（1）相续密集（santati ghana）

无论是业生、心生、时节生或食生，一切色聚里肯定有又名为时节（utu）的火界（tejo dhātu）。这火界能够产生与增加新的时节生食素八法聚，此色聚里有地、水、火、风、颜色、香、味与食素八个色法。

举眼十法聚来说，如果分别此色聚，我们将会看到它的十个色法，即上述八个加上命根与眼净色。每当眼十法聚里的色法到了住时，它的火界就能产生时节生食素八法聚。如此一代接一代，直到产生了四或五代。在这一系列的最后一代色聚里的火界不能再产生色聚。应该理解其他色聚也是如此。

有些色聚里的火界可产生四或五代的色聚，有些则能产生更多代。一切类此生起的时节生食素八法聚都名为时节生色。

胃里的食物是由时节生食素八法聚组成的。还没有被身体吸收的食素还是时节生色。在四十二身分当中，它是属于"胃中物"。在业生的消化之火（命根九法聚里的火界）的助力之下，这些时节生食素被消化了，然后被吸收与产生食生食素八法聚散播至全身。

一般来说，在它的食生食素的助力之下，业生、心生和时节生色聚里的食素能够产生一系列十至十二代的食素八法聚。如果所吃的食物含有高等的营养，则可根据它的强度产生许多代的食素八法聚。

当禅修者能够清晰、各别地辨识这些过程里的每一粒色聚时，他即已破除了相续密集。相同的解释也适用于业生及心生色聚。

（2）组合密集（samūha ghana）

当能够分别究竟色（paramattha rūpa）时，即已破除了组合密集。这即是以智（ñāṇa）知见色聚里每一究竟色（八、九或十个）的自性相。

（3）作用密集（kicca ghana）

当能够以智（ñāṇa）看清楚在色聚里的每个究竟色的作用时，即已破除了作用密集。

所以，为了破除所有三种密集，禅修者就必须辨识每一种色聚里的每一究竟色之相、作用、现起与近因。为了知见这些，禅修者必须培育定力至近行定或安止定。

是否有必要培育八圣道分的所有八道分

欲证悟涅槃的禅修者应该记得，在《转法轮经》《大念处经》及其他经里所提到的趣向灭苦之道都是具备八道分的，即从正见至正定。可见只有在具足所有八道分时，禅修者才能达到灭苦的涅槃。

关于八圣道分当中的正定，在许多经典里，例如《大念处经》，佛陀把它诠释为初禅、第二禅、第三禅及第四禅。这种教法称为"殊胜义释"（ukkaṭṭha niddesa）或"中灯法"（majjhedīpaka）。殊胜义释列举作为修习观禅根基的最佳定力；中灯法则是指九种定的中间四个，即色界定（rūpāvacara samādhi）。当佛陀举出四个色界定为正定时，分别处在色界定上下两边的四无色界定与欲界近行定亦已包括在内，所以它真正的意思是指所有九种定。

可见禅修者必须具备正定，如此才能够修习观禅与证悟涅槃。那些认为不需要修定即能证悟涅槃的人，事实上已经从八圣道分中除去了一个道分，而只剩下七圣道分。每位禅修者应该自己反省，试想只修七圣道分是否能够达到涅槃？

如果要修戒定慧三学，亦即七清净，禅修者首先需修"戒清净"（sīla visuddhi），进而修"心清净"（citta visuddhi）。获得心清净之后，他可以进修"见清净"（diṭṭhi visuddhi）。

根据相、作用、现起与近因辨识色法

《阿毗达摩概要·第9章》（Abhidhammatthasaṅgaha）里提到：

"Lakkhaṇa rasa paccupaṭṭhāna padaṭṭhāna vasena nāma rūpapariggaho diṭṭhivisuddhi nāma."

"见清净是依特相、作用、现起与近因辨识名色。"

如果要根据相等来辨识每一种色法，你就必须先选一粒要辨识的色聚，例如眼十法聚，然后辨识想要辨识的色法，例如地界。在眼门里有五十四种色法，你应该逐一地辨识它们。应该以同样的方法辨识其他门及四十二身分的色法。现在我要逐一地解释它们，而你则应把它们谨记于心，到时候你才能够破除三种密集。

1. 地界（paṭhavīdhātu）

大元素（种色）称为界（dhātu），因为它们背负着自性。称为地界是因为它有如地一般，作为同一粒色聚的俱生色法的支助或立足处。巴利文 paṭhavī（地）是源自意为"扩展"的词根，因此地界是扩展的元素。

地界的特相是硬；作用是作为其他俱生种色与所造色的立足处；现起是接受同一粒色聚里的俱生色法；近因是同一粒色聚的其他三大种色。

身体里的地界就像微尘，小得有如一"多那"（doṇa）大小的最小粒子。它受到黏结把它结合在一起，被有它一半大小的水界防止它分散。它受到火界保持与保护，以便它不会因为有流动性质的水界而变湿或溜滑，而且被风界扩张时也不会分散或分解。与其分散或分解，它达到其他境界，例如女性与男性等等，显现小、大、长、短、坚韧、僵硬等等。由于这些原因，同一粒色聚的其他三大种色是它的近因。

2. 水界（āpodhātu）

水界令同一粒色聚里的其他色法黏在一起，因而避免它们被分散。水界有两种："有资粮水"（sasambhāra-āpo）与拥有黏结相的"相水"（lakkhaṇa-āpo）。修行四界分别观时，在还没有见到色聚及不能分析它们时，你所见的是有资粮水，就是说你见到好像水管里的水流的水，或好像一滴水珠黏结在一起的水，因为你还不能破除三种密集。因此你还不能见到究竟法，而还只是见到概念法。然而，当你见到色聚且破除了三种密集，你就能够辨识"相水"，也就是令到同一粒色聚里的其他三大种色及所造色黏在一起的黏结性质。在一粒色聚里的流动相并不像流动的河水，而只是覆盖同一粒色聚里的其他俱生色法的湿性，使它们黏结在一起，因此防止它们分散。

水界的特相是流动或溢出；作用是增长同一粒色聚里的其他俱生色法；现起是把同一粒色聚里的诸色握在一起或黏着；近因是同一粒色聚里的其他三大种色。

根据《阿毗达摩藏》的观点，水界与其他三大种色不一样，因为它不是触尘，所以不能够直接通过触觉觉知，不能够透过身识觉知。它只能间接地从观察其他色法黏在一起而得知。

以地为基、受火保持、被风扩张的水界透过作为它们的黏结而成为其他三大种色的缘。因此，其他三大种色是水界的近因。

3. 火界（tejodhātu）

火界的特相是热（或冷）；作用是使到同一粒色聚里的其他色法成熟；现起是不断地提供柔软；近因是同一粒色聚里的其他三大种色。

但是火界被体验为热或冷。在此，火界燃烧所吃及喝之物，是加热的方式，拥有热的相，建立于地，被水黏结在一起，被风扩张，维持此身，确保其正确的形态。受它维持的这个身体没有腐烂的迹象。因此同一粒色聚里的其他三大种色是它的近因。

4. 风界（vāyodhātu）

风界是移动及压力的元素。其特相是扩张或支持同一粒色聚里的其他俱生色法；作用是导致其他色法移动；现起是带动（俱生色法从一处）至另一处；近因是同一粒色聚里的其他三大种色。它被体验为可触的压力。

带动（abhinīhāra）：是作为诸聚集界在靠近处或接近点相续地生起的原因的动作。风界吹动：它激起，意思是透过其动作使得诸聚集界移动。事实上，究竟法不能够从一处移或走到另一处，因为它们的寿命非常短暂，所以不够时间移动。它们一旦生起就坏灭。当想要移动的心念生起，该心可以产生许多代的色聚。这些心生色聚的风界导致与它相续地生起的新色聚在靠近处生起。色聚如此相续地生起的方式称为移动。

在所有肢体里流动、拥有移动及扩张之相、以地为基、为水黏结、受火维持的风界扩张此身。受到扩张的身体不倒塌，而能够直立；在受到其他移动的风界推动之下，它显示身表，它弯曲、伸直及屈伸手足，在行走、站立、坐着与躺卧的姿势里这么做。所以此界之运作持续下去，好像魔法杖一样地欺骗愚蠢的男人、女人等。风界依靠其他三界才能发挥其作用。因此，同一粒色聚里的其他三大种色是它的近因。

净色（pasādarūpa）

净色是在五根门里的五种色法。净色与作为其支助的器官不同，世俗所称的眼在阿毗达摩则称为混合眼——"有资粮眼"（sasambhāra-cakkhu）——各种色法的混合体。眼门有附表中所列出来的五十四种色法。除此之外，眼睛里还有另一种色聚，称为命根九法聚，因为这种色聚遍布全身，所以在眼门里一共有六十三种色法。它们称为"有资粮眼"。眼净色是其中之一，它是在视网膜里记录光与颜色的敏感物质，作为眼识及其相应名法的依处色与门。

耳净色是在耳洞里，在一个好像被细褐毛围着的手指套一样的地方。它是记录声音的敏感物质，作为耳识及其相应名法的依处色与门。

鼻净色是在鼻孔里，是记录气味的敏感物质。舌净色布满舌头，是记录味道的敏感物质。身净色布满全身的器官，好像浸泡棉花的液体，是记录触觉的敏感物质。

5. 眼净色（cakkhu pasāda）

眼净色的特相是准备让色所缘撞击的四大之净（透明性），或缘生于色爱（欲见色所缘）的业生四大之净；作用是把心路过程及作为其目标的色所缘连接起来，或把心路过程带到色所缘，也就是把心拉到色所缘；现起是作为眼识及其相应名法的立足处或依处；近因是在同一粒色聚里缘生于色爱的业生四大。

如果你已经透过观智了解缘起，你就能够辨识第二种特相，能够见到依无明、爱及取而在过去世里累积的业产生了现在的果报蕴，包括你的眼睛等。对耳、鼻、舌、身净色的特相等亦可以此类推。

6. 耳净色（sota pasāda）

耳净色的特相是准备让声所缘撞击的四大之净（透明性），或缘生于声爱（欲听声所缘）的业生四大之净；作用是把心路过程及作为其目标的声所缘连接起来，或把心路过程带到声所缘，也就是把心拉到声所缘；现起是作为耳识及其相应名法的立足处或依处；近因是在同一粒色聚里缘生于声爱的业生四大。

7. 鼻净色（ghāna pasāda）

鼻净色的特相是准备让香所缘撞击的四大之净（透明性），或缘生于香爱（欲嗅香所缘）的业生四大之净；作用是把心路过程及作为其目标的香所缘连接起来，或把心路过程带到香所缘，也就是把心拉到香所缘；现起是作为鼻识及其相应名法的立足处或依处；近因是在同一粒色聚里缘生于香爱的业生四大。

8. 舌净色（jivhā pasāda）

舌净色的特相是准备让味所缘撞击的四大之净（透明性），或缘生于味爱（欲尝味所缘）的业生四大之净；作用是把心路过程及作为其目标的味所缘连接起来，或把心路过程带到味所缘，也就是把心拉到味所缘；现起是作为舌识及其相应名法的立足处或依处；近因是在同一粒色聚里缘生于味爱的业生四大。

9. 身净色（kāya pasāda）

身净色的特相是准备让触所缘撞击的四大之净（透明性），或缘生于触爱（欲碰触所缘）的业生四大之净；作用是把心路过程及作为其目标的触所缘连接起来，或把心路过程带到触所缘，也就是把心拉到触所缘；现起是作为身识及其相应名法的立足处或依处；近因是在同一粒色聚里缘生于触爱的业生四大。

境色（gocararūpa）

境色是五根所缘之外境，它们作为与之相符的根识的所缘。当知触所缘是由地界、火界与风界三大组成。地界被体验为硬、粗、重，或软、滑、轻；火界被体验为热或冷；风界被体验为支持或推动。根据《阿毗达摩藏》，属于粘结性的水界并不包括在触所缘之内。颜色等其他四种境色是属于所造色。

10. 色所缘（rūpārammaṇa）

色所缘的特相是撞击眼净色；作用是作为眼识及其相应名法的目标；现起是作为它们之境；近因是在同一粒色聚里的四大。

11. 声所缘（saddārammaṇa）

声所缘的特相是撞击耳净色；作用是作为耳识及其相应名法的目

标；现起是作为它们之境；近因是在同一粒色聚里的四大。

12. 香所缘（gandhārammaṇa）

香所缘的特相是撞击鼻净色；作用是作为鼻识及其相应名法的目标；现起是作为它们之境；近因是在同一粒色聚里的四大。

13. 味所缘（rasārammaṇa）

味所缘的特相是撞击舌净色；作用是作为舌识及其相应名法的目标；现起是作为它们之境；近因是在同一粒色聚里的四大。

撞击（abhighāto）

Abhighāto ca visayavisayīnaṁ aññamaññaṁ abhimukhībhāvo yogyadesāvaṭṭhānaṁ abhighāto viyāti katvā.

撞击是指目标及对目标敏感的色法（净色）在适合的地方生起，或直接互相面对，就像互相撞击。它们并非真正地互相撞击。"（《大疏钞》）（Pm 2.89）

目标与境

眼识只能取颜色，也就是色所缘作为目标，而不能取其他目标；这是目标（visaya），也是境（gocara）。同样的解释适合于其他目标与净色。

14. 女根（itthindriya / itthi bhāva rūpa）

女根的特相是女性。它的作用是显示"她是女性"；现起是女性特有的色身、特征、工作及行为之因。近因是同一粒色聚里的四大。

15. 男根（purisindriya / purisa bhāva rūpa）

男根的特相是男性。它的作用是显示"他是男性"；现起是男性特有的色身、特征、工作及行为之因。近因是同一粒色聚里的四大。

这两种性根色都跟身净色一样遍满全身。但是不必说："它们存在于身净色存在的空间，或存在于身净色不存在的空间。"犹如色所缘的本性，这些不会掺杂在一起。

16. 命根（jīvitindriya／rūpa jīvita）

在此的命根是与属于遍一切心心所的名命根相应对的色法。"命"被称为"根"是因为它控制依靠它而生之法。

命根的特相是维持在住时的俱生色法；作用是使它们发生；现起是维持这些色法存在；近因是（在同一粒色聚里的）四大。

虽然它拥有维持之相等能力，但它只维持在同一粒色聚里、正处于住时的俱生色法，就像水维持莲花一样。虽然诸法因为各自的因缘而生起，它维持它们，就像褓姆照顾王子一样。它只透过与所生起的诸法相关而自己生起，就像领航员一样。它不会在坏灭之后导致生起，因为它自己不存在，必须令到生起之法也不存在。它不在坏灭时延长住时，因为它自己也在坏灭，就像灯芯与油烧完时的灯火一样。但是不可视此为缺乏力量去维持、使发生及存在，因为在所说的刹那（住时）里，它的确有执行这些作用。

17. 心色（hadayarūpa）

根据巴利圣典论师，心色是一切心的依处色，除了以与各自相符的净色作为依处的双五识。《阿毗达摩藏》并没有明确地提到心色。《阿毗达摩藏》的最后一部论《发趣论》只是说："意界及意识界依靠它而生起的色法。"然而，注释接着指明"该色法"是心色，位于心脏的空室里。它依靠心脏里的血。在心脏里有个龙华树子大小的空洞，储藏着半握分量的血。该血只是一群微小粒子，拥有五十四种色法。心色是其中之一。

心所依处的特相是作为意界和意识界的依处色；作用是支持它们；现起是带着此二界；近因是同一粒色聚里的四大。

它位于心脏里的血，受四大所支助，以及由命根色所维持。它作为意界和意识界及与它们相应的名法的依处色。

18. 段食（kabaḷīkāra-āhāra）

段食的特相是食素，即食物里的营养素；作用是维持色身；现起是巩固或滋养身体；近因是作为食素的根基的食物。

这一词是众生依靠它来维持自己的食素。

在食物里的食素也隐喻地称为"段食"。有系统地辨识段食里的四界，你将能够以观智知见段食只是一群时节生食素八法聚。刚吃进肠胃里的食物还没有被吸收及散播至全身时，其色聚中的食素是时节生食素，也隐喻地称为"段食"，因为它不能够作为业生、心生、时节生及食生这四种食素的直接助缘。这四种食素都能够产生新的食生色聚。

在获得命根九法聚的业生消化之火的助力之下，刚吃下的食物被消化了，而食物里的食素可产生新的食素八法聚。这些色聚称为食生食素八法聚。其中的食素称为食生食素。这食生食素也隐喻地称为"段食"，因为它是此色身的缘法。它也强化由一切四种因产生的色法，保持它们强壮且清新，以便它们能够相续地生起。

业、心、时节与食素这四种因产生的色聚中的食素也强化与它俱生的色法和身体里其他色聚的色法。这是什么意思？——透过前面所说的食生食素及消化之火的助力，业生、心生、时节生及先生的食生食素都能够产生新的食生食素八法聚。因此这四种因产生的色聚中的食素也隐喻地称为"段食"。

为什么前面所说的三种食素被隐喻地称为"段食"？包括这三种食素在内的究竟法极其迅速地生灭。它们一旦生起就即刻坏灭，根本没有时间吞下它们。但一代又一代的时节生色聚相续地生灭。再者，单只是食素是不能吞下的，因为不能够只把食素从色聚里抽出来。它与其他七种色法是不可分离的（avinibbhoga）。但是能够吞下相续地生灭的一群色聚。因此隐喻地称它们为"段食"。正如前面所说的，吃下之后，在消化之火的助力之下，它们能够产生新的色聚及维持色身。如果没有吞下它们，它们就办不到这一点。因此佛陀说"段食"，而不只是"食物"。

有两种食生食素八法聚，先生与后生的色聚。先生的食生色聚中的食素在受到后生的食生色聚中的食素及命根九法聚的业生消化之火的助力之下，它能够产生十至十二代的食素八法聚。同样地，后生的食生色聚也能够支助先生业生、心生及时节生色聚中的食素，使它们在消化之火的助力之下产生新的食素八法聚。段食就是如此维持色身。

19. 限制色（paricchedarūpa）或空界

于《阿毗达摩藏》，空界（ākāsadhātu）并不只是指空间，而是诸色聚之间的空隙，令人能够辨识它们为个别的个体。

空界的特相是划定色的界限；作用是显示色的边际；现起是色的界限或孔隙；近因是被区划的色。

就是因为它，人们才能够说如此被区划的色为："这个在那个的上面、下面、四周。"

表色（viññattirūpa）

表色是指把自己的思想、感受与态度表达给他人知道的方法。有两种表达的方法，即身表及语表。

20. 身表（kāyaviññatti）

身表是心生风界（风界最为显著的心生四大）的形态与变化，使到身体移动；这形态与变化是俱生色身的僵硬、支撑与移动的缘。其作用是表达自己的意念；现起是身体转动之因；近因是心生风界。

称之为"身表"是因为它是透过身体动作表达意念的原因。应明白会发生向前移是因为时节生等四种色法的移动；这些色法与心生色法交结在一起，以及被身表移动。这就是说，心生色法移动时，时节生、业生及食生色法也跟着移动，因为它们与它结合在一起，就像丢进河流里的牛粪一样。

它是什么形态与变化？它是风界能力最为显著的心生四大的形态与变化。该能力是什么？它是心生风界的特别变化，导致身体移动而显示人们的意念。

21. 语表（vacīviññatti）

语表是心生地界的形态与变化，使能够发出声音。此形态与变化是色取蕴（在此是指发出声音的器官）震动的缘。它的作用是表达意念；现起是言语之因；近因是心生地界。

称之为"语表"是因为它是透过声音表达意念的原因。因为就像在见到挂在森林里的牛头盖骨之水相时，它表示"在这里有水"，同样地，注意到身体的摇动或声音时，意念已经被表达了。它是心生地界的特别变化，产生显示人们的意念的声音。

22. 色轻快性（rūpassa lahutā）

色轻快性的特相是心生、时节生或食生真实色法的不迟钝；作用是去除这三种色法的沉重；现起是轻易地移动；近因是这三种轻快的色法。

23. 色柔软性（rūpassa mudutā）

色柔软性的特相是心生、时节生或食生真实色法的不僵硬；作用是去除这三种色法的僵硬性；现起是不对抗身体的一切作业；近因是这三种柔软的色法。

24. 色适业性（rūpassa kammaññatā）

色适业性的特相是（心生、时节生或食生真实色法）适合身体作业的适业性；作用是去除不适业性；现起是色法不软弱；近因是适业的色法。

这三种色法同时生起。轻快性是移动轻易。轻快的色法能够很快地移动。柔软性是容易弯、扭转或变形。柔软的色法容易改变成新的形状。适业性是容易运用。适业的色法容易控制与调整。它迅速地附和运用者的意愿，不需要太多的努力。

25. 色积集（rūpassa upacaya）

色积集的特相是建立；作用是令色法第一次生起；现起是起始；近

因是成长或产生之色法。

26. 色相续（rūpassa santati）

色相续的特相是持续不断地生起；作用是系结；现起是不间断；近因是当被系结的色法。

色积集和色相续二词是指色法的生（jāti），但是由于不同的方式，以及根据指导方式，《法聚论》（Dhs 171－178）里的"义释"把它们分别为"积集与相续"。但是，由于其含义没有差异，因此解释此二词的义释说："诸根之建立是色积集，色法之成长是色相续"。注释（《殊胜义注》）（Asl 363）说"其生起称为'建立'，增长称为'积集'，发生称为'相续'"并譬喻：作为建立的生起就像在河床里所挖的洞有水流出来的时候；作为积集的增长就像水填满该洞的时候；作为相续的发生就像水满溢出来的时候。建立是指根门。成长是指除了根门之外，其他也出现了。相续是指除了根门之外，其他重复产生。（《清净道论》）（Vs 2.79－80）

27. 色老性（rūpassa jaratā）

色老性的特相是色法成熟与老化，作用是导致坏灭；现起是毁坏，或虽然有情或自性还没消失但已失去新性，就像稻米之成熟；近因是正在成熟或衰老的色法。

这是指见到牙齿等损坏的变易所呈现的老化。但是对于没有这种可见的变易的非色法，被称为隐藏之老化。地、水、石头、月亮与太阳则被称为不断地老化。

28. 色无常性（rūpassa aniccatā）

色无常性的特相是色法灭尽无余；作用是令色法消失；现起是色法毁坏与灭尽；近因是灭尽的色法。

这是根据相、作用、现起与近因辨识色法。在接下来的开示里，我要讨论如何根据相等来辨识名法。

（十四）辨识名法

我已经解释了如何简要地辨识色法。现在我要解释如何辨识名法。举例而言，如果要辨识安般初禅那名法，你应该先进入安般初禅。出定之后，应同时辨识有分（即意门）与安般似相。当安般似相在有分心中出现时，你应该辨识五禅支。修行止禅的时候，你已经能够辨识它们，所以这对你来说并不难。唯一的差别是现在你必须持续地辨识五禅支许多次。如果清晰地辨识到它们，你就可以开始辨识其他名法，例如识。辨识名法有三种开始方式：

1. 始于辨识触；

2. 始于辨识受；

3. 始于辨识识。

如果你选择始于辨识拥有识知之相的识，你应该持续地辨识许多次。如果不能够辨识它，你应该重复刚才提到的步骤：进入初禅，出定之后，同时辨识有分（即意门）与安般似相。当安般似相在有分心中出现时，你应该持续地辨识识许多次。如果能够辨识识，你应该渐渐增加所辨识的名法，一次加上一种，辨识两种（识与触）、三种、四种……直到你能见到所有三十四种名法。这三十四种名法是什么？它们是：

初禅的三十四种名法

识

1. 识（禅心）：识知目标（例如安般似相）。

七遍一切心心所

2. 触（phassa）

3. 受（vedanā）（在初禅里是乐受）

4. 想（saññā）

5. 思（cetanā）

6. 一境性（ekaggatā）

7. 命根（jīvitindriya）

8. 作意（manasikāra）

六杂心所

9. 寻（vitakka）

10. 伺（vicāra）

11. 胜解（adhimokkha）

12. 精进（vīriya）

13. 喜（pīti）

14. 欲（chanda）

十九个遍一切美心心所

15. 信（saddhā）

16. 念（sati）

17. 惭（hīri）

18. 愧（ottappa）

19. 无贪（alobha）

20. 无瞋（adosa）

21. 中舍性（tatramajjhattatā）

22. 身轻安（kāyapassaddhi）

23. 心轻安（cittapassaddhi）

24. 身轻快性（kāyalahutā）

25. 心轻快性（cittalahutā）

26. 身柔软性（kāyamudutā）

27. 心柔软性（cittamudutā）

28. 身适业性（kāyakammaññatā）

29. 心适业性（cittakammaññatā）

30. 身练达性（kāyapāguññatā）

31. 心练达性（cittapāguññatā）

32. 身正直性（kāyujukatā）

33. 心正直性（cittujukatā）

无痴

34. 慧根（paññindriya）

禅那定心路过程

在禅修者即将证入初禅时，首先生起的是意门转向心（manodvāravajjana）及其相应名法。接着在同一个禅那心路过程里，在禅那速行心还未生起之前，有一系列的欲界速行心迅速地相续生起，把心从欲界导向安止。对于凡夫来说，这些速行心是其中一种智相应的欲界善心，生灭三次或四次，依照次序是遍作（parikamma）、近行（upacāra）、随顺（anuloma）及种姓（gotrabhū）。在它们灭尽之后，视情况在接下来的第四或第五个速行刹那，生起的是初禅速行心，即进入了安止阶段。对于第一次证得初禅者，初禅速行心只生起一次而已。但是，如果（之后）禅修者入定一小时或一整天，初禅速行心就能够生起许多次。在安止结束时，生起的是有分心。

于根器中等者，这些基础速行生起四次，每次都执行不同的基础作用。第一个刹那名为"遍作"或"预作"（parikamma），因为它准备心流证入安止定。下一个刹那名为"近行"（upacāra），因为它已接近安止。第三个刹那名为"随顺"（anuloma），因为它顺从在它之前的心，以及在它之后的安止。第四个刹那名为（更改）"种姓"（gotrabhū）：于禅那定，它因超越欲界以登上广大心种姓而得其名；于根器利者，则少了"遍作"刹那，如是于安止之前只有三个欲界速行生起。

应注意在安止心路过程里，速行心可以有不同的种类（初禅、第二禅、第三禅等等），甚至是不同界的心（色界或无色界）；在欲界的心路过程里，它们则一致。我要以一个表来解释禅那心路过程。

禅那定心路过程

心脏色法	54	54	54	54	54	54
路　　心	意门转向	遍作	近行	随顺	种姓	禅那速行（许多次）
初　　禅	12	34	34	34	34	34
第二禅	12	34	34	34	34	32（除寻与伺）
第三禅	12	34	34	34	34	31（再除去喜）
第四禅	12	33	33	33	33	31（舍取代乐）

止禅行者及想要成就见清净者应当从任何一个色界禅或无色界禅（除了非想非非想处）出定，然后根据相、作用、现起及近因辨识诸禅支及与它们相应的名法，即触、受、想等。做到这点之后，他应辨识它们全部为"名"，因为它们"朝向"所缘（例如安般似相）。（《清净道论》）

根据《清净道论》的指示，你必须根据这些禅那法的相、作用、现起及近因来辨识它们。

在意门转向心刹那里有十二个名法。它们是之前所说的三十四种名法中从识到精进的十二个名法。在第四禅心路过程里，近行定阶段没有喜，即遍作、近行、随顺与种姓的刹那里没有喜。

五十二心所（cetasika）

《阿毗达摩藏》所分析的五十二心所可分为四大类：

1. 七遍一切心心所；

2. 六杂心所；

3. 十四不善心所；

4. 二十五美心所。

（1）通一切心所（aññasamānacetasika）

首两组心所——七遍一切心心所和六杂心所——总称为"通一切"。直译其名为"与其他共有"。对于美心来说，不美心是"其他"（añña）；对于不美心来说，则美心是"其他"。首两组的十三心所是美心与不美心两者"共有"（samāna），而它们的品德则视其他与之共存于一心的心所而定，尤其是与之相应的"根"或"因"（hetu）。在善心里它们即是善；在不善心里它们即是不善；而在无记心里它们也即是无记。基于这一点它们称为"与其他共有"，在品德上则会变更。

（2）遍一切心（sabbacittasadhāraṇa）

七遍一切心心所是"一切心"（sabbacitta）"皆有"（sadhāraṇa）。这些心所执行识知过程中最基本且重要的作用，缺少了它们心就根本不可能识知目标。

（3）杂（pakiṇṇaka）

这组六个心所与遍一切心心所一样，在品德上是可以变更的，即其品德决定于与之相应的其他心所。它们与遍一切心心所的差异：它们只出现于某些种类的心，不是一切心。

（4）遍一切美心（sobhaṇa sadhāraṇa）

诸美心所可再分为四组。第一组是十九个遍一切美心心所，是一定出现于一切美心的心所。随后的三组美心所则是可变动的附随心所，并不一定需要出现于一切美心。

禅那名法的相、作用、现起与近因

现在我要解释缘取安般似相为目标的禅那名法的相、作用、现起与近因。

1. 心（citta）

心是四种究竟法的第一种。先研究心是因为佛教分析究竟法的中心点是在于亲身体验，而心又是体验的主要因素，是对安般似相等目标（所缘）的识知。

巴利文 citta 是源自动词词根 citi（认知、识知）。诸论师以三方面诠释 citta（心）：造作者、工具、活动。

作为造作者，心是识知目标者（ārammaṇaṁ cintetī ti cittaṁ）。

作为工具，与心相应的心所通过心而得以识知目标（etena cintentī ti cittaṁ）。

作为活动，心纯粹只是识知的过程（cintanamattaṁ cittaṁ）。

"纯粹活动"这项定义是三者之中最贴切的诠释，即心纯粹只是认知或识知目标的过程。除了识知的活动之外，它并没有一个属于造作者或工具的实际个体。提出"造作者"与"工具"的定义是为了对治某些人所执取的"我见"：认为有个识知目标的造作者或工具的"恒常不变的我"之邪见。佛教学者指出，这些定义显示了并没有一个"自我"在实行识知的活动，而只有心在识知。此心即是识知活动而无他，而且此活动必定是生灭的无常法。

（1）四种鉴别法

对于阐释任何究竟法，诸巴利论师建议采用四种鉴别法以区别之。这四种鉴别法即是每个究竟法各自的：①相（lakkhaṇa），它的特相；②作用（rasa），它所执行的任务（kicca-rasa）或所获得的成就（sampatti-rasa）；③现起（paccupaṭṭhāna），它呈现于（禅修者的）体验的方式；④近因（padaṭṭhāna），它直接依靠的近缘。

（2）心的相、作用、现起与近因

对于心，其特相是识知目标（vijānana）。其作用是作为诸心所的前导者（pubbaṅgama），因为它领导诸心所，也时常由它们陪伴。其现起是呈现于禅修者的体验里为一个相续不断的过程（sandhāna）。其近因是名色（nāmarūpa），或相应名法及其依处色，或其依处色及目标，因为五蕴界（pañcavokāra）里的心不能毫不依靠心所依处色或其他依处色及目标地单独生起。

（3）四种究竟法（paramattha dhamma）

究竟法有四种：

心（citta）

心所（cetasika）

色（rūpa）

涅槃（Nibbāna）

心、心所与色法是有为法，也称为行法（saṅkhāra dhamma）；它们不能够独自生起，每一项都必须以其他法为缘而生起。举例而言，心不能够独自生起，必须以相应心所为缘而生起。心与心所都是名法，是能够体验安般似相等目标的究竟法，色法则不能体验任何目标。

心与心所同生、同灭，拥有同一个目标与依处，但它们是不同种类的究竟法。为了解释心与心所之间的差别，《法聚论》的注释《殊胜义注》举出一个国王及其随从的譬喻。国王是首脑，是最主要的人物，而其随从则是其侍者。在我们日常生活中生起的诸心是识知安般似相等目标的首领，心所则是心的助手。心所必须在每一个心识刹那里执行自己的任务。在每一心识刹那里，心及其相应心所同时生起，然后即刻坏灭。

你可能会问详细地了解心与心所有什么用。心与心所并非抽象的东西，当你修行止禅与观禅时，它们正在活跃地运作。如果没有心所，我们就不能够看、听、想、造作、生气或执着。举例而言，知见安般似相的就是心。是心在识知安般似相这个法尘。为了执行其作用，他需要心所的协助，例如把安般似相和心连接起来的触、专注于目标的一境性及透视目标的慧根。因此更深入地了解心所是很重要的。它们在我们的日常生活中生起，而当它们出现时，我们应该辨识它们的特相。不了知究竟法就不可能了知苦圣谛与苦集圣谛，这两项圣谛（行法）是观智的目标。如果不了知这些行法，我们又怎么能够观照它们为无常、苦、无我？只有在能够辨识名色法时，我们才能够了知心的近因是相应心所与色法，即依处色与目标。

2. 触（phassa）

巴利文 phassa（触）源自动词 phusati，意为"去碰"，但不应把触理解为只是色法在撞击身根。事实上它是一个心所，通过心得以"接触"目标，而启动了整个心路过程。

触的特相是"接触"；作用是撞击，即导致目标与识互相撞击；现起是识、根门与目标集合生起；近因是出现于诸门之境。

关于其特相，虽然这是非色法，它还是以接触目标的方式发生。它接触目标，例如安般似相，以便心能够体验它。透过这一点，论师显示这是它的自性，虽然它是非色法。接触的特相在诸如此类情况里明显：见到别人品尝醋或熟了的芒果时，嘴里流出唾液；见到别人遭受伤害时，同情者的身体颤动；见到一个男人在很高的树枝上岌岌可危地平衡自己时，站在地上的胆小者双脚发抖；见到夜叉等恐怖之物时双腿变得软弱无力。

关于其作用，它是令识与目标撞击之法。触与境色的色尘与声尘的共同点是只有效应但无连接。正如虽然眼睛和耳朵各别与色尘和声尘并无连接，但还是说它们"被碰到"，同样地可以说"触"接触与撞击目标。事实上，触的撞击是识与目标集合生起（相聚）。

说它的现起是集合生起是因为依其作为来形容，即根门、目标与识这三项同时发生，例如眼根、色尘与眼识，等等。关于安般禅那，同时发生的三项是指意门（有分）、安般似相（目标）与禅那心。

说它的近因是出现于根门之境是因为在境色呈现于其中一个根门时，它透过适当之识的反应而自然地生起。适当之识的反应：五门转向心或意门转向心必须转向该目标。关于安般禅那，意门转向心必须转向缘取安般似相为目标。目标（安般似相）必须呈现于意门。这是适当之识的反应。

3. 受（vedanā）

受是感受目标的心所。它是目标被体验的感受方式。巴利文 vedanā 并不是指涉及许多不同心所的复杂现象的感情，而是纯粹对某种体验的感受；此感受可以是乐、苦、舍。初禅、第二禅与第三禅的受是乐受，第四禅的受则是舍受。

（1）乐受

乐受的特相是感受可喜所缘，例如安般似相，或者其特相是满足；作用是强化相应名法；现起为支助；近因是轻安。

其他心所只是间接地体验目标，但受则直接与完全地体验它。关于这一点，其他心所好比为国王准备食物的厨师，只能够在煮食物时浅尝食物，受则好比可以尽情享用食物的国王。

（2）舍受

第四禅的受是舍受。舍受的特相是被感受为中舍；作用是既不强化也不减弱相应名法；现起为宁静；近因是无喜无乐之心。

4. 想（saññā）

想的特相是体会目标的品质；作用是对它作个标记，以便再次体会相同的目标时能够知道"这是一样的"，或者其作用是认出以前已体会过的目标；现起是通过以前已领会过的表征分析目标（abhinivesa），就像瞎子"见"象；近因是无论以任何形式出现的目标，就像幼鹿把稻草人看成人的想象。

它的程序可比喻为木匠通过自己在各种木材上所做的记号，而认出它们的种类。在此安般禅那是指伴随禅那定、体会安般似相的想。

5. 思（cetanā）

思是实现识知过程的目的之心所，因此称之为"思"。诸注疏对思的解释：它组织各相应法以对目标采取行动。其特相是意愿的状况；作用是累积（业）；现起是指导互相配合；近因是相应法。

它就像一位大弟子、主管或木匠领班所做的一般，完成自己与他人的任务。就像一位大弟子不单只自己背诵功课，也确保其他弟子都背诵功课，所以当思开始对目标作业时，它也指挥其他相应法执行各自的任务。当它催促相应法执行紧急任务、忆念或专注于安般似相等目标时，它变得明显。思是造业的最主要因素，因为所采取的行动之善恶即决定于思。在此它完成自己及其相应名法缘取安般似相为目标的作用。

6. 一境性（ekaggatā）

一境性是心及其目标（例如安般似相）结合为一境。虽然它在禅那里作为禅支时才变得显著，诸阿毗达摩论师认为在一切心里，即使是最基本的心，它也有令心专一的能力，执行把心专注于目标（例如安般似相）的作用。它把心平稳地置放于目标，或正确地置放于目标，或纯粹只是令心专注，因此它是定。

一境性或定的特相是不散乱；作用是统一相应法，就像水对肥皂粉的作用；现起是平静；一般上其近因是乐。

当视之为心的稳定，犹如无风之灯火的稳定。

7. 名命根（jīvitindriya）

命根有两种，其一是维持同一个心识刹那里的相应名法之命的名命根，另一者是维持同一粒色聚里的色法之命的命根色。只有名命根才是心所。透过它，它们（同一个心识刹那里的相应名法）得以存活，或它本身活着，或它只是活着，因此它是命。

其特相是维持同一个心识刹那里的相应名法；作用是协助它们发

生；现起是维持它们存在；近因是应受维持的名法。

8. 作意（manasikāra）

此巴利文的直译意义是"心的造作"，即令目标呈现于心。作意是令心转向目标的心所；通过它目标得以呈现于心。它使得当下之心与之前的有分心不一样，因此它是作意。它有如此作为的方式：作为"控制所缘之作意"（ārammaṇa-paṭipādaka-manasikāra）、作为"控制心路过程之作意"（vīthi-paṭipādaka-manasikāra）、作为"控制速行之作意"（javana-paṭipādaka-manasikāra）

在此，"所缘之控制者"是心中的造作者，因此它是作意——使得目标呈现于心的心所。"心路过程之控制者"是指使得眼识等心路过程心出现于心中的五门转向心。"速行之控制者"是指使得速行心出现于心中的意门转向心。

在这三者之中，在此所指的是作意心所。

作意（所缘之控制者）的特相是"指引"（sāraṇa）相应法朝向目标；作用是把相应法套向目标；现起是面对目标；近因是目标。

作意有如船的舵，控制船的方向以朝向目的地；或有如马车夫，指挥已驯服的马朝向它们的目的地，作意如此指挥相应法朝向目标。应分别作意与寻两者：前者把相应法转向目标，后者则把它们投入目标。作意是一切心不可或缺的识知因素；寻则是并非不可缺少的特有心所。①

① 中译按：（摘自帕奥禅师所著的《智慧之光》）寻、思与作意之间的分别："寻把心与心所投入目标；作意把心与心所转向目标；思则催促心与心所朝向目标。对于它们之间的差别，摩诃甘达勇长老举了一个赛舟的例子加以说明：在赛舟时，每只小舟都坐有三位划舟的选手，一个在后面，一个在中间，一个在前面。坐在后面的选手有两项任务，即控制小舟的方向和向前划；中间的选手无须控制小舟，只须把它向前划；坐在前面的选手并非只是把小舟向前划，而且还要负责在终点摘花，他是最为忙碌的人。前面的选手就好像思；中间的像寻；后面的像作意。如此，作意把相应心与心所转向目标；寻把受到作意指挥的心与心所投入目标。思则是最忙碌的，它就好像一位木匠师的好助手，不单只需要做自己的工作，同时亦须催促其他学徒工作。"

9. 寻（vitakka）

诸禅由其称为"禅支"（jhānanga）的心所而得以分别。在每一禅心里的许多心所当中，即是这些（称为禅支的）心所分别了诸禅的不同，而且是它们令心证入安止。正如上文所述，初禅有五禅支（寻、伺、喜、乐、一境性）。如果要达到初禅，这五禅支必须达到平衡、紧密地念虑目标及制伏阻碍证入安止的五盖。

在经中，"寻"一词常不精确地用以代表思考，但在《阿毗达摩藏》里，它精确地代表把心投入或令它朝向目标的心所。犹如国王的亲信有能力带村民入皇宫，寻亦能够把心投入目标里。对于修习禅定，寻的特别作用是治昏沉睡眠盖（thīnamiddha）。

寻把心投向目标。其特相是把心投向或导向目标；作用是全面地撞击目标；现起是把心导向目标。虽然注释里没有提及它的近因，但可知目标（例如安般似相）即它的近因。

一般的寻只是把心投向目标。然而，通过培育定，寻则能变成禅支。其时它名为"安止"（appanā），即把心安止于目标，例如安般似相。寻亦称为"思维"（sankappa），且分为"邪思维"（micchāsankappa）与"正思维"（sammāsankappa）两种。后者是八圣道分的第二道分，因为它把心投向四圣谛。

10. 伺（vicāra）

伺也是禅支之一。伺是持续地投入（vicaraṇaṁ vicāro）；意思是继续维持（anusañcaraṇa）。

其特相是透过省察目标持续地压目标，或把心维持在目标，例如安般似相；作用是重复地把相应名法投入目标；现起是把它们钩住目标；近因是目标。

寻与伺之间的差别在前面已经讨论过了。

11. 胜解（adhimokkha）

直译巴利文 adhimokkha 则是"把心放开，让它进入目标"；由此译为胜解或决意。决定就是胜解。

其特相是确定目标；作用是不犹豫；现起是坚决；近因是需要抉择之法或目标。

基于它对目标不可动摇的决心，当视之为石柱。

12. 精进（viriya）

精进是勤奋者之境或作为。

其特相是支持、奋斗与驱动；作用是支持或稳固相应名法；现起是不倒退；由于"受到激励，他明智地奋斗"，其近因是悚惧感，或致力界，或精进事，即任何能够激起精进之事。

正如在一间老旧的屋子加上几根新柱子，以防止它倒塌，或有如作为后援的生力军令国王的军队击败敌方，精进亦能支持所有的相应法，不令它们退减。在正确地开展之下，当视之为一切成就的根本。

13. 喜（pīti）

它令心与相应心所清爽、喜悦、满足、精神焕发，因此它是喜。

在解释诸禅支时已经提过，其特相是"令欢喜或满足"（sampiyāyana）；作用是令身与心清新，或遍布喜悦；现起是喜悦；近因是目标或名色。

注释没有提到它的近因，因此我们在此说明其近因是目标或名色。

14. 欲（chanda）

在此"欲"是指欲行动（kattu-kāmatā），即要实行某件事或要获取某些成就。应分别此"欲"（chanda）与属于不善的贪（lobha）或贪欲（rāga），也应该依其精进来分别。在诸经里（Vbh 266），"欲"（chanda）常被用来作贪（lobha）或贪欲（rāga）的同义词，因此拥有不善的含义。但是诸经（Vbh 55）也认同"欲"也有潜能作为善心所，即正精进，那便是当它们说激起想要断除不善法及获得善法之欲的时候。与贪或贪欲相应的欲肯定是不善；但是当它与善心所配合时，即能作为追求良善目的的善欲。

欲的特相是欲行动（造善业或恶业）；作用是寻找目标；现起是需要目标；近因是所希求的目标。

可以视之为把心之手伸向目标。

15. 信（saddhā）

信的特相是有信心。作用是澄清，有如清水宝石能够使混浊的水变得清澈；或启发，如出发越渡洪流。现起是不迷蒙，即去除心之不净，或决意而不犹豫。近因是八种当信之事，或听闻正法，以及须陀洹支。

八种当信之事

（1）佛

（2）法

（3）僧

（4）（戒、定、慧）三学

（5）过去蕴

（6）未来蕴

（7）过去与未来蕴

（8）缘起

四须陀洹支

须陀洹支有四个：

（1）依止善士（sappurisūpanissaya）

（2）听闻正法（saddhamma-savana）

（3）如理作意（yoniso manasikāra）

（4）依法修行（dhammānudhammā-paṭipatti）

可视"信"为手，因为它执持善法。若人来到一座有许多各种不同的珍宝之山，见到珍宝时，他必须有手才能够拾取它们。同样地，若人对佛教拥有足够的信心，他能够执持许多各种不同的善法，例如布施、戒清净、定、观智及圣道智。但是如果他没有足够的信心，他就不能够累积这些善法。因此当视信为手。

亦当视信为财富。佛陀说："于此世间，人最大的财富就是信。"（S 1.216）若人拥有足够的财富，他能够在见到各种不同的珍宝时购买它们。但是如果他没有足够的财富，他就办不到这一点。同样地，如果他对佛教拥有足够的信心，他能够累积各种不同的善法，例如布施、戒清净、定、观智及圣道智。但是如果他没有足够的信心，他就不能够累积这些善法。因此当视信为财富。

亦当视信为种子。若人有种子，他就能够把它们种在适合的地方及好的气候，获得其果实。但是如果他没有种子，他就办不到这一点。同样地，如果他对佛教拥有足够的信心，他能够种下信的种子，在依法修行之下，获得各种不同的果实，例如布施、戒清净、定、观智及圣道智。但是如果他没有足够的信心去依法修行，他就不能够在此教法获得任何成就，例如神通、观智、圣道与圣果。因此当视信为种子。

16. 念（sati）

念的特相是不漂浮，也就是对目标念念分明而不流失；作用是不迷惑或不迷失目标，例如安般似相；现起是守护心与目标，或心面对目标的状态；近因是强而有力的想（thirasaññā）或四念处。

诸论师解释，念保持心稳固地明记目标，例如安般似相，就像大石块般沉入深湖之底，不像葫芦般在湖面漂浮。亦应视之为守门人，因为它保持心，防止烦恼在六门里生起，也防止安般似相等目标脱离注意力。

17. 惭（hiri）

惭的特相是对恶行感到厌恶；作用是纯洁地不造恶；现起是纯洁地退避诸恶；近因是尊重自己。

18. 愧（ottappa）

愧的特相是对恶行感到害怕；作用是因害怕而不造恶；现起是因害怕而退避诸恶；近因是尊重他人。

人因为尊重自己而透过惭排除恶行，就像良家女子的作为；他因为尊重他人而透过愧排除恶行，就像高级妓女的作为。佛陀称此二法为世间的守护者，因为它们制止世间陷入广泛的不道德。（A 1.53）

19. 无贪（alobha）

无贪的特相是心不贪求目标（所缘）或心不执着目标，如水珠不黏住荷叶；作用是不执着；现起是无着；近因是他不执着或如理作意的目标。

应明白无贪并不只是指没有贪念，而是也包括正面的品德，例如布施与舍离。

20. 无瞋（adosa）

无瞋的特相是不粗野或不对抗；作用是去除怨恨或去除怒火，就像檀香粉去除身体的热；现起是可喜可爱；（近因是如理作意目标。）

无瞋也包括慈爱、温和、和蔼、友善等良好品德。

慈（mettā）

当无瞋显现为慈爱或慈梵住（mettā）时，其特相是促进有情的幸福；作用是愿他们幸福；现起是去除瞋恨；近因是视有情为可喜可爱。

应分辨此慈爱和它的近敌，即自私的爱。安般禅那法的无瞋只是不粗野，并非慈爱。同样地，如果无瞋取究竟名法或色法为目标，它也只是不粗野。

21. 中舍性（tatramajjhattatā）

直译此心所的巴利文即"位于中间"。这是舍心的同义词，不是舍受，而是心平衡、无着与平等的态度。它是对与它相应地生起的心与心所保持中舍，使得它们能够平衡地运作。

中舍性的特相是平衡地带动相应心与心所；作用是防止过多或不足，或去除偏袒；现起是中立。当视之为中舍地旁观心与心所，如马车夫中舍地旁视平稳前进之良马。

对有情保持中舍的舍无量心是中舍性心所。它不分别偏袒地对待一切有情，平等地看待他们。不应混淆此舍及其近敌："由于无明而生起的世俗舍（不懂得分别）"。

舍无量心（舍梵住）的特相是中舍地对待诸有情；作用是平等地看待诸有情；现起是灭除憎恨与喜爱；近因是知见业的拥有性："众生是自己的业的主人。透过它，他们获得快乐，或解脱痛苦，或不会失去所达到的成就。

灭除憎恨与喜爱时它就成功，产生无知的舍时则失败；无知的舍就是依靠世俗生活、由于无明而生起的世俗舍（不懂得分别）。

禅舍（jhānupekkhā）

在第三禅里，舍最显著，因此诸圣者说："拥有舍与正念者安住于乐。"该舍是中舍性，称为禅舍。

禅舍的特相是对目标保持中立；作用是对与它相应、最殊胜的世俗乐亦置之不顾；现起是对即使是殊胜的乐也不执着；近因是喜（pīti）的消逝。

接下来的十二个遍一切美心心所是六对，每一对都有一个关于"名身"（kāya），另一个则关于心（citta）。在此名身是指诸相应心所整体，而基于它们"整组"才称为"身"。在此，"身"是指受、想与行这三名蕴。

22. 身轻安（kayapassaddhi）

身轻安的特相是平静心所的不安；作用是破除心所的不安；现起是心所的安宁冷静；近因是相应名身。

23. 心轻安（citta-passaddhi）

心轻安的特相是平静心的不安；作用是破除心的不安；现起是心的安宁冷静；近因是相应心。

当视它们为对治导致名身与心烦躁不安的掉举及追悔。它们与阻止善心生起、由掉举领导的烦恼对立。

轻安有许多层次。当我们布施或持戒时，也有心所与心的轻安。如果拥有准确地了知轻安之相的正见，拥有倾向于高层次轻安的人能够培育它。能够修行止禅直达禅那（例如安般禅那）的人体验高层次的轻安，因为在禅那的刹那没有五根门的领受，也不会成为它们的奴隶。然而，即使是最高层次禅那的轻安也不能够灭除烦恼。在禅心消逝时，它们能够再度生起。

佛陀及许多弟子培育轻安直达禅那的阶段，但这并不意味每个人都必须培育禅那才能修行观禅。佛陀解释，禅那法也能作为观禅的目标，这是为了帮助能够证得禅那者不执着它们，而如实地了知它们为无常、苦、无我。

心所及心轻安与每一个善心俱生，因此在培育观智时它们也生起。拥有了知究竟名色法及其因，以及它们的无常、苦、无我本质的正见的时候也有轻安。在那时候，没有贪欲或瞋恨产生的干扰。轻安是其中一个觉支。正见提升时，轻安觉支也随着提升。证悟时与圣道心俱生的轻安觉支是出世间觉支。当烦恼在接下来阶段的证悟被灭除时，心就会更加平静、更少掉举。已经灭尽一切烦恼的阿罗汉已经达到真正的轻安，即不可能再受到烦恼干扰的轻安。关于阿罗汉，《法句经》的第 96 首偈说：

完全解脱、寂静与平稳的正确了知者，
他意平静、语平静、身亦平静。

24. 身轻快性（kāya-lahutā）

身轻快性的特相是去除心所的沉重性；作用是破除心所的沉重性；现起是心所不软弱；近因是相应心所。

25. 心轻快性（citta-lahutā）

心轻快性的特相是去除心的沉重性；作用是破除心的沉重性；现起是心不软弱；近因是相应心。

当视这两者对治导致心所与心沉重的昏沉与睡眠。根据《法聚论》，这一双心所存在于没有软弱无力的时候，它们拥有"警觉"。在读到《根本疏钞》（Mūla-ṭīkā 1.97）提及心所与心的轻快性时，其含义将会更清楚："心迅速地转向善法或无常观等的能力。"

轻快性是导致善法沉重软弱的昏沉与睡眠的对立法。不善心存在时，就有沉重性，我们不能够实行任何善法，例如布施、持戒、修行止禅或观禅。善心需要信，需要念或不忘失，也需要名法的轻快性来克制沉重性与僵硬性。心所与心的轻快性存在时，它们警觉地做出反应，以便不会错失实行善法的机会。

假设说你在修行安般念；其中可能有许多时候没有警觉心。你可能会感到昏沉与疲倦，对觉知气息没有兴趣。然而，正念生起时也有心所与心的轻快性在执行它们的作用：疲倦消失了，换来的是警觉心。定力提升时，轻快性也随着提升。定专注于安般似相时，轻快性也执行破除心的沉重与软弱的作用。由于有轻快性，疲倦消失了，换来的是专注于安般似相的警觉心。

培育正见也需要轻快性。在培育了知究竟名色法及其因的正见时，也有轻快性在破除软弱。如果没有错失这时机，最终必定能够知见究竟法为无常、苦、无我。观智进一步提升时，在观智的末端，取涅槃为目标的圣道智将会生起。在那时候，轻快性也与圣道心相应地生起，缘取涅槃为目标。与各层次的圣道智相应地生起的轻快性逐阶地灭除沉重性与软弱性。完全灭除它们的人将不会再有沉重性与软弱性，反之有圆满的轻快性。

26. 身柔软性（kāya-mudutā）

身柔软性的特相是去除心所的僵硬性；作用是破除心所的僵硬性；现起是不对抗目标；近因是相应心所。

27. 心柔软性（citta-mudutā）

心柔软性的特相是去除心的僵硬性；作用是破除心的僵硬性；现起是不对抗目标；近因是相应心。

当视这两者为对治导致心所与心僵硬的邪见或我慢。

心所与心的柔软性全面对抗邪见与我慢。邪见导致僵硬与固执。举例而言，当某人执着不正确的修行时，这显示其中有名法的僵硬性。他可能会坚持自己的旧习惯与想法，如此将很难去除邪见。举例而言，某人认为佛陀的弟子不能够透视与辨识究竟名色法，认为辨识究竟法的智慧是在他们的范围之外，或认为不可能见到称为色聚的微小粒子。这些成见是培育了知究竟法的障碍。听闻佛法之后，我们思维它，再正确地修行它，如此就可能会开始能够培育观智。我们不应该预期一下子就圆满地了知一切，我们必须次第地培育它，也就是说戒清净、心清净等等。

心所与心的柔软性也能对治我慢。心有我慢时就会僵硬。我慢基于自己的健康、外表、成就、荣誉或聪明而生起。我慢是非常难以去除的，只有阿罗汉才已经完全灭尽了它。

心所与心的柔软性协助善心，以使没有名法的僵硬性或不容忍，而会对正确的事保持开明的心。名法的柔软性是世故、不粗鲁及不僵硬。慈爱或无瞋存在时，就有世故与温和。对于每一种善行，例如布施、持戒、修行止禅或观禅，名法的柔软性都是不可或缺的。听闻佛法时也需要柔软性，以便能够开明地接受它；在正念地如实知见究竟法时也需要柔软性。

28. 身适业性（kāya-kammaññatā）

身适业性的特相是去除心所的不适业性；作用是破除心所的不适业性；现起是心所成功取某所缘（例如安般似相）为目标；近因是相应心所。

29. 心适业性（citta-kammaññatā）

心适业性的特相是去除心的不适业性；作用是破除心的不适业性；现起是心成功取某所缘（例如安般似相）为目标；近因是相应心。

当视它们为对治导致心所与心不适于作业的其余诸盖。亦应视它们为相信当信之法。

《增支部》（A 2.13）提到使得金变得不纯净、脆弱、不柔软与不适业的五种污染，那就是掺杂了其他的金属，即使得它不适业的铁、铜、锡、铅、银。同样地，五盖使得心不适业：

> ……同样地，诸比丘，有五种心的污染；受到它们污染的心变得不柔软、不适业、不清澈明亮、不稳固，也不能精确地专注于断除诸漏。这五种污染是什么？它们是欲欲、瞋恨、昏沉与睡眠、掉举与追悔、疑。这些是导致心变得不柔软、不适业、不清澈明亮、不稳固，也不能精确地专注于断除诸漏的五种心的污染。
>
> 但如果心能够脱离这五种污染，它就会柔软、适业、清澈明亮、稳固，也能精确地专注于断除诸漏。对于智慧能够了悟的任何法，他都可以将心导向了悟它，无论其范围多广，他都能够通达每一项。

根据《殊胜义注》，适业性导致相信当信之事，以及耐心地实行善法。对于每一种善行，例如布施、持戒、修行止禅或观禅，名法的适业性都是需要的。适业性使得心适合作业，使得自己能够自信且耐心地实行善业。举例而言，当某人要以安般念作为其禅修业处来修行止禅时，如果没有名法的适业性，他就不能成就。他必须以适业性为根基、自信且耐心地根据巴利圣典提到的系统次第地修行安般念。如果没有适业性，无论是修什么禅修业处都不能够成功地达到安止。

修行观禅时，心所与心的适业性执行它们的作用。它们是耐心地培育了知名色法的正见的助缘。拥有了知名色法只是有为法、无我的正见时，就拥有心的适业性。培育观智导致灭除五盖。已经灭除它们的人已经达到圆满的适业性。

30. 身练达性（kāya-paguññatā）

身练达性的特相是心所健全；作用是破除心所的不健全；现起是心所无残缺；近因是相应心所。

31. 心练达性（citta-paguññatā）

心练达性的特相是心健全；作用是破除心的不健全；现起是心无残缺；近因是相应心。

当视这两者为对治导致心所与心不健全的无信。

这对心所是健全、有能力及有效力。练达性是对于实行布施、持戒、修行止禅或观禅等善行健全、有能力及有效力。这两者都对治心之疾病，而且也是导致心之疾病的无信等烦恼的对立法。

如果心是不善心就无信，不相信善法，有心之疾病。名法的练达性协助善心，使得心与心所健全且善巧，能够最有效地执行它们的作用。

善业的效力有许多层次。在培育对于戒定慧三学的正见时，即培育一切善法的练达性与善巧。须陀洹已经灭尽了邪见、疑与悭，永远不会犯五戒。他的布施与持戒比非圣者的布施与持戒清净，而且不会执取认为有"我的善法"的邪见。他对佛陀教法的信心已经不可动摇，它已经成为一种"力量"。跟非圣者比较起来，他对善法拥有较高层次的效力与能力。他有能力有效地协助其他人修行导向证悟四圣谛之道，可见自己培育正见也跟他人有关。在证得更高层次的证悟与灭除其他烦恼时，还有更高层次的练达性。证得阿罗汉果时，练达性达到圆满。

32. 身正直性（kayujjukata）

身正直性的特相是心所的正直性；作用是破除心所的欺骗性；现起是心所不狡诈；近因是相应心所。

33. 心正直性（cittujjukata）

心正直性的特相是心的正直性；作用是破除心的欺骗性；现起是心不狡诈；近因是相应心。

正直性是心所与心的正直性。当视它们两者为对治导致心所与心不正直或弯曲的虚伪、作假、欺诈与狡猾。虚伪（māyā）的特相是隐藏自己的过失。作假的特相是假装拥有自己所没有的美德。（Pm 2. 145–146）有时候人们的行为是不真诚的。在《清净道论》（Vs 1. 25–26）里，我们可以读到某位比丘透过虚伪、暗示、奉承、拐弯抹角的话、怪相与手势来获取资具的行为。他假装成比事实上更好的人，以便获得人们的尊崇。《清净道论》里说：

于此，某人心怀邪恶的愿望，沦为愿望的猎物，渴望受到尊崇，心想："如此人们将会尊崇我"，因而设计行走的方式，设计躺卧的方式；他依照所研究的行走，依照所研究的站立，依照所研究的坐着，依照所研究的躺卧；他走得好像心很定，站、坐、躺得好像心很定；他在大众之前修禅……（A 3. 259）

我们都想要受到尊崇，因此可能会假装成比实际上还要好的样子。甚至当我们布施时，也对自己的行动存着自私的动机。我们可能会期望获得回报，我们要获得赞扬，要出名。说动听的话可能是为了自私的利益。正直性破除这种不真诚，它协助每一个善心。正直性有许多层次。正见提升时，正直性也随着提升，而且正见一定与正直性俱生。正见了知四圣谛时，正直性也同样地了知。了知四圣谛的圣者被称为行走在正直、真正且正确之道的人。他行走中道，避开两端；他行走在导向灭尽烦恼之道。培育了知一切生起的究竟法的正见时，即使是培育了知与贪或瞋相应的不善心的正见时，由于他能够以观智观照那些不善行法为无常、苦、无我，他是在行走中道。如果一直行走中道，我们就能够在日常生活里培育正见，无论我们是在笑或哭，是在生气或布施。如果观照每一个行法为无常、苦、无我，我们将会学到真谛，将会学到每一种究竟法都是因缘和合而生起的，是无我的。

之前我们提到《清净道论》对不真诚的解释，说到该位比丘走、站、坐、躺得好像心很定。有人可能会相信他心很定地在做那些事。心很定地做事是善法，但在此并不是，因为他假装成比他实际上还要好。

有明记究竟法的正念时，我们可以知道所呈现的心是善心或不善心。我们将会了解自己，因此变得更加真诚。行走中道之人对自己诚实，也不伪装成没有烦恼。只有在能够如实知见烦恼时才能够灭除烦恼。心所与心的正直性伴随着培育正见的心，协助该心执行其任务。

在此，透过心轻安，只有心变得轻安及轻快、柔软、适业、练达与正直。然而，透过名身轻安，不单只名身变得轻安，色身也变得轻安等等。这是为何世尊在此而不在一切处举出两种心所。（《大疏钞》）（Pm 2.146）

有许多种及许多层次的智慧。研究佛法之后，我们对究竟名色法及业报法则拥有理论上的智慧。以近行定或安止定作为基础，就可以进一步培育智慧，能够拥有亲证究竟名色法及其因的智慧，也就是亲证缘起的智慧。究竟名色法及其因是行法。禅修者必须有系统地观照它们为无常、苦、无我，以便亲证究竟法的智慧变得成熟。成熟时，亲证究竟法的智慧能够开展成至上的智慧，即圣道智与圣果智；圣道智逐阶地灭除一切烦恼。

如实知见诸究竟法是佛教的目标。智慧是指了知在究竟上什么是真实的、什么是不真实的。只要还有身见，我们便不能如实知见诸法。在究竟法上，人、动物与屋子都是不真实的，它们只是想象的对象，组成它们的是名色法或只是色法。在究竟上，名色法是真实的，它们拥有能够透过以近行定或安止定为基础的观智来亲证的自性相。对于培育更高层次、亲证究竟法的智慧，仅只了知究竟法的自性相是不够的；自性相是使得人们能够分别它们之相。必须次第地培育智慧，以便它能够透视有为法的三种共相：无常相、苦相、无我相。这种智慧称为观智，是令人在此生证悟涅槃的圣道智与圣果智生起的助缘。

这种智慧了知究竟法与涅槃的真正本质，能够灭除烦恼，而且只有佛陀能够教导培育它的方法。这种智慧不会自动地生起，而是必须培育的。你不应该错失这大好机会。应该精进修行去了知究竟法的真正本质，以便证悟涅槃。

《法句经》的第21首偈说：

不放逸是不死道，放逸是死路；

不放逸者不死，放逸者犹如早已死去。

34. 无痴（amoha）或慧根（paññindriya）

慧根（paññindriya）：巴利文 paññā 是慧，或如实知见诸法（究竟法）。在此称它为"根"是因为对于如实知见诸法它占了主要的地位。在《阿毗达摩藏》里，慧（paññā）、智（ñāṇa）、无痴（amoha）三者是同义词，观智也包括在慧根这个心所里。

无痴或慧根的特相是透彻知见究竟法的自性相，或准确地透视，犹如神射手所射的箭洞穿目标；作用是犹如油灯一般照亮目标；现起是清楚地视察、清晰地观照；由于佛陀说："有定者能如实知见诸法"，慧的近因是定。

此近因尤其是观智的原因。前面所说的这六对心所与一切美心俱生。对于每一种善心，无论是布施、持戒、修行止禅或观禅，它们都是需要的。它们协助善心及其俱生心所，以便能够有效地实行善法。它们对治欲欲、瞋恨、昏沉与睡眠、掉举与追悔、疑这五盖。这六对心所存在时，诸盖就不能生起，心与心所都健全且善于执行它们的作用。正见是导致培育由这六对代表的一切善素质的缘生法。在阿罗汉道心与果心里，它们达到圆满。

你应以同样的方法辨识第二禅、第三禅与第四禅心路过程中的名法。不单只需要辨识禅那法，你也必须根据相、作用、现起与近因来辨识有善速行与不善速行的六门心路过程。但是我们无法在这一次的开示里讨论这一切。你应该在一位善巧的导师之下学习与修行。现在我要继续解释《大念处经》。

两种身

之前已经解释过了三种身：呼吸身、所生身与名身。

在这三种身当中，呼吸身与所生身合称为色身。因此可以说身有两种，即色身与名身。为什么称它们为身呢？因为它们无法单独生起，必须成群地生起，所以称它们为身。应注意在此"身"（kāya）是指究竟色法之身及究竟名法之身。

1. 内身与外身

你必须观照这些身为身。然而，只观照内在自己的身为身并不足以证悟涅槃，还必须观照外在他人的身为身。为什么呢？因为你不只对内在自己的身有渴爱、骄慢与邪见，对外在他人的身也有渴爱、骄慢与邪见。为了去除对外在对象的渴爱、骄慢、邪见等烦恼，你必须也观照外在的身为身。例如你可能会因为自己的儿子、丈夫或妻子的成就而感到非常骄傲。要去除这样的骄慢，你必须观照外在的这些身为无常。要去除对外在身的渴爱，你必须观照它们为苦。要去除认为有"我的儿子""我的丈夫""我的妻子"这样的邪见，你必须观照外在的身为无我。为什么说外在的身是无常、苦、无我的呢？如果以观智来照见它们，你只会见到究竟名色法而已。它们一生起后就立即坏灭，所以是无常的。它们一直受到生灭的逼迫，所以是苦的。在它们之中没有能让你称为"我的儿子""我的丈夫""我的妻子"这样永远不变的自我存在，所以它们是无我的。如此观照时你就能去除骄慢、渴爱与邪见这三种执着，因此佛陀教导说："如此，他安住于观照内在的身为身、安住于观照外在的身为身。"但是佛陀接着还提到"或安住于观照内在与外在的身为身"，为什么佛陀再加上这一句呢？它的用意是就初学者而言，只用一次静坐的时间观照内在的身为身是不够的，必须以几天甚至几个月的时间来观照。然后他必须观照外在的身为身，这也需要花费几天的时间来观照。如此观照之后，他必须在一次静坐的时间里，交替地观照内在与外在的身为身。观照一、二次是不够的，必须一再重复地观照。唯有如此观照才能降伏骄慢、渴爱与邪见等烦恼。

2. 四个阶段

根据观智的次第，这只是名色分别智（nāmarūpaparicchedañāṇa）而已。此智慧分为四个阶段：

（1）色摄受智（rūpapariggahañāṇa）：观照色法的智慧。

（2）非色摄受智（arūpapariggahañāṇa）：观照名法的智慧。

（3）色非色摄受智（rūpārūpapariggahañāṇa）：同时观照色法与名法的智慧。

（4）名色差别智或名色分别智（nāmarūpavavatthānañāṇa or nāma-rūpaparicchedañāṇa）：分辨名色法的智慧。即分辨在名色法中没有人、我、众生存在，纯粹只有名色法而已。

因此，在这个阶段你必须依下列这四个步骤来修行：1. 观照内在与外在的色法，2. 观照内在与外在的名法，3. 于内在与外在都同时观照名法与色法二者，4. 分辨内在与外在的名色法中都没有人、我、众生存在。这是《大念处经》中所提到观禅的第一个阶段。

三种观智

> 他安住于观照身的生起现象、安住于观照身的坏灭现象或安住于观照身的生起与坏灭现象。

这段经文中包含了三种观智：

缘摄受智（paccaya-pariggahañāṇa）：观照因果关系的智慧。

思维智（sammasanañāṇa）：观照行法的无常、苦、无我三相的智慧。

生灭随观智（udayabbayañāṇa）：观照行法的生灭为无常、苦、无我的智慧。

行法的生灭有两种，即因缘生灭（paccayato udayabbaya）、刹那生灭（khaṇato udayabbaya）。因缘生灭又分为两部分，即因缘生与因缘灭。由于因缘生起，所以五取蕴生起，这是因缘生。由于因缘灭尽无余，所以五蕴灭尽无余，这是因缘灭。

五蕴与名色是同义词。二十八种色法是色蕴。名法中的受是受蕴，想是想蕴，五十种心所是行蕴，六种识是识蕴。色蕴是色法，而受蕴、想蕴、行蕴与识蕴是名法，因此五蕴就是名色。如何观照五蕴或名色的因缘生呢？这是《大念处经》中佛陀教导观禅的第二个阶段。你必须循序渐进，不能跳级。请再次注意必须先修行第一个阶段，即：1. 观照内外的色法、2. 观照内外的名法、3. 观照内外的名色法、4. 分辨内外的名色法没有人、我、众生。如此观照之后，才能修行第二个阶段。

1. 缘起法则

如何观照名色法的因缘生呢？观照内外的名色法之后应当观照离你现在最近的过去名色法，例如在禅坐开始之前的名色法。在禅坐之前，你可以用烛光或水来供佛，然后发愿在来世成为比丘。开始禅坐时，应辨识供佛与发愿成为比丘时的心路过程。这些是最近的名法。它们是业轮转（kammavatta）与烦恼轮转（kilesavatta）。它们依靠其依处色而生起，该依处色是色法。应当像观照外在的名色法那样来观照过去的名色法。能观照离现在最近的过去名色法之后，就再往稍远一些的过去观照。如此紧密地逐渐观照过去的名色法，一直观照到今世投生时的第一个刹那——结生心的时候。

能观照结生心的名色法之后，再往过去观照，就能见到前一世临死时的名色法。那时有三种目标当中的一种出现在你心中。这三种目标就是：业（造业的行为）、业相（该行为的相）、趣相（下一世投生处的相）。

我要举例来说明：有一个禅修者观照前世临死时的名色法，他见到一个人以蜡烛供养佛像这样的业相。这时他必须观照供养蜡烛那个人的名色法。如何观照呢？他必须对那个人的影像有系统地修行四界分别观。见到色聚之后就分析那些色聚，直到照见色聚里的究竟色法。然后必须特别注意观照心脏里的五十四种色法，尤其是心所依处色。如此很容易就能见到有分心。在有分心当中会有不同的目标出现。那时他应当前后来回地观照那些有分心。为什么呢？因为心路过程会出现在有分心之间，如此一再来回地观照时就能观察到那些心路过程。结果他见到前世那个人在供养蜡烛给佛像之前发愿来世要成为修行的比丘。供养蜡烛时的心生起为意门心路过程，每个意门心路过程里有一个意门转向心与七个速行心。意门转向心有十二个名法，即识、触、受、想、思、一境性、命根、作意、寻、伺、胜解与精进。每一个速行心有三十四个名法，即识、触、受、想、思、一境性、命根、作意、寻、伺、胜解、精进、喜、欲、信、念、惭、愧、无贪、无瞋、中舍性、身轻安、心轻安、身轻快性、心轻快性、身柔软性、心柔软性、身适业性、心适业性、身练达性、心练达性、身正直性、心正直性与慧根。这些是善法，缘取业相为目标而生起。在此业相是指"供养蜡烛给佛像"。速行心的三十四个名法称为行。在这些名法当中，思心所是最主要的，思就是业。这些名法生起之后就立即坏灭，因为它们是无常的。然而，它们在他的名色相续流中留下了业力。根据《发趣论》（Patthana）的业缘（kammapaccaya）章，业力称为业。

然后他再观照发愿来世成为比丘时的心路过程。那也是一种意门心路过程。每个意门心路过程里有一个意门转向心与七个速行心。意门转向心有之前所说的十二个名法。每个速行心有二十个名法，即识、触、受、想、思、一境性、命根、作意、寻、伺、胜解、精进、喜、欲、痴、无惭、无愧、掉举、贪与邪见。在速行心的二十个名法当中，无明、爱、取这三项名法最为显著。什么是无明？根据佛陀的教导，我们的身心只是究竟色法与名法。如果我们视它们为纯粹只是名色法，这是正确的。这是观智，是正见。然而，如果我们视它们为男人、女人、比丘或比丘尼，这是错的。这称为无明或愚痴。基于愚痴，他发愿要成为一位修行比丘，这是爱。他执着修行比丘的生命，这是取。无明、爱、取这三项称为烦恼轮转（kilesavaṭṭa），它们能造成生死轮回。

因此总共有五种主因，即无明、爱、取、行、业。

然后他必须观照今世投生时结生心的五蕴。结生心时有三十种色法，分别存在三种色聚当中，即身十法聚、性根十法聚与心色十法聚，它们各含有十种色法。

能观照这三十种色法之后，必须再度观照无明、爱、取、行、业这五种过去因，尤其要注重观照业力。反复地观照前世临死时成熟的业力与今世结生时的三十种业生色法，以便检查这些色法是否由前世那个业力所产生。这是一位禅修者的例子。

（1）缘摄受智

如此修行你就能够轻易地了知在过去世累积的业力产生了你这一世结生刹那时的色蕴。如何观察这种因果关系呢？在这个阶段，你已能观察到依靠心所依处而生起的心能产生许多心生色聚，能观察到心与心生色法之间的因果关系。正如心产生心生色法的情况，同样地，业力能产生业生色法。确定见到业力产生业生色法之后，应当进一步观照：

由于（前世的）无明生起，结生刹那的色法生起；无明是因，结生刹那的色法是果。

由于（前世的）爱生起，结生刹那的色法生起；爱是因，结生刹那的色法是果。

由于（前世的）取生起，结生刹那的色法生起；取是因，结生刹那的色法是果。

由于（前世的）行生起，结生刹那的色法生起；行是因，结生刹那的色法是果。

由于（前世的）业生起，结生刹那的色法生起；业是因，结生刹那的色法是果。

接着也必须观照前世的业力与今世结生时的名法之间的因果关系。然后必须观照前世的业力与今世这一生中所有果报五蕴之间的因果关系。应该特别注意六门的心路过程。观照由于前世的无明、爱、取、行、业生起，所以今世的色蕴等生起；前世的无明、爱、取、行、业是因，今世的色蕴等是果，这是观照行法的因缘生，如此观照的智慧是缘摄受智（paccaya-pariggaha-ñāṇa）。

（2）观缘起的另一种方法

缘起第一法的方式：

①无明缘行；

②行缘识；

③识缘名色；

④名色缘六处；

⑤六处缘触；

⑥触缘受；

⑦受缘爱；

⑧爱缘取；

⑨取缘有；

⑩有缘生；

⑪生缘老、死、愁、悲、苦、忧、恼。一切苦蕴如是生起。诸比丘，这称为缘起。（S 1. 243）

这是缘起第一法。根据这第一法，你可以如此辨识因果：

由于无明生起，行生起；无明是因，行是果；等等。在这一法里，无明与行是现在果报蕴的过去因；果报蕴是识、名色、六处、触与受。

爱、取与业有是未来果的现在因；未来果是生有、生与老死。

如果有无明，就会有爱与取。同样地，如果有爱与取，也就会有无明，因为它们时常相伴地生起。同样地，如果有行，就会有业力；如果有业有，也就是业力，就会有行。根据《发趣论》（Patthana）的业缘（kamma-paccaya）章，行的业力称为业或业有。

因此在第一法里有五个过去因与五个现在果，又有五个现在因与五个未来果。

五个过去因是无明、爱、取、行与业。

五个现在果是识、名色、六处、触与受。

五个现在因是无明、爱、取、行与业或业有。

五个未来果是识、名色、六处、触与受，换句话说就是生、老与死。为什么呢？因为这五果就是果报五取蕴。五取蕴的生时称为生，住时是老，坏灭时是死。

如果你明白这解释，我们希望你也会容易地明白，第一法的含义及第五法的含义是一样的。

无明不是独自生起，而是在心路过程里与相应名法同时生起。行也是如此。因此，辨识无明时，不应只是辨识无明，而应也辨识在过去世的意门心路过程里与它一同生起的相应名法。同样地，辨识行时，不应只是辨识行，而应也辨识在过去世的意门心路过程里与它一同生起的相应名法。我们说意门心路过程是因为五门心路过程中的行不能够产生结生时的果报五蕴。

根据经教法，识、名色、六处、触与受只是果报蕴。如果要详细地了解它们，你应该向一位良师学习。在此我们只能够给予简短的资料。

2. 思维智

五取蕴及它们的因称为行法；它们是观智的目标。你必须观照它们无常、苦、无我的本质，以便能够清楚地知见它们的刹那生灭。如果能见到这一点，你就可以进一步观照它们的因缘生灭。

3. 生灭随观智

（1）因缘生与刹那生

我要以结生色蕴的例子来解释如何观照因缘生。

你必须先如之前所说的辨识过去五因：无明、爱、取、行及业。接着辨识结生刹那的三十种色法。如果见到过去五因，尤其是业力与结生时的业生色法之间的因果关系，你就应该如下地观照因缘生：

由于无明生起，结生色蕴生起。

由于爱生起，结生色蕴生起。

由于取生起，结生色蕴生起。

由于行生起，结生色蕴生起。

由于业生起，结生色蕴生起。

接着观照结生色蕴的刹那生。这称为"刹那生相"（nipphattilakkhaṇa）。见到色蕴之生起的人见到此相。

你必须以同样的方法来观照其余的蕴。记得应该在良师的指导之下修行。在六门心路过程里的每一个心识刹那都有五蕴。你必须逐一地观照每一蕴的因缘生与刹那生。

如此观照因缘生之后，接着应以缘起第一法的方式来观照因缘生，如下：

由于无明生起，行生起。

由于行生起，识生起。

由于识生起，名色生起。

由于名色生起，六处生起。

由于六处生起，触生起。

由于触生起，受生起。

由于受生起，爱生起。

由于爱生起，取生起。

由于取生起，业有生起。

由于业有生起，生有生起。

接着必须观照每一个缘起支的刹那生，即无明、行、识、名色、六处、触、受、爱、取、业有与生有的刹那生。

（2）因与果灭尽无余

教导观照诸行的因缘生之后，佛陀开示说"安住于观照身的坏灭现象"，意思是：他必须观照由于五因灭尽无余，所以五蕴灭尽无余。这种观智称为因缘灭智见（paccayato vaya ñāṇadassana），即能照见因与果灭尽无余的智慧。

什么时候无明、爱、取、行、业五种主因才会灭尽无余呢？根据佛陀的教导，烦恼会在你证悟阿罗汉道时灭尽无余，因此在般涅槃之后就不再有任何果报产生。你的阿罗汉道将会把五因灭尽无余。由于五因灭尽无余，在般涅槃之后一切五蕴就会灭尽无余。你必须尝试知见这种坏灭，因为佛陀在《大念处经》里开示说："他安住于观照身的坏灭现象。"你应该记得在此"身"是指色身与名身。

现在你还不是阿罗汉。你会在什么时候证悟阿罗汉道呢？是今生还是未来世呢？如果你具备充分的波罗蜜，而且持续精进地修行，你就可能在今生证悟阿罗汉道。即使在今生证悟，然而从刹那生灭的角度来看，那时对现在而言也称为未来。如果你将在来生证悟阿罗汉道，那么来生也是你的未来。在你证悟阿罗汉道的那个未来时候，无明、爱、取、行、业这五种因会灭尽无余。由于这五种因灭尽无余，所以般涅槃时五蕴灭尽无余。你必须照见到那两种坏灭。这种观智称为坏灭智见（vaya ñāṇadassana），即能照见因与果灭尽无余的智慧。

（3）因缘灭与刹那灭的观法

我要举一个例子来解释如何依照缘起第五法来观照诸蕴的因缘灭与刹那灭。能够观到前面所说的两种坏灭时，你必须如此观照：

由于无明灭尽无余，色蕴灭尽无余。

由于爱灭尽无余，色蕴灭尽无余。

由于取灭尽无余，色蕴灭尽无余。

由于行灭尽无余，色蕴灭尽无余。

由于业灭尽无余，色蕴灭尽无余。

接着你必须观照色蕴的刹那灭。

你也必须以同样的方法观照其余诸蕴。在六门心路过程里的每一个心识刹那都有五蕴。你必须以同样的方法观照它们。你应该向一位良师学习。你也应该根据缘起第一法观照缘起支的因缘灭与刹那灭。你应该先观前面所说的两种灭尽无余。如果见到将来证得阿罗汉果时诸因灭尽无余，以及般涅槃后诸蕴灭尽无余，你必须如此观照因缘灭与刹那灭：

由于无明灭尽无余，行灭尽无余。

由于行灭尽无余，识灭尽无余。

由于识灭尽无余，名色灭尽无余。

由于名色灭尽无余，六处灭尽无余。

由于六处灭尽无余，触灭尽无余。

由于触灭尽无余，受灭尽无余。

由于受灭尽无余，爱灭尽无余。

由于爱灭尽无余，取灭尽无余。

由于取灭尽无余，业有灭尽无余。

由于业有灭尽无余，生有灭尽无余。

接着必须观照每一个缘起支的刹那灭，即无明、行、识、名色、六处、触、受、爱、取、业有与生有的刹那灭。

关于这一项，你最好也是在一位良师指导之下修行，因为在你能够证得般涅槃之前，必须以观智详细地亲证许多法。

（4）过去、现在与未来的名色法

如果想以观智直接了知因果关系，你就必须先能观照过去、现在与未来的名色法，否则就无法见到因与果的灭尽无余。讲到这里，你还会说佛陀在《大念处经》中只教导观照现在的名色法而已吗？如果了解佛陀的教导，你就不会那样说。过去、现在、未来的名色法都必须观照，因为它们都是观智的目标。如果不观照过去、现在、未来的名色法，你就无法了知缘起法及观照因果的生灭为无常、苦、无我，那么也就无法脱离生死轮回，因为佛陀在《大因缘经》（D 2.47）里是这么说的。

（5）因缘生灭与刹那生灭

接着佛陀开示说："或安住于观照身的生起与坏灭现象。"这句经文的意思是：你必须观照因缘生灭以及刹那生灭这两者。如何观照呢？你应当观照：由于五种因生起，所以五蕴生起；由于五种因灭尽无余，所以五蕴灭尽无余。这是因缘生灭智见（paccayato udayabbaya ñāṇadassana）。然后应当观照五种因一生起后就立即坏灭，所以它们是无常的；五蕴也是一生起后就立即坏灭，所以五蕴也是无常的。这是刹那生灭智见（khaṇato udayabbaya ñāṇadassana）。在这个阶段，你必须培育这两种智见。

首先，你必须根据缘起第五法来观照结生色蕴的因缘生。接着观照般涅槃之后色蕴的因缘灭，也就是说由于证悟阿罗汉道时诸因灭尽无余，色蕴灭尽无余。照见这两种灭尽无余之后，再如下地观照：

由于无明生起，结生色蕴生起；由于无明灭尽无余，般涅槃之后色蕴灭尽无余；无明无常，色蕴也无常。

由于爱生起，结生色蕴生起；由于爱灭尽无余，般涅槃之后色蕴灭尽无余；爱无常，色蕴也无常。

由于取生起，结生色蕴生起；由于取灭尽无余，般涅槃之后色蕴灭尽无余；取无常，色蕴也无常。

由于行生起，结生色蕴生起；由于行灭尽无余，般涅槃之后色蕴灭尽无余；行无常，色蕴也无常。

由于业生起，结生色蕴生起；由于业灭尽无余，般涅槃之后色蕴灭尽无余；业无常，色蕴也无常。

你不可以观照业力为无常，因为业力并非究竟法，它只是行的力量。因此你必须观照行为无常，因为观智的目标是究竟法。同样的观法也适用于其余诸蕴。在六门心路过程里的每一个心识刹那都有五蕴。你必须以同样的方法观照它们，但不应只是观照它们为无常，而应也观照它们为苦与无我。然而，你必须在一位良师指导之下修行，因为可能会有许多疑难处是你自己无法理解的。再者，你也应该根据缘起第一法来观照，如下：

由于无明生起，行生起；由于无明灭尽无余，行灭尽无余；无明无常，行也无常。

由于行生起，识生起；由于行灭尽无余，识灭尽无余；行无常，识也无常。

由于识生起，名色生起；由于识灭尽无余，名色灭尽无余；识无常，名色也无常。

由于名色生起，六处生起；由于名色灭尽无余，六处灭尽无余；名色无常，六处也无常。

由于六处生起，触生起；由于六处灭尽无余，触灭尽无余；六处无常，触也无常。

由于触生起，受生起；由于触灭尽无余，受灭尽无余；触无常，受也无常。

由于受生起，爱生起；由于受灭尽无余，爱灭尽无余；受无常，爱也无常。

由于爱生起，取生起；由于爱灭尽无余，取灭尽无余；爱无常，取也无常。

由于取生起，业有生起；由于取灭尽无余，业有灭尽无余；取无常，业有也无常。

由于业有生起，生有生起；由于业有灭尽无余，生有灭尽无余；业有无常，生有也无常。

同样的观法适用于一切缘起支。不应只是观照它们为无常，而应也观照它们为苦与无我。虽然缘起第一法里有从无明到老死这十二支，但是在《无碍解道》（Ps 52）里则只提及从无明到有这十支作为生灭智的目标。为什么呢？究竟法的生时、住时与坏灭时各别称为生、老、死。生、老、死都没有三个阶段，每个都只属于一个阶段，即各别是生时、住时与坏灭时。究竟法无常，因为它们一旦生起就即刻坏灭；因此它们有三个阶段。然而生、老、死都只属于一个阶段，因此不能够观照它们为无常、苦、无我。

有两种"有"（bhava）：业有（kammabhava）与生有（upapattibhava）。果报五蕴称为生有。善或不善思，或行是业；它们也是观禅的目标。根据《发趣论》的"业缘"章，思或行的力量称为业，这不是观禅的目标。在《增支部》（A 2.363）里，佛陀说："思是业。"这是观禅的目标。

为了更加清楚地了解缘起，我要以表来显示因缘关系。有三个表（缘起表1、表2、表3）显示三时里的因与果之间的关系。你必须观照缘起支为无常、苦、无我，直到能够观到的最远一个过去世。对于未来世，你也应该这么做。如果要办到这一点，你必须先尽量辨识最多过去世的因果。辨识未来世的因果时，你必须辨识到最后一个未来世，就是直到般涅槃的时候。只有如此辨识之后，你才能够了解："由于诸因灭尽无余，五蕴灭尽无余。"

你也能够了解：在过去有缘法及缘生法，在未来与现在也有缘法及缘生法。除此之外并无有情或人。有的只是一群行法。观照行法的观智称为"所知遍知"（ñāta-pariññā）。

如此观照诸行的比丘已经在十力佛的教法里置根，已经得到立足处。他是去处已经肯定的小须陀洹（cuḷasotāpanna）。但在获得如此的气候、导师或禅修同伴、食物及听闻有关四圣谛的适当之法，在一次禅坐里，在一节殊胜的时间里，他能透过相续的观智观照诸行法的三相而证悟阿罗汉道果。(《迷惑冰消》)(Smv 242)

缘起表 1

三 时	十二支		二十法与四摄类
过去世	1 2	无明 行	过去五因 1，2，8，9，10
现在世	3 4 5 6 7	识 名色 六处 触 受	现在五果 3~7
	8 9 10	爱 取 有	现在五因 8，9，10，1，2
未来世	11 12	生 老死	未来五果 3~7

缘起表 2

三 时	十二支		二十法与四摄类
第二个过去世	1 2	无明 行	第二过去世的五因 1，2，8，9，10
第一个过去世	3 4 5 6 7	识 名色 六处 触 受	第一过去世的五果 3~7
	8 9 10	爱 取 有	第一过去世的五因 8，9，10，1，2
现在世	11 12	生 老死	现在世的五果 3~7

缘起表 3

三　时	十二支		二十法与四摄类
现在世	1 2	无明 行	现在世的五因 1，2，8，9，10
第一个未来世	3 4 5 6 7	识 名色 六处 触 受	第一未来世的五果 3～7
	8 9 10	爱 取 有	第一未来世的五因 8，9，10，1，2
第二个未来世	11 12	生 老死	第二未来世的五果 3～7

（6）呼吸的因缘生灭

在清楚地见到刹那至刹那间的生灭，如果你观照因果两者为无常、苦、无我，该观智称为"思维智"（sammasanañāṇa）。清楚地见到每一心识刹那的生灭时，该观智称为"生灭智"（udayabbayañāṇa）。

现在我要举出注释对生灭的解释。由于这是有关安般念的章节，注释也只解释与呼吸有关的生灭。

关于"他安住于观照身的生起现象"这句经文，就像依靠铁匠风箱的外壳、风箱的喷口及适当的劳力，空气才能进出风箱。同样地，依靠所生身、鼻孔及比丘的心，呼吸身才能进出鼻孔。所生身等是呼吸身生起的因缘。如此观照就是安住于观照呼吸身的生起现象。

注释的这段解释可能不大容易了解。当你有系统地对呼吸修行四界分别观之后，就能见到色聚。分析色聚之后就能见到九种究竟色法。为什么这九种究竟色法能够生起呢？如果你的身体毁灭了，呼吸能够独自发生吗？不能，没有身体就没有呼吸。如果分析这个身体，你可以见到业生、心生、时节生与食生这四类色法，它们称为所生身。由于所生身的存在，呼吸身才能生起，因此所生身是呼吸身生起的一项因素。再者，如果没有心，呼吸身就无法生起，因此心也是呼吸身生起的一项因素。每一个依靠心所依处生起的心都能够产生呼吸。但心必须与相应心所一同生起。心与心所是四名蕴。所生身与呼吸身是色蕴。因此一共有五蕴。

所生身好比是风箱的外壳，鼻孔好比是风箱的喷口，心好比是适当的劳力。由于所生身、鼻孔与心生起，呼吸才能生起。你必须如此观照生起的现象。在它们当中，心是最主要的因。但心必须依靠所生身而生起。因此，无可避免地所生身也是一个因。这是呼吸的因果关系。

然而，只观照呼吸身的因果关系是不够的，必须也观照五蕴的因果关系，即过去第一世临死时成熟的无明、爱、取、行、业这五种因造成现在世的五蕴，过去第二世临死时成熟的五种因造成过去第一世的五蕴，然后一直更往过去观照下去。同样地，现在世临死时成熟的五种因造成未来第一世的五蕴，然后一直更往未来观照下去。必须如此观照过去、现在、未来的因果关系，直到观到未来你般涅槃的时候。

注释接着解释呼吸身的坏灭现象。关于"安住于观照身的坏灭现象"这句经文，当风箱的外壳被拆除、风箱的喷口破裂或缺乏适当的劳力时，空气就无法进出。同样地，当所生身毁坏、鼻孔破损或心停止作用时，呼吸身就无法进出。因此，由于所生身、鼻孔与心的坏灭，呼吸身也就坏灭。

然后你也必须观照：由于未来无明、爱、取、行、业这五种因灭尽无余，所以未来五蕴也将灭尽无余。这样观照就是安住于观照身的坏灭现象或因缘灭。你也应当观照身的生起与坏灭现象。

4. 上层观智

接着佛陀开示观禅的第三个阶段：

　　或者他建立起"有身"的正念只为了更高的智慧与正念。

　　禅修者透过谨慎的观察而建立起正念。他思维："有身存在，但是没有众生、没有人、没有男人、没有女人、没有自我、没有属于自我之物、没有我、没有我所有、没有他人，也没有属于他人之物。"

　　这是什么意思？这段经文是指从坏灭随观智到行舍智这些上层的观智。如果依照前面谈过的方法来修行生灭随观智，当观智变得锐利的时候，他应当只专注于观照名色法的坏灭。渐渐地，他见不到色聚，而纯粹只见到究竟名色法，并且他不见名色法的生起，而只见到它们的坏灭。那时他见到只有"纯粹的"究竟名色法存在，不见有众生、人、男人、女人、我、属于我所有之物、他人、属于他人之物。他甚至见不到色聚。

　　或者他建立起"有身"的正念只为了更高的智慧与正念。

　　"只为了"是指目的。它在说明：建立正念不是为了其他的目的。那么是为了什么目的呢？只是为了"更高的智慧与正念"。意思是指：只是为了愈来愈广大、深远的智慧与正念。也就是说为了增长正知与正念。

　　如此观照行法时，如果你只见到它们的坏灭，你应该也观照观智为无常、苦、无我。在此观智是指观智最显著的意门心路过程。在每一个速行刹那里，一般有三十四个名法，这些名法称为观智，因为智慧是它们的领导。所以古代论师们说："他以观智知见所知与智两者。"（《清净道论》）（Vs 2.288）

　　5. 关于阿罗汉果

　　当禅修者只见到名色法的坏灭，并且观照它们的坏灭为无常、苦、无我，他的观智就会渐渐成熟。观智成熟时，五根也会成熟，那时他就能证悟道果，他心中会生起取涅槃为目标的道智与果智。持续地修行，最后他就能证悟阿罗汉果。佛陀解释阿罗汉的境界如下：

> 他独立地安住，不执着世间的任何事物。

"他独立地安住"是指：他不依靠邪见、渴爱及无明来安住。"不执着世间的任何事物"是指：不认定色蕴、受蕴、想蕴、行蕴、识蕴为"这是我""这是我的"或"这是我的自我"。为什么呢？因为他的道智完全灭除了邪见、渴爱及无明。因此他能独立地安住，不依靠邪见、渴爱及无明来安住。

以上是修行安般念一直到证悟阿罗汉果的简要解释。如果能如此有系统地修行，并且有足够的波罗蜜，你也可能在今生证悟涅槃。

6. 世间与出世间四圣谛

接着佛陀为安般念这一节作结论说：

> 诸比丘，这就是比丘安住于观身为身的方法。

在安般念这一节当中，观察呼吸的正念及正念的目标五取蕴是苦谛。无明、爱、取、行、业这五种过去因是集谛。苦谛与集谛这两者都不生起是灭谛，这是指涅槃，出世间的灭谛。在培育生灭随观智时，你可以观照到由于五种因灭尽无余，所以般涅槃时五蕴灭尽无余，这两种灭也称为灭谛，然而它们只是由生灭智了知的世间灭谛而已。当你以道智与果智证悟涅槃时，你才了知出世间的灭谛——涅槃。你应当分辨这两种灭谛。（Vs 2.267）

了知苦谛、舍弃集谛、以灭谛为目标的正道是道谛。在这里也必须分辨世间的道智与出世间的道智。世间道智能见到五蕴，这是了知苦谛的观智；它也能见到苦的因，这是了知集谛的观智；它也能见到由于五种因完全灭尽所以般涅槃时五蕴完全灭尽，这是了知灭谛的观智。世间道是指观智的道支而言。正见是观智。正思维、正精进、正念与正定这四支会与它相应地生起。在修行之前，你必须先持戒，那就是具备了正语、正业与正命这三支。因此总共是八世间道分。

禅修者有时必须观照观智本身也是无常、苦、无我。那时他了知世间的道谛。因此世间正见能了知世间的四圣谛。

出世间八圣道分与圣道智、圣果智同时生起，它们都以涅槃作为目标。那时，正见了知涅槃，正思维将心投入涅槃，正念对涅槃明记不忘，正精进努力于了知涅槃，正定专注于涅槃，正语、正业、正命这三项也同时存在。这是出世间的八圣道分。为什么在禅修者证悟涅槃的时候，正语、正业、正命这三项也同时存在呢？因为圣道智灭除了能造成邪语、邪业、邪命的烦恼，因此正语、正业、正命这三项自动地存在。

如此精勤地修行四圣谛之后，就能达到寂静。这是致力于修行安般念的比丘的解脱之道。

（十五）佛陀解释自己的四圣谛体验

在《转法轮经》中，佛陀解释他自己对四圣谛的亲身体验。他如何解释呢？请看经文：

> 诸比丘，当我思维着"此是苦圣谛"时——这是前所未闻之法，我的心中生起彻见（cakkhu 眼）、生起智（ñāṇa）、生起慧（paññā），生起明智（vijjā 明），生起光明（āloko）。

"生起光明"是指生起智慧之光。智慧之光如何产生呢？佛陀强调说，智慧之光特别是产生于他证悟涅槃之时。当他以道心（magga-cit-ta）与果心（phala-citta）体证涅槃时，这两种心都产生了许多称为色聚的微小粒子。每一粒色聚里都含有好几种色法，其中一种是颜色（vanna）。道心与果心所产生的每一粒色聚里的颜色都很明亮。再者，这些心生色聚里的火界能产生许多新的色聚；每一粒新色聚里的颜色也都是很明亮的。由火界产生的色聚称为时节生色聚。这些时节生色聚里颜色的光明不只是散布在身体内而已，也会散布到身体外面，因此内在与外在都有光明产生，这种光明称为智慧之光。当佛陀证悟涅槃时，他的心中生起智慧之光。

在此经中，"彻见""智""慧"及"明智"是同义词，都是指佛陀了悟四圣谛的四道智与四果智。

证悟涅槃之前，菩萨以色七法及非色七法观照诸行法为无常、苦、无我。最后他着重于观照缘起支为无常、苦、无我。（Vs 2.253 – 264；DA 2.137）菩萨的这种观智也同样地产生光明，这与佛陀的智慧之光类似。

佛陀的阿罗汉道智与果智产生一切知智。一切知智也产生超越天神的光明的无量光明。这也是佛陀的智慧之光。（SA 3.329）

同样的道理，当你证悟涅槃时，也必须有智慧之光存在。如果你自认为已经证悟涅槃，但是却无法见到智慧之光，那么你所体验的并不是真正的涅槃。我并不是说涅槃有光，而是体证涅槃的道心与果心能产生明亮的色聚。此光明称为智慧之光，而非涅槃之光。

再者，你也应记住佛陀以他直观的智慧——道智——来了知苦谛。什么是苦谛呢？佛陀已经如此解释："简单地说，五取蕴是苦。"佛陀已经在修行观禅时透视了五取蕴。同样地，在你修行观禅时，也应当透视五取蕴。如果不能了知五取蕴，就无法得到观智。如果在不了知五取蕴的情况下修行观禅，那么你的观智是很肤浅的，不是真正的观智。

佛陀了知五取蕴是苦谛。同样地，如果你已经证悟涅槃，成就须陀洹等果位，你必定也已经了知五取蕴是苦谛。如果你还不了知五取蕴是苦谛，就不可能成为须陀洹或任何圣者。

我想再稍作解释：举色取蕴为例。根据佛陀的教导，色法以色聚微粒的形态生起。唯有当你能有系统地分析色聚时，才能照见色聚里的究竟色法。在修行观禅时，如果无法见到色聚或见到后无法分析它们，就无法照见究竟色法（paramattha-rūpa）。如果不了知究竟色法就修行观禅，那只是肤浅的修行法，不是真正的观禅。

苦圣谛

佛陀继续开示说：

> 诸比丘，当我思维着"此苦圣谛应当被了知"时——这是前所未闻之法，我的心中生起彻见，生起智，生起慧，生起明智，生起光明。

> 诸比丘，当我思维着"此苦圣谛已经被了知"时——这是前所未闻之法，我的心中生起彻见，生起智，生起慧，生起明智，生起光明。

因此关于苦谛，佛陀教导三种智慧：

1. 必须了知此是苦谛。这称为谛智（sacca-ñāṇa），即了知真理的智慧。

2. 必须明了此苦谛是应当被了知的。这称为作智（kicca-ñāṇa），即明白自己有义务要了知苦谛法。

3. 必须明了此苦谛已经被你了知。这称为已作智（kata-ñāṇa）。佛陀本人已经了知五取蕴是苦谛。

苦集圣谛

接着佛陀以同样的三种方式教导集谛（苦的因）：

> 再者，诸比丘，当我思维着"此是苦集圣谛"时——这是前
> 所未闻之法，我的心中生起彻见，生起智，生起慧，生起明智，生
> 起光明。

由于大悲心的缘故，我们的菩萨以四阿僧祇与十万大劫以上的时间不惜生命地积累了无量的波罗蜜。尽管如此，他对佛陀的生命仍然有轻微的执着，因为他知道成佛后将能帮助众生解脱生死轮回。

根据《法聚论》（Dhammasaṅganī）的注释《殊胜义注》（Aṭṭha-sālinī），造成我们的菩萨最后这一世果报五蕴的业力乃是他前一世临死时成熟的慈心观善业力；那是尚未达到慈心禅之前强而有力的善法。那时他发愿要成佛：将佛陀认定为佛陀（认为有佛陀的实体存在，而不认定那只是究竟名色法的组合而已）是无明；由于那无明，他发愿成为佛陀是爱；他执着佛陀的生命是取；强而有力的慈心观善业是行；那些行遗留下来的力量（业力）是业。如此的无明、爱、取、行、业是五项过去因。佛陀了知这五项过去因是他的集谛（苦的因）。这是谛智。

在你修行观禅时，也必须了知苦的因，特别是指必须了知缘起法，以观智照见因果关系。如果不了知缘起法，就不能证悟涅槃，因为集谛是四圣谛中的一项。

佛陀继续开示说：

> 诸比丘，当我思维着"此苦集圣谛应当被断除"时——这是
> 前所未闻之法，我的心中生起彻见，生起智，生起慧，生起明智，

生起光明。

无明、爱、取是苦的因，必须以观智和道智来灭除它们。如果能完全灭除这些烦恼，那么你的一切未成熟业力就不能产生任何果报。业力只有在无明、爱、取的帮助下才能结成果报；如果没有无明、爱、取的帮助，业力就无法结成果报。因此，"此苦集圣谛应当被断除"这句话是指应当以观智和道智来完全灭除烦恼。这是作智，意思是了知应当做之事的智慧。你应当做什么呢？应当灭除烦恼。根据注释的解释，你应当"杀死"烦恼。这是指应当将烦恼灭尽无余。

佛陀继续开示说：

> 诸比丘，当我思维着"此苦集圣谛已经被断除"时——这是前所未闻之法，我的心中生起彻见，生起智，生起慧，生起明智，生起光明。

这是已作智，意思是了知已经完成之事的智慧。佛陀已经完成了什么呢？佛陀已经灭除或杀死了烦恼。因此在集谛中有谛智、作智及已作智这三种智慧。在修行观禅时，你必须了知集谛；这是谛智。你必须明了此苦因是应当被灭除或被杀死的；这是作智。当你证悟涅槃时，你的道智会逐步地彻底灭除烦恼，尤其是贪爱（集谛）。那时你就会明了自己已经灭除或杀死了集谛法（苦因）；这是已作智。

苦灭圣谛

同样地，佛陀以三种方式教导灭谛如下：

> 再者，诸比丘，当我思维着"此是苦灭圣谛"时——这是前

所未闻之法，我的心中生起彻见，生起智，生起慧，生起明智，生起光明。

这是谛智，意即佛陀了知此是灭谛——苦的灭尽。佛陀是如何灭苦的呢？当他修行观禅时，他的观智了知所有的苦谛法（五取蕴）与集谛法（十二缘起支）为无常、苦、无我。如此修行观禅达到终点时，他证悟了涅槃。证悟涅槃时，他照见五取蕴与十二缘起支的灭尽无余。

佛陀接着开示说：

诸比丘，当我思维着"此苦灭圣谛应当被证悟"时——这是前所未闻之法，我的心中生起彻见，生起智，生起慧，生起明智，生起光明。

这是作智——了知应当做之事的智慧。在你修行观禅时，应当努力于证悟涅槃（灭谛）。

接着佛陀开示已作智：

诸比丘，当我思维着"此灭圣谛已经被证悟"时——这是前所未闻之法，我的心中生起彻见，生起智，生起慧，生起明智，生起光明。

这是已作智——了知已做之事的智慧。佛陀已经做了什么事呢？他已经证悟了涅槃；他了知自己已经证悟涅槃。当你修行观禅到证悟涅槃时，也会了知自己已经证悟涅槃。

导致苦灭的道圣谛

然后佛陀以三种方式解释道谛：

再者，诸比丘，当我思维着"此是导致苦灭的道圣谛"时——这是前所未闻之法，我的心中生起彻见，生起智，生起慧，生起明智，生起光明。

当佛陀证悟时，他了知八圣道分是导致苦灭的修行方法或道路。同样地，在你修行观禅时，也应当努力了知八圣道分是导致苦灭的修行方法或道路，这是谛智。

接着佛陀开示作智：

诸比丘，当我思维着"此导致苦灭的道圣谛应当被修行"时——这是前所未闻之法，我的心中生起彻见，生起智，生起慧，生起明智，生起光明。

修行观禅时，你必须修行八圣道分；这是导致苦灭之道。我要稍加解释：修行观禅时，首先你必须了知五取蕴（苦谛）；其次必须了知苦的因（集谛），尤其是缘起支。这些苦谛法与集谛法称为行法。它们生起后就立刻坏灭，因此是无常的。它们受到不断生灭的逼迫，因此是苦的。在它们之中没有稳定的自我存在，因此是无我的。如此修行称为观禅。那时，透视这些行法无常、苦、无我三相的是正见；将心投入行法三相的是正思维；为了透视行法三相而付出的努力是正精进；对行法三相明记不忘是正念；专注于行法三相是正定。如此总共是五项圣道分。

修行到坏灭随观智时，你必须观照所知（ñāta）与能知（ñāṇa）都是无常、苦、无我。所知是指五取蕴或行法；能知是指观智。观智以心路过程的形态生起，在此心路过程中有一个意门转向心及七个速行心。在意门转向心刹那中有十二个名法，而在每一个速行心刹那中通常有三十四个名法。在这三十四个名法当中，上述的五项圣道分是最显著的名法。你必须观照此能知的观智也是无常、苦、无我。那时你就能轻易地照见这五项圣道分，它们就是导致苦灭之道，因为那时你已经透过生灭随观智清楚地了知"由于五种因灭尽无余，所以五蕴也会灭尽无余。"

八圣道分里有八个道分。至此我已经解释了五个道分。在修行观禅之前，你已经先持守别解脱戒或十戒、九戒、八戒、五戒，那就包含了正语、正业与正命这三项圣道分。正语、正业与正命也是以心路过程的形态与相应名法同时生起，因此你也应当观照它们为无常、苦、无我。总共有八项圣道分，这些是你必须修学的。

在观禅的末端，当你证悟涅槃时，八项圣道分都同时存在，你必须了知它们。如何了知呢？你必须先以果定智（phalasamāpatti-ñāṇa）了知涅槃，出定后检查在果定中的名法。如果你一再地练习，就能照见果定中的名法：如果你在观照欲界法或初禅法为无常、苦或无我时证悟涅槃，你的道智与果智中都各有三十七个名法。在这三十七个名法里，八项圣道分都包括在其中。然而，如果你在观照第二禅法为无常、苦或无我时证悟涅槃，你的道智与果智中都各有三十六个名法。这三十六个名法中包含七项圣道分，因为少了正思维这项圣道分。

佛陀接着开示已作智：

> 诸比丘，当我思维着"此导致苦灭的道圣谛已经被修行"时——这是前所未闻之法，我的心中生起彻见，生起智，生起慧，生起明智，生起光明。

因此你也必须照见自己已经修行了八圣道分。如果无法照见八圣道分，那么你就不可能已经证悟涅槃。有两种八圣道分：世间的与出世间的。若欲证悟圣果，无论是成为须陀洹、斯陀含、阿那含或阿罗汉，这两种八圣道分你都必须修行。

如此，四谛的每一谛中都各有谛智、作智及已作智这三种智慧，总共有十二种智慧。

无上圆满正觉

佛陀继续开示说：

> 诸比丘，只要我对这三转十二相四圣谛的如实知见还不十分清净时，我就还不向拥有诸天、魔与梵天、诸沙门与婆罗门、诸天与人的世间宣称证悟无上圆满正觉。
>
> 然而，诸比丘，一旦我对这三转十二相四圣谛的如实知见完全清净，那时，我就向拥有诸天、魔与梵天、诸沙门与婆罗门、诸天与人的世间宣称证悟无上圆满正觉。知见在我的心中生起，我了知：我的解脱是不可动摇的，这是我的最后一生，我将不再有未来的投生。

以这三转十二相来了知四圣谛的智慧在他证悟阿罗汉果之后生起。佛陀的阿罗汉道智与一切知智（sabbaññutā-ñāṇa）同时生起。同样地，当你修行观禅达到了知四圣谛的阶段时，也必须以这三转十二相来了知四圣谛。在每一谛的三种智慧当中，谛智是最重要的。作智与已作智只在证悟之后才产生。

（十六）憍陈如尊者

经文继续说：

> 世尊如此说时，五比丘对世尊的话感到欢喜与欣悦。

佛陀所做的开示到此结束。但是《转法轮经》的经文尚未结束，还列出听经之后的一些结果。经文继续如下：

> 世尊开示完后，憍陈如心中生起清净无染的法眼，他见到：一切有生起本质之法必定有灭。

这特别是对生灭随观智（udayabbaya-ñāṇa）而言；生灭随观智能照见因缘生灭与刹那生灭。听完《转法轮经》之后，憍陈如尊者证悟须陀洹果，那时他心中的生灭随观智非常稳固。那是什么样的智慧呢？就是了知"一切有生起本质之法必定有灭"的智慧。每一位须陀洹圣者必定已经透彻地了知五蕴（苦谛）与缘起（集谛），也必定已经了知它们是"行法"或"缘生法"（samudaya-dhamma 依靠因缘和合而生之法），具有不断生灭的本质。知见这些行法生灭的观智称为"刹那生灭智"（khaṇato udayabbayañāṇa）。他也必须观照：由于诸因生起，五蕴生起；由于诸因灭尽无余，五蕴灭尽无余。这种观智称为"因缘生灭智"（paccayato udayabbayañāṇa）。这两种智慧必须很稳固。为什么呢？因为当须陀洹道智了知涅槃时，涅槃能使禅修者的心冷静下来。在涅槃的帮助之下，他的道智去除了覆盖四圣谛的无明。那无明由于须陀洹道智而消失，因此他照见"一切有生起本质之法必定有灭"的智慧非常稳固。在此，我并不是指须陀洹道智使所有的无明消失，而是指使覆盖四圣谛的无明消失而已，因为无明完全消失只在证得阿罗汉道时才能办到。

有人可能会问：为什么憍陈如尊者能够如此快速地证果呢？我们必须考虑他过去生所积累的波罗蜜。从胜莲华佛（Buddha Padumuttara）的时代开始算起，他已经修积波罗蜜十万大劫之久。对于具备如此深厚波罗蜜的人，当他们证悟圣果时，也得到了四无碍解智（paṭisambhidāñāṇa）。得到无碍解智的五项因素前面已经谈过，尤其是必须曾经在过去佛的教化期中修行观禅达到行舍智这一项。由于过去的这些波罗蜜，当他们听闻有关四圣谛的法时，尤其是有关苦谛法与集谛法的开示时，他们能快速地了悟苦谛法与集谛法为无常、苦、无我。

闻随行经

在《增支部》（Aṅguttara Nikāya）的《闻随行经》（Sotānugata Sutta）中，佛陀讲述解行并重的比丘有四种结果。这样的比丘背诵佛陀的教导，并且实际地修行观禅达到行舍智。然而，他在还未证悟涅槃之前就死亡了。他的临死速行心（maraṇāsanna javana：一生当中最后一个速行心）取行法的无常、苦或无我本质为目标而生起。死后他投生于天界。他的天界结生心、有分心与死亡心也都取同样那个本质为目标。例如，如果前世的临死速行心取行法的无常本质为目标，投生天界后的这三种心也同样都取行法的无常本质为目标。取苦本质与无我本质为目标时也是同样的道理。在这三种心当中，有分心（生命相续流）是最重要的。由于他在作天神这一生中所有的有分心都以行法的本质为目标，因此行法的本质经常存留在他的心中，他能很容易地了知。正因为如此，只要一思维行法的本质，他能够快速地证悟涅槃。这是第一种结果。

第二、三种结果：即使他在天界时未能主动地修行止禅与观禅，但是当他听闻有神通而到天界说法的比丘说法时，或者听闻说法天神说法时，他能够快速地忆起行法。当他观照行法为无常、苦或无我时，就能快速地证悟涅槃。

第四种结果：如果他没有机会听法，但是前世一同修行而且比他先投生天界的朋友会提醒他。那时如果他观照行法为无常、苦或无我，就能快速地证悟涅槃。

憍陈如尊者的情况属于第二种。由于他曾在过去佛（尤其是胜莲华佛）的教化期中修行止观达到行舍智阶段，所以当他听闻《转法轮经》（有关四圣谛的法）时能够快速地证悟涅槃。

天神欢呼

经中继续说：

当世尊如此转法轮之时，地神发出叫唤："世尊在波罗奈仙人坠处的鹿野苑转无上法轮，此转法轮不是任何沙门、婆罗门、天神、魔、梵天或世间的任何人所能阻止的。"

当四天王天的众天神听到地神的叫唤时，他们也发出叫唤："世尊在波罗奈仙人坠处的鹿野苑转无上法轮，此转法轮不是任何沙门、婆罗门、天神、魔、梵天或世间的任何人所能阻止的。"

当忉利天……夜摩天……兜率天……化乐天……他化自在天……梵众天的众天神听到诸天神的叫唤时，他们也发出叫唤："世尊在波罗奈仙人坠处的鹿野苑转无上法轮，这法转不是任何沙门、婆罗门、天神、魔、梵天或世间的任何人所能阻止的。"

就在那个刹那，那个当下，那个瞬间，叫唤之声传遍了整个梵天。一万个世界系一再地摇动、震动、颤动，并且有广大无边、超越诸天威神的殊胜光明现起。

于是，世尊说出这句有感而发的话："憍陈如确实已经明白了，憍陈如确实已经明白了。"这就是憍陈如得到其名号"明白的憍陈如"（Aññāsi-Koṇḍañña）之由来。

其余的四位比丘（跋提迦、卫跋、摩诃那摩、阿说示）属于第四种人。这就是说，佛陀必须一再地教导他们如何观照五蕴及缘起，然后教导他们如何观照这些行法无常、苦、无我的本质。佛陀每天都教导他们，他们才每天有一位证悟须陀洹果。

憍陈如在听闻《转法轮经》而证得须陀洹果之后，即刻请求出家。佛陀以如此的话表达同意：

> 善来，比丘，法已善说，善修梵行以灭尽一切苦。

这是憍陈如尊者受比丘戒的情况。随后跋提迦、卫跋、摩诃那摩及阿说示也逐日地证悟须陀洹果，并且以同样的方式得到比丘戒。

（十七） 如何灭除痛苦

你想脱离痛苦吗？如果想离苦，请聆听《谛相应·重阁经》（Kūṭaghāra Sutta, Sacca Saṁyutta）：

> 诸比丘，若有人如此说："不必如实地彻见苦圣谛，不必如实地彻见苦集圣谛，不必如实地彻见苦灭圣谛，不必如实地彻见导致苦灭的道圣谛，我就能究竟离苦"——这是不可能的。
>
> 诸比丘，就像有人如此说："不需要建筑楼房的下层，我就能建筑上层。"这是不可能的。同样地，若有人如此说："不必如实地彻见苦圣谛，不必如实地彻见苦集圣谛，不必如实地彻见苦灭圣谛，不必如实地彻见导致苦灭的道圣谛，我就能究竟离苦"——这是不可能的。
>
> 然而，诸比丘，若有人如此说："如实地彻见苦圣谛，如实地彻见苦集圣谛，如实地彻见苦灭圣谛，如实地彻见导致苦灭的道圣谛之后，我就能究竟离苦"——这是可能的。
>
> 诸比丘，就像有人如此说："建筑了楼房的下层之后，我就要建筑上层。"这是可能的。同样地，若有人如此说："如实地彻见

苦圣谛，如实地彻见苦集圣谛，如实地彻见苦灭圣谛，如实地彻见导致苦灭的道圣谛之后，我就能究竟离苦"——这是可能的。

因此，诸比丘，应当精勤于了知："这是苦"；应当精勤于了知："这是苦的原因"；应当精勤于了知："这是苦的息灭"；应当精勤于了知："这是导致苦灭之道"。

如果想解脱生死轮回，最重要的是要了知四圣谛。佛陀在《相应部·边际村经》（Koṭigāma Sutta, Saṃyutta Nikāya）中很清楚地显示这一点：

一时世尊住在跋耆族的边际村。那时世尊如此对诸比丘说："诸比丘，正是由于不了知、不彻见四圣谛，因此你我一直在此长久的轮回中流转、徘徊。是哪四项（圣谛）呢？

诸比丘，正是由于不了知、不彻见苦圣谛，因此你我一直在此长久的轮回中流转、徘徊。正是由于不了知、不彻见苦集圣谛，因此你我一直在此长久的轮回中流转、徘徊。正是由于不了知、不彻见苦灭圣谛，因此你我一直在此长久的轮回中流转、徘徊。正是由于不了知、不彻见导致苦灭的道圣谛，因此你我一直在此长久的轮回中流转、徘徊。

诸比丘，那苦圣谛已经被了知与彻见；那苦集圣谛已经被了知与彻见；那苦灭圣谛已经被了知与彻见；那导致苦灭的道圣谛已经被了知与彻见；对于存在的贪爱已经被切断，通向存在的渠道已经被毁灭，已经不会再有来生。"

这是世尊所开示的话。如此开示之后，善逝大师又如此说：
由于不如实

彻见四圣谛

我等长久地

流转种种生

今圣谛已见

有渠已切断

断除苦之根

更不复再生

无我相经

（Anattalakkhaṇa Sutta）

本经是佛陀成道后在人间开示的第二部经，开示的时间是在佛陀成道后第一次雨季安居的第五天，亦即在佛陀开示《转法轮经》之后第五天。

大家应当了解：那时五比丘都已经成为须陀洹，能够以须陀洹道智透彻地了知四圣谛，尤其是苦谛法——五取蕴。

何谓五取蕴？即色取蕴、受取蕴、想取蕴、行取蕴及识取蕴。色取蕴包括会成为执取之目标的过去、现在与未来、内在与外在、粗与细、低劣与优胜、远与近的这十一种色法。同样的道理，会成为执取目标的十一种受被称为受取蕴，会成为执取目标的十一种想被称为想取蕴，会成为执取目标的十一种行被称为行取蕴，会成为执取目标的十一种识被称为识取蕴。这十一种五取蕴是苦谛法。五比丘能以观智与道智透彻地了知它们。

再者，他们也透彻地了知集谛法，即必须观照缘起，了知因果关系。苦谛法与集谛法称为行法（saṅkhāra-dhamma）。他们能轻易地观照行法为无常、苦、无我。正因为如此，所以他们在听完《无我相经》之后能证悟阿罗汉果。

他们具备快速证悟的近因与远因这两项因素：他们已经在那一生

中修行观禅，证得须陀洹果，这是近因。在过去佛的教化期中，他们已曾观照苦谛法与集谛法为无常、苦、无我，达到行舍智的阶段，这是远因。在这两种因素的支持下，他们能够快速地证悟阿罗汉果连同四无碍解智。这些是他们的证悟的因素与情况。

且让我们看经文：

（此经）讲于波罗奈附近的鹿野苑。

那时，世尊告诉五比丘说：

> 诸比丘，色不是我。诸比丘，如果色是我，那么色就不会遭遇疾病，而且人们可以控制色，说道："让色成为这样，不要让色成为那样。"然而，诸比丘，因为色不是我，所以色会遭遇疾病，人们不能控制色，说道："让色成为这样，不要让色成为那样。"

色法的这种无我本质是"不自在"（avasavattanaka），即色法不会依个人或自我的意愿而生起；它们由于因缘和合而生起，由于因缘坏灭而坏灭。接着佛陀教导其余的四蕴如下：

> 受不是我。诸比丘，如果受是我，那么受就不会遭遇疾病，而且人们可以控制受，说道："让受成为这样，不要让受成为那样。"
>
> 想不是我……
>
> 行不是我……
>
> 识不是我。
>
> 诸比丘，如果识是我，那么识就不会遭遇疾病，而且人们可以控制识，说道："让识成为这样，不要让识成为那样。"然而，诸比丘，因为识不是我，所以识会遭遇疾病，人们不能控制识，说

道：“让识成为这样，不要让识成为那样。”

因此五蕴都是不自在的，不是我们所能控制的。这是它们的无常本质。

然后佛陀以问答的方式来开示，这称为“记说”（veyyākaraṇa）：

"你们认为如何，诸比丘，色是常的或无常的呢？"
"无常的，世尊。"

从这个问答当中，我们可以看出五比丘已经彻底地照见色法并且了知色法是无常的，因此当佛陀问他们说"色是常的或无常的？"他们能够轻易地回答说"无常的"。那时他们能以观智清楚地照见色法的无常本质。如果还未照见色法的无常本质，他们就不可能那样回答。因此，如果你想要证悟须陀洹果乃至阿罗汉果，你也必须亲身以观智透彻地了知色法的无常本质。

依据佛陀的教导，色法以微粒的形态生起。这些微粒称为色聚，它们可能比原子更小。你必须有系统地修行四界分别观，才能照见这些色聚。当你照见色聚时，会发现它们一生起后就立刻坏灭。然而此时还不应观照它们为无常，因为你还未彻底地破除色法的密集。你必须分析各种色聚，以透视其中的究竟色法。你会发现每一粒色聚里至少含有八种色法，即地界、水界、火界、风界、颜色、香、味、食素。有些色聚含有九种色法，即前面八种加上命根色（jīvita）。有些色聚含有十种色法，即前面这九种加上净色（pasāda-rūpa）或性根色（bhāva-rūpa）或心所依处色（hadaya-rūpa 心色）等。唯有当你能如此分析色聚之后，才能透视到其中的究竟色法，然后才能观照它们的刹那生灭为无常。那时你能轻易地照见它们的无常本质。

色法总共有二十八种，其中十八种是真实色法，它们是观智的目标；其余的十种是非真实色法，它们不是观智的目标①。然而，在你观照色法时，真实色与非真实色都必须观照，因为若不观照非真实色，就无法照见真实色。举例而言，若不观照空间（ākāsa），你就无法照见色聚。空间是非真实色，而不是真实色。其他非真实色法的情况也应同理类推。

当佛陀问五比丘色法是常或无常的问题时，他们清楚地照见色法是无常的，因此回答说："无常的，世尊。"接着佛陀再问：

"既然是无常的，那么它是苦的还是乐的呢？"

"苦的，世尊。"

他们也照见色法是苦的。是哪一种苦呢？是行苦（saṅkhāradukkha），即受到不断生灭逼迫的苦。如果某物受到不断生灭逼迫，我们能说它是乐的吗？不能。五比丘能轻易地照见色法的苦本质。

佛陀接着问说：

"既然它是无常的、苦的、变化不定的，那么，如此地看待它是否适当：'这是我的；这是我；这是我的自我'？"

"当然不适当，世尊。"

色法一生起后就立刻坏灭，因此它们是无常的；它们一直受到生灭的逼迫，因此是苦的；在色法当中没有一个能控制或主宰的稳定自我存在，因此是无我的。由于色法是无常、苦、无我的，所以我们不能说：

---

① 关于"二十八种色法"，是参见本书后面的"附录"。

"这是我的；这是我；这是我的自我"。如果色法中有一个自我存在，那么色法应当能稳定地长久存在。然而，事实上色法一生即灭，因此它们当中没有不变的自我。这就是为何五比丘回答说："当然不适当，世尊。"这个回答意味着他们已经照见色法的无我本质。

根据注释的解释，执着"这是我的"是爱取（taṇhaggāha）；执着"这是我"是慢取（mānaggāha）；执着"这是我的自我"是我取（attaggāha）。

对色法的爱取通常透过认为色法能带来快乐的错觉而产生。当你照见色法受到不断生灭逼迫的这种苦本质时，你就不会说"这是我的"。因此，如果你一再地观照色法为"苦，苦，苦"，达到相当程度时爱取就会消失。观照色法为苦称为"苦随观"（dukkhānupassanā），它与"爱取"互相对立。

对色法的慢取通常透过认为值得骄傲的色法是恒常存在的错觉而产生。当你照见色法为无常时，你就不会说："这是我"，因为它一直在改变。你无法在色法中见到"我"，如此你的骄慢就失去了立足点，因此当你观照色法为无常时，慢取就逐渐消失。这种观法称为无常随观（aniccānupassanā），它与"慢取"互相对立。

对色法的我取通常透过认为色法中有我的错觉而产生。当你照见色法为无常与苦时，就不会说色法中有一个恒常不变的自我存在。借着照见色法的无常本质与苦本质，你观照色法为无我，如此我取就会逐渐消失。这种观法称为无我随观（anattānupassanā），它与"我取"互相对立。

在本经中，佛陀首先解释无常相，接着解释苦相，最后才解释无我相，这是因为无我相很难明白的缘故。在其他经中，有时佛陀先解释无常相，然后解释无我相；有时佛陀先解释苦相，然后解释无我相。在本经中则先解释无常相与苦相，然后才解释无我相。

听闻本经的五比丘能轻易地照见色法为无常、苦、无我。经文继续说：

> 你们认为如何，诸比丘，受是常的或是无常的呢？……
>
> 想是常的或是无常的呢？……
>
> 行是常的或是无常的呢？……
>
> 识是常的或是无常的呢？……

五比丘透彻地照见五蕴，并且了知五蕴为无常、苦、无我。于是佛陀教导他们观禅的五蕴法门如下：

> 因此，诸比丘，对于一切的色，不论是过去的、未来的或现在的，内在的或外在的，粗的或细的、低劣的或高尚的、远的或近的，都应当智慧如实地看待它们："这不是我的；这不是我；这不是我的自我。"

根据《中部·阐陀教诫经》（Majjhima Nikāya, Channovāda Sutta）的注释，"这不是我的；这不是我；这不是我的自我"就是三相；因此如果你观照十一种色法为无常、苦、无我，你就是在观照"这不是我的；这不是我；这不是我的自我"。这两种"三相"的解释法是一样的。

当五比丘在听闻佛陀开示《无我相经》时，他们能依循佛陀的教导而修行，当下观照过去、未来与现在、内在与外在、粗与细、低劣与高尚、远与近的色法，并且交替地观照这十一类色法为无常、苦、无我。他们在听闻佛法的当时就能透彻地修行观禅，了知这三相。

同样的方法也适用于受、想、行、识，因此佛陀开示说：

对于一切的受……

对于一切的想……

对于一切的行……

对于一切的识，不论是过去的、未来的或现在的，内在的或外在的，粗的或细的、低劣的或高尚的、远的或近的，都应当以智慧如实地看待它们："这不是我的；这不是我；这不是我的自我。"

由此可知，五比丘在听闻佛陀开示的当下就能观照十一种五取蕴的三相。

大家应当记得，他们从过去十万大劫以来就曾数度于过去诸佛的教化期中修行这种观禅，这是他们能证悟的一项因素。另一项因素是，自从听闻《转法轮经》之后，他们就能透彻地了知十一种五蕴为无常、苦、无我。他们在五天的时间里一再反复地观照这三相。当他们证悟阿罗汉果的观智成熟时，佛陀为他们开示这部《无我相经》，原因是那时若他们再度观照十一种五蕴为无常、苦、无我，就能证悟阿罗汉果。这是佛陀为他们开示本经的理由。

佛陀继续开示说：

诸比丘，具备如此的认知之后，善学的圣弟子对色厌患、对受厌患、对想厌患、对行厌患、对识厌患。如此厌患之后，他远离欲染。远离欲染之后，他得到解脱。得到解脱之后，生起了如此的智慧："我已经得到解脱。"他了解："生已灭尽，梵行已立，应作皆办，不受后有。"

圣弟子对十一种五蕴感到厌患，因为他清楚地照见五蕴无常、苦、无我的本质。

世尊如此开示时，五比丘对世尊的话感到欣悦与欢喜。此经说完之后，五比丘的心解脱诸漏，了无执着。

在听闻佛陀开示的同时，五比丘当下观照十一种五蕴为无常、苦、无我。当他们的观智逐渐成熟时，他们就以斯陀含道智了悟涅槃，将贪欲与瞋恨的力量削弱。然后他们以阿那含道智了悟涅槃，彻底地灭除了瞋恨与欲界的贪欲。最后他们以阿罗汉道智了悟涅槃，彻底地灭除剩余的所有烦恼，诸如骄慢、愚痴、掉举、昏沉与睡眠、无明。每一种道智都彻底地灭除特定的烦恼。当他们证悟阿罗汉道时，阿罗汉道智彻底地灭除了剩余的一切烦恼，因此他们能"解脱诸漏，了无执着"。若想证得阿罗汉果，你也必须如此修行。

如何实际地修行呢？我想依据《泡沫譬喻经》（Pheṇapiṇḍūpama Sutta）来解释观照十一种五取蕴为无常、苦、无我的方法。请听经文：

一时世尊住在恒河岸边的阿毗陀处（Ayojjhā）。当世尊第一次来到阿毗陀处时，那里的居士供养一座僧寺给世尊及僧团居住。

当世尊居住在那里时，有一天傍晚他从所住的香舍出来，坐在恒河岸边。他见到一大团泡沫顺着河水流过来，心里想："我要讲述关于五蕴的开示。"于是他对围坐在他身边的众比丘说：

"诸比丘，假设恒河上漂着一大团泡沫，一个视力良好的人视察它、深思它、仔细地研究它，于是那团泡沫对此人而言是空的、虚的、没有实体的，因为一团泡沫中哪里能有什么实体存在呢？同样地，诸比丘，无论是哪一种色：过去的、未来的或现在的、内在的或外在的、粗的或细的、低劣的或高尚的、远的或近的，比丘都视察它、深思它、仔细地研究它，于是色对比丘而言是空的、虚的、没有实体的，因为色当中哪里能有什么实体存在呢？"

佛陀说这个譬喻的用意何在呢？

他用泡沫空虚、没有实体的本质来比喻色法（rūpa 物质）空洞、没有实体的本质。如果你修成四界分别观，就会亲自见到我们所执着的这个身体事实上是没有实体与实质的。身体只是由极端微小的粒子构成的集团而已，这种微粒称为色聚（rūpa kalāpa）。而色聚又是由刹那生灭的究竟色法所组成的。就像当我们试着要握住泡沫时，泡沫会立刻破灭，同样地，我们身体里的这些色聚一生起后就立刻解体、消逝。新生起的色聚取代了旧的，然后同样地立刻消逝。正如我们不可能随自己的意愿而塑造泡沫，同样地，构成我们身体的色法也不是我们意志所能控制的，没有恒常的实质或自我存在。事实上色是无常、苦、无我的。

当佛陀见到泡沫顺流而下时，他知道泡沫随时都可能破碎，而且何时破碎是难以预料的。同样地，深思之后我们知道身体终有一天会瓦解、粉碎，而且我们无法控制使它何时发生。正如随着河水漂流的泡沫一般，我们都随着自己的业而在生死轮回中漂流，不知何时生命会结束。既然我们对此事丝毫不能做主，我们又岂能认定色是常或我呢？

色取蕴并不是无因而自然产生的，它们生起之因缘如下：

眼净色、耳净色、命根色等业生色依靠五种过去因（无明、爱、取、行、业）而生起。

心生色依靠受、想、行、识这四种名蕴而生起，而四种名蕴又是依靠心所依处而生起。

时节生色由火界（tejo）所产生，而火界是色蕴当中的一项。

食生色由食素所产生，食素也是色蕴当中的一项。

佛陀就是如此解释色取蕴。佛陀接着开示如下：

诸比丘，假设在雨季最后一个月下雨的时候，大颗的雨滴直线落下，水面上有水泡生起与破裂。一个视力良好的人视察它、深思它、仔细地研究它，于是水泡对此人而言是空的、虚的、没有实体的，因为水泡中哪里能有什么实体存在呢？同样地，诸比丘，无论是哪一种受：过去的、未来的或现在的、内在的或外在的、粗的或细的、低劣的或高尚的、远的或近的，比丘都视察它、深思它、仔细地研究它，于是受对比丘而言是空的、虚的、没有实体的，因为受当中哪里能有什么实体存在呢？

佛陀以这个譬喻来表达什么呢？

受（vedanā）的特相是领受与体验目标（所缘）。受可分为乐受、苦受及舍受这三种。正如水泡是脆弱的、无法掌握的、一生即灭的，同样地，受也是瞬间生灭的、无法被认定为恒常与稳定的。正如水泡在水面上生起，不久即灭，受也是同样的道理，因为一弹指之间就有一万亿个受生灭过去。正如水泡依靠因缘而生起，同样地，受依靠过去与现在的因缘而生起。受赖以生起的过去因缘是什么呢？那就是无明、爱、取、行与业。受的现在因缘是什么呢？那就是依处、目标与接触。受不能独立生起，必须依靠依处、接触目标而与相应的名法同时生起。其余的名蕴——想蕴、行蕴、识蕴——也是同样的道理，都不能独立生起，必须依靠过去与现在的因缘才能生起。

这是佛陀对受取蕴的解释。

佛陀接着开示说：

诸比丘，假设在热季最后一个月里的正午时分，有闪动摇晃的海市蜃楼产生。一个视力良好的人视察它、深思它、仔细地研究它，于是那海市蜃楼对此人而言是空的、虚的、没有实体的，因为海市蜃楼中哪里能有什么实体存在呢？同样地，诸比丘，无论是哪一种想：过去的、未来的或现在的、内在的或外在的、粗的或细的、低劣的或高尚的、远的或近的，比丘都视察它、深思它、仔细地研究它，于是想对比丘而言是空的、虚的、没有实体的，因为想当中哪里能有什么实体存在呢？

佛陀借着这个譬喻来表达什么呢？

想（saññā）的特相是标志及认识目标（所缘），以便再次遇到相同的目标时能够认得它。想就像海市蜃楼一般，因为它是无法达到的、无法掌握的。它只是一种心所，没有真正的实体，依靠因缘条件而变异，对一个人而言是一种情况，对另一个人而言又是另一种情况。一切有为法都是无常、苦、无我及不净的；但是凡夫受到无明的影响，把所见、所闻、所嗅、所尝、所触及所知的目标（所缘）都标志为常、乐、我、净，这称为"颠倒想"（saññāvipallāsa 或想颠倒）。正如海市蜃楼蒙骗大众，同样地，想使人们相信不净、苦、无常的事物是美丽、快乐、恒常的。

这是佛陀对想取蕴的解释。

佛陀继续开示说：

诸比丘，假设一个需要心材、找寻心材、四处寻求心材的人带着一把锋利的斧头进入森林中。他见到一大棵芭蕉树，挺直、新绿、还没有长出果蕾。他从树干的基部将芭蕉树砍倒，砍掉顶端的树叶，然后一层层地剥开树干。当他逐层地剥开树干时，他甚至无法发现软木材，更不用说心材。一个视力良好的人视察它、深思它、仔细地研究它，于是那棵芭蕉树对此人而言是空的、虚的、没有实体的，因为芭蕉树干当中哪里能有什么实体存在呢？同样地，诸比丘，无论是哪一种行：过去的、未来的或现在的、内在的或外在的、粗的或细的、低劣的或高尚的、远的或近的，比丘都视察它、深思它、仔细地研究它，于是行对比丘而言是空的、虚的、没有实体的，因为行当中哪里能有什么实体存在呢？

佛陀借着这个譬喻来说明什么呢？

正如芭蕉树干是许多层鞘的组合体，每一层都有它自己的特相；同样地，行蕴（saṅkhārakkhandha）是许多心所的组合体，每一个心所都有自己的特相与作用。

心所（cetasika）有五十二种①，它们与心（citta）同时生起，同时坏灭，依靠同样的依处，缘取同样的目标，借着执行各自特有的作用来协助心全面地认知目标。在它们当中，受是受取蕴，想是想取蕴，其余的五十种心所是行取蕴。有些心所同在一个心识刹那中生起，但并非所有的心所都是如此。举安般初禅而言，安般初禅里的禅心是色界善心，在每一个心识刹那中有三十四个名法存在。其中的受是乐受，是受蕴；想是对安般禅相的印象，是想蕴；识是认知安般禅相，是识蕴；其余的三十一个心所是行蕴。行蕴当中的思是决定善、不善名法产生果报强弱的最显著因素，即若造业时思愈强，所结成的果报就愈强。此外，行蕴中还包括一般的心所，如一境性与作意；善心所，如信、精进与无贪；不善心所，如愚痴、贪欲、瞋恨、邪见等。由于禅心是善心，因此当中没有不善心所存在。上述这些名法都在同一个心识刹那中生起，然后就消逝无踪，因此它们是无常的。它们依靠过去因缘与现在因缘而生起，而非无端端地生起，因此它们完全没有恒常的自我或主宰的本质。

这是佛陀对行取蕴的解释。

佛陀继续开示说：

_____

① "五十二心所"请参见本书后面的"附录"。

诸比丘，假设一个魔术师或魔术师的学徒在十字路口表演魔术。一个视力良好的人视察它、深思它、仔细地研究它，于是那魔术对此人而言是空的、虚的、没有实体的，因为魔术当中哪里能有什么实体存在呢？同样地，诸比丘，无论是哪一种识：过去的、未来的或现在的、内在的或外在的、粗的或细的、低劣的或高尚的、远的或近的，比丘都视察它、深思它、仔细地研究它，于是识对比丘而言是空的、虚的、没有实体的，因为识当中哪里能有什么实体存在呢？

佛陀举出这个譬喻的含意是什么呢？

识（viññāṇa）的特相是认知目标（所缘）。如果从识会欺骗人、使人生起邪见的角度来看，识就像魔术一样。例如，它带给人如此的错误印象：来来去去、站立坐卧的那个人一直拥有同样的身心。然而，事实上在那些行动当中身心刹那刹那间都在变化，并不是同样的。看时是看时的身心，听时是听时的身心，思考时是思考时的身心，各不相同。这些心识的生起不是意志所能主宰的。我们无法决定："我要看，我要听"等，因为识依靠过去因缘与现在因缘而生起。

例如，当颜色同时撞击眼门（眼净色）与意门（有分心）时，眼识就在眼门心路过程中生起而执行看的作用；眼识生起的过去因是无明、爱、取、行、业；现在因是颜色、眼根（眼净色）、接触、光明与作意。这些只是因缘和合而产生的现象而已，没有一个"我"在操纵看的过程。即使我们决心不使识生起，而刻意地毁坏眼根、耳根、鼻根、舌根、身根，心中还是会有目标出现，因而意识还是会生起。如此，就像其他种取蕴一样，识取蕴也是因缘所生的，没有恒常的自我存在。

我想举例说明：假设有一个人，他亲爱的儿子走失了。由于过度的思念，他会如此想："哦！我可怜的儿子已经死了，好痛苦啊！我的心日夜都充满愁、悲、忧、恼，如此已经过了好几个月，我将不可能再快乐起来。"

又有这样的人，具有丰富的物理学常识，并且以自己的知识为傲。当他与一般人谈论物理学之后，就如此说："哦！我的心力是多么强啊！不像别人的心那样无能，我比别人拥有更丰富的知识与领会。"

为什么人们会那样想呢？因为他们相信心是恒常的，不了解心是依靠过去与现在的因缘而生灭的。

现在，如果有人告诉上述那个悲伤的人说他已经中了一百万元的彩券，他是否还会如此想："我的心充满愁、悲、忧、恼，我将不可能再快乐起来。"我想不会的，因为悲伤与快乐都不是恒常的，只会随着因缘而生灭。

再者，如果上述那个以学识为傲的人与博通哲学的智者谈论哲学时，他是否还会如此说："哦！我的心力是多么强啊！不像别人的心那样无能。我比别人拥有更丰富的知识与领会。"我想不会的，因为当因缘条件改变时，心识就随着改变。

佛陀以五种譬喻分别地解释五蕴，有系统地显示五取蕴当中的每一取蕴都是空虚的、没有实体的、没有本然的自我。既然众生纯粹只是由五取蕴所构成，别无他物，那么众生中哪里能有实质或恒常的自我存在呢？这是佛陀在《泡沫譬喻经》中所开示，观照十一种五蕴为无常、苦、无我的方法。

为了进一步肯定上述的解释，我想引用《中部·小萨遮迦经》（Majjhima Nikāya, Cūḷasaccaka Sutta）当中，萨遮迦所提出的问题及佛陀的答复：

　　沙门乔达摩的弟子如何履行他的教导，听从他的劝告，而在导师的教法中超越怀疑，免离困惑，获得坚信，不需依赖他人？

在此，火吠舍，对于任何种类的色，无论是过去的、未来的或现在的、内在的或外在的、粗的或细的、低劣的或高尚的、远的或近的——我的弟子都以正智如实地这样照见："这不是我的，这不是我，这不是我的自我。"对于任何种类的受……对于任何种类的想……对于任何种类的行……对于任何种类的识，无论是过去的、未来的或现在的、内在的或外在的、粗的或细的、低劣的或高尚的、远的或近的——我的弟子都以正智如实地这样照见："这不是我的，这不是我，这不是我的自我。"这就是我的弟子履行我的教导，听从我的劝告，而在我的教法中超越怀疑，免离困惑，获得坚信，不需依赖他人的方法。

大师乔达摩，比丘如何成为诸漏已尽，梵行已立，应作皆办，已释重担，达到真正目标，毁坏存在的枷锁，透过完全智而彻底解脱的阿罗汉？

在此，火吠舍，对于任何种类的色，无论是过去的、未来的或现在的、内在的或外在的、粗的或细的、低劣的或高尚的、远的或近的——比丘都已经以正智如实地这样照见："这不是我的，这不是我，这不是我的自我。"对于任何种类的受……对于任何种类的想……对于任何种类的行……对于任何种类的识，无论是过去的、未来的或现在的、内在的或外在的、粗的或细的、低劣的或高尚的、远的或近的——比丘都已经以正智如实地这样照见："这不是我的，这不是我，这不是我的自我。"这就是比丘成为诸漏已尽，梵行已立，应作皆办，已释重担，达到真正目标，毁坏存在的枷锁，透过完全智而彻底解脱的阿罗汉之方法。

由佛陀的这两段回答可知，不只是要成为阿罗汉需要观照十一种五蕴的三相而已，要成为须陀洹也必须如此观照。五比丘在听闻《转法轮经》之时与之后都观照十一种五蕴为无常、苦、无我，因而证得须陀洹果。当他们听闻《无我相经》时，再度观照十一种五蕴为无常、苦、无我，因而证得阿罗汉果。若人想成为圣者，就必须以他们作为学习的榜样。

然而，我们不应争辩说《无我相经》当中没有提到五比丘修行了缘起法。事实上，他们在证悟须陀洹果时已经透彻地了知缘起法。在证悟须陀洹果之后的五天当中，他们还是一再地修行缘起法，并且观照苦谛法与集谛法为无常、苦、无我。因此他们在证悟阿罗汉果之前就已彻底地明了缘起法。

若未以直观的智慧了知缘起法，就无法超越疑惑（vicikicchā）。如此就不可能证悟须陀洹果，更不用说阿罗汉果。请聆听《因缘相应·缘经》（Nidāna Saṁyutta, Paccaya Sutta）里的开示如下：

> 诸比丘，何谓缘起？以生为缘，老死（生起）。无论如来出世与否，此道理皆安立，此是法住性（dhammaṭṭhitatā）、法决定性（dhammaniyāmatā）、缘起性（idappaccayatā）。如来证悟此法、现观此法。证悟与现观此法之后，（如来）宣说、教示、告知、设立、开演、解释、阐明此法，说："看！诸比丘，以生为缘，老死（生起）。"
>
> 以有为缘，生（生起）；以取为缘，有（生起）；以爱为缘，取（生起）；以受为缘，爱（生起）；以触为缘，受（生起）；以六处为缘，触（生起）；以名色为缘，六处（生起）；以识为缘，名色（生起）；以行为缘，识（生起）；以无明为缘，行（生起）。无论如来出世与否，此道理皆安立，此是法住性、法决定性、缘起性。如来证悟此法、现观此法。证悟与现观此法之后，（如来）宣

说、教示、告知、设立、开演、解释、阐明此法，说："看！诸比丘，以无明为缘，行（生起）。"

诸比丘，此是真如性、不异如性、真实不异性、缘起性。诸比丘，这称为缘起。

诸比丘，何谓缘起法？诸比丘，老死是无常的、有为的、缘生的、尽法、衰灭法、离贪法、灭尽法；诸比丘，生是无常的、有为的、缘生的、尽法、衰灭法、离贪法、灭尽法；诸比丘，有是无常的、有为的、缘生的、尽法、衰灭法、离贪法、灭尽法；诸比丘，取……爱……受……触……六处……名色……识……行……诸比丘，无明是无常的、有为的、缘生的、尽法、衰灭法、离贪法、灭尽法。诸比丘，这些称为缘起法。

诸比丘，当圣弟子以正智清楚地如实照见这缘起及这些缘起法时，他将不可能（如此地）回溯过去，想着："过去我是否存在？过去我是否不存在？过去我是什么？过去我是如何？过去我原本是什么之后成为了什么？"他也不可能（如此地）预料未来，想着："未来我将存在否？未来我将不存在否？未来我将是什么？未来我将是如何？未来我将是什么之后将成为什么？"他对于现在不可能有如此的内在迷惑："我存在吗？我不存在吗？我是什么？我是如何？（我）这个有情从何而来？将往何去？"

为何（这是不可能的）？诸比丘，因为圣弟子已经以正智清楚地如实照见缘起及缘起法。

若不了知缘起，就无法成为真正的沙门或婆罗门。"沙门"（samaṇa）意即止息烦恼的圣者。"婆罗门"（brahmaṇa）有两种：生婆罗门（jāti-brāhmaṇa）与清净婆罗门（visuddhi-brāhmaṇa）。生婆罗门是由于诞生于婆罗门之家而成为婆罗门；清净婆罗门则是由于灭尽烦恼、心得清净而成为婆罗门。阿罗汉称为清净婆罗门，因为他们已经以阿罗汉道智将烦恼彻底灭除无余。《因缘相应·沙门婆罗门经》（Nidāna Saṃyutta, Samaṇa-Brāhmaṇa Sutta）当中所说的就是指清净婆罗门。以下是其经文：

> 诸比丘，有些沙门或婆罗门不了知老死、老死之因、老死之灭、导致老死灭之道，不了知生……有……取……爱……受……触……六处……名色……识……不了知行、行之因、行之灭、导致行灭之道，我不认为他们是沙门中的沙门，或婆罗门中的婆罗门。这些尊者们无法以亲证的智慧了知（缘起），故无法在今生成就与安住于沙门的目标或婆罗门的目标。
>
> 然而，诸比丘，有些沙门或婆罗门了知老死、老死之因、老死之灭、导致老死灭之道，了知生……了知行、行之因、行之灭、导致行灭之道，我认为他们是沙门中的沙门、婆罗门中的婆罗门。这些尊者们以亲证的智慧了知（缘起），而在今生成就与安住于沙门的目标或婆罗门的目标。

由上述经文的引证中，我们可以了解五比丘在听闻《转法轮经》与《无我相经》时必定都已经以正智如实地照见缘起与缘起法。如果不了知缘起及不观照缘起支为无常、苦、无我，他们就不可能证得须陀洹果与阿罗汉果。因此，观照十一种五蕴（苦谛法）及缘起（集谛法）是证得圣果所不可或缺的。这是通向彻见四圣谛与证悟涅槃的正道。禅修者应当时常谨记在心并且如法修行，直到透过完全智而彻底解脱，证得阿罗汉果。

五比丘

（**Pañcavaggiyā**）

在此想为各位介绍在《转法轮经》与《无我相经》中提到的五比丘。他们都曾在过去生中积累波罗蜜。首先我想讲述憍陈如尊者的波罗蜜。

一　憍陈如尊者　（Aññāsi Koṇḍañña Thera）

在胜莲华佛（Buddha Padumuttara）的时代他是一位在家居士，见到佛陀宣布一位比丘为戒腊最高的长老，他发愿自己也能在未来佛的教化期中得到同样的荣衔。为了达成这个心愿，他做了许多虔诚的善业，其中一项就是建造一座金色的房舍以供奉佛陀的舍利，并且他在十万年当中一有机会就修行止禅与观禅。根据《譬喻经》（Apadāna），他是在胜莲华佛成佛之后第一位供养食物给佛陀的人。

在毗婆尸佛（Vipassī Buddha）的时代他也是在家居士，名叫摩诃迦拉（Mahākāla 大黑）。他将农作物收成之后九种最初的成果供养给佛陀。

在他的最后这一生，他出生于迦毗罗卫城（Kapilavatthu）附近的头那瓦吐（Donavatthu），为一个非常富有的婆罗门之子。他比乔达摩佛更早出生。人们以他的族姓——憍陈如——来称呼他。他博通三部吠陀，尤其精通于看相学。我们的菩萨出生为悉达多太子之后，憍陈如就是被邀请到皇宫为太子看相的八位婆罗门当中的一位。虽然他在吠陀典的研究方面还只算是年轻的新学，但是他是唯一肯定地宣称太子将会成佛的婆罗门。为太子看相之后，他就与四位同伴——跋提迦、卫跋、摩诃那摩、阿说示——出家去了。为的是要等待太子出家、成道，以便亲近、学法、证悟。他们被称为"五比丘"（Pañcavaggiyā）。

菩萨悉达多太子出家后不久，就在优楼频罗（Uruvelā）修行各种苦行，其艰难程度从未有人达到，时间长达六年之久。那时五比丘伴随着他。有一天太子晕倒在地，有一位天神就去通知他的父亲净饭王（King Suddhodana）说太子已经死了。然而净饭王深信阿私陀仙人的预言，而不相信天神所说的消息。太子的母亲投生为兜率天的天子，这时就前来鼓励太子。后来太子了解到极端苦行是愚蠢的行为，决定要放弃，于是开始正常地取用食物。五比丘因此对太子感到失望，就离开他而前往仙人坠处（Isipatana）去。

证悟之后，佛陀前往仙人坠处去为五比丘开示《转法轮经》。听完经之后，憍陈如与一亿八千万位梵天神都证得初果须陀洹。由于他是第一位了悟佛法——四圣谛——的人，因此佛陀称赞他说："憍陈如已经明白了，憍陈如已经明白了。"从此憍陈如就被称为"明白的憍陈如"（Aññāsi Koṇḍañña）。憍陈如是第一位受比丘戒的人，受戒的方式是经由佛陀说："善来，比丘，法已善说，坚持梵行以究竟离苦。"五天之后他听闻《无我相经》而证得阿罗汉果。后来在祇园精舍（Jetavana），佛陀在比丘大众中宣称憍陈如是最先见法第一的大弟子，他也被宣称为耆宿（rattaññū 年长）第一的大弟子。

在僧团中，憍陈如坐在跟随佛陀转法轮的两位上首弟子（舍利弗与目犍连）的后面。他们礼敬佛陀之后，也礼敬憍陈如尊者。如此他觉得留在佛陀身边对自己与他人都不太方便。他还发现他的外甥富楼那弥多罗尼子（Puṇṇa-Mantāniputta）在佛教里出家后将成为说法第一的大弟子。于是他去找他的外甥，剃度他之后要他去亲近佛陀。憍陈如本人则在征得佛陀的允许之后，前往六牙森林（Chaddanta Forest）曼达奇尼（Mandākinī）岸边，在那里住了十二年。

当我们的菩萨出生时，憍陈如已经三十五岁；菩萨成佛时，他已经七十岁；然后他在森林里住了十二年，森林里的大象轮流供养食物给他，并且侍候他。十二年后他回来向佛陀致上最后的礼敬，并且向佛陀辞行，准备般涅槃，那时他已经八十二岁。告别佛陀之后，他回到六牙森林，在那里般涅槃（最后的寂灭）。据说住在喜马拉雅山的一切众生都为此而流泪。他的火葬礼由那伽达多天神（Deva Nāgadatta）所领队的八千头大象隆重地举行。从最低的天神到最高的梵天神全部都参加葬礼，每位天神供养一枝檀香木。由阿那律尊者（Venerable Anuruddha）为首的五百位比丘也在场。火化后的舍利被送到竹林精舍（Veḷuvana），交给佛陀。佛陀亲手将舍利安放在从地涌出的银塔中。大论师觉音尊者（Venerable Buddhagosa）说那座银塔在他的时代还存在。

《长老偈》中有几首憍陈如尊者所说的偈颂，劝勉同修坚持梵行，因为一切有为法都是无常、苦、无我的。在此，梵行（brahmacariya）是指"教梵行"（sāsana-brahmacariya）与"道梵行"（magga-brahmacariya）。"教梵行"即戒、定、慧三学。"道梵行"即四种圣道。三学是禅修者证得各阶圣道的支助因素。

有一次憍陈如尊者接受帝释天王（Sakka）的请求而开示。帝释天王闻法之后表示自己非常欢喜，因为那开示就像佛陀亲自所说的那样殊胜。婆耆舍尊者（Venerable Vaṅgīsa）有一次在佛陀面前以偈颂赞叹憍陈如尊者的德行。他说：

继佛陀之后而开悟，

精进的憍陈如尊者，

是获得安乐住处者，

是常处于闲静处者。

修行导师教法者，

所能体验证悟的，

皆已被勤学的他，

完全无余地证得。

具足三明的大威德者，

精通于了知他人之心，

憍陈如为佛陀之真子，

虔诚顶礼于导师足下。

二　跋提迦尊者 （Bhaddiya Thera）

　　跋提迦是迦毗罗卫城一户婆罗门人家之子。当我们的菩萨出生之后，跋提迦的父亲就是被请去为菩萨看相的八位婆罗门当中的一位。当时他的父亲已经太老了，无法出家等待菩萨成道。当阿私陀仙人（Asi-ta, Kāladevila）宣布悉达多太子将会成佛时，跋提迦及以憍陈如为首的其他四位婆罗门就出家等待悉达多太子。当太子在优楼频罗六年苦行时，跋提迦也随侍在身边。后来由于见到太子开始正常地取用食物，对太子感到失望，跋提迦就与其他同伴离开太子，前往仙人坠处去。佛陀成道后在仙人坠处为他们开示《转法轮经》。跋提迦在下弦月的第一天，亦即开示《转法轮经》的隔天证悟须陀洹果，成为人间的第二位须陀洹。他在听闻《转法轮经》后第五天，听闻《无我相经》之时与其他四位比丘一起证得阿罗汉果。

三　卫跋尊者 （Vappa Thera）

卫跋过去世在胜莲华佛时代就发愿要成为佛陀的最初弟子之一。为了达成这个目标，他积累波罗蜜，如布施、持戒、修行止禅与观禅。他曾经当国王十六次，名叫摩诃敦度比（Mahādundubhi）。

在他的最后一生中，他是五比丘之一。他的父亲名叫瓦些塔（Vāsetha），是迦毗罗卫城的婆罗门。当阿私陀仙人宣布悉达多太子将会成佛时，卫跋及以憍陈如为首的四位婆罗门一起出家。太子六年苦行时卫跋也随侍在侧。后来由于太子放弃苦行而对太子感到失望，于是离开太子而前往仙人坠处。佛陀成道后为他们开示《转法轮经》。开示后的第二天卫跋证得须陀洹果。第五天卫跋与其他同伴都在听闻《无我相经》之后证得阿罗汉果。

四　摩诃那摩尊者 （Mahānāma Thera）

摩诃那摩尊者也是五比丘之一。他在听闻《转法轮经》之后第三天证得须陀洹果。第五天听闻《无我相经》之后证得阿罗汉果。有一次他来到马奇迦山达（Macchikāsaṇḍa）。吉达居士见到他托钵，对他的威仪举止感到欢喜，就邀请他到自己家里，供养他饮食并且听他开示。吉达居士对摩诃那摩尊者所开示的法感到非常喜悦，于是将自己的一座优雅的林园——安般达迦林（Ambāṭakavana）——供养给摩诃那摩尊者，让他将那林园献给僧团，吉达居士并且在林中建造一座大寺院。后来，吉达居士听闻摩诃那摩尊者开示《六处细说》（Saḷāyatana-vibhatti）——详细解释内外六处——之后证得阿那含果（不还；不会再投生于欲界的圣者）。

五　阿说示尊者 （Assaji Thera）

阿说示尊者是五比丘当中最年轻的一位。佛陀开示《转法轮经》之后，他是五比丘当中最后一位证得法眼者（开示后第四天）。在摩诃那摩与阿说示尚未证得须陀洹果的期间，佛陀必须教导他们如何修行，而其他三位比丘则外出托钵以供六人食用。阿说示尊者在听闻《无我相经》之后证得阿罗汉果。后来阿说示的一席话令舍利弗与目犍连开悟：那是有一次，当阿说示尊者在王舍城里托钵时，四处寻找不死之法的舍利弗见到他，对他的威仪举止而感到很欢喜，就跟随着他，直到他托完钵。等到适当的时机，舍利弗就请问阿说示尊者他的老师是谁及遵循何种教法。阿说示尊者起先不愿意回答，因为他认为自己才刚出家不久。然而舍利弗敦促他依照他自己所了知的说出来。阿说示尊者所说的那首偈颂从此广为人知，被认为是佛陀教法的主旨。他说：

Ye dhammā hetuppabhavā,

Tesaṁ hetuṁ Tathāgato āha,

Tesañca yo nirodho,

Evaṁvādī Mahāsamaṇo.

诸法从因生，

如来说其因；

彼亦从因灭，

此大沙门说。

意即："如来教导苦谛法及其因（集谛），也教导彼二者（苦谛与集谛）的无余寂灭与导致寂灭之道。佛陀大沙门就是教导如此的法。"

舍利弗听了立刻明了，证悟须陀洹果。然后赶紧将自己已经找到真理的这个喜悦讯息告诉目犍连。

舍利弗尊者非常尊敬阿说示尊者。据说从第一次见面的那天开始，只要他听说阿说示尊者住在那一处，他就向那个方向恭敬地合掌，躺下来睡时也将头朝向那个方向，这正是圣者感恩的美德。

这五位比丘证得阿罗汉果时也成就了四无碍解智，因此他们肯定曾在过去佛的教化期中累积充分的波罗蜜。如果你想证得阿罗汉果，就应当学习他们为了彻悟四圣谛而付出的精勤修行。

愿大家尽早彻悟四圣谛！

皮带束缚经 （一）

（Gaddulabaddha Sutta 1）

《皮带束缚经》有两部，这两部我们都将研究。第一部《皮带束缚经》的经文开始说：

> 一时世尊住在舍卫城。当时世尊对诸比丘说："诸比丘，生死轮回的源头是无法察知的。在生死轮回中一再流转的众生，被无明所蒙蔽、被爱欲所束缚的起点是难以得知的。"

业力只有在无明（avijjā）与爱欲（taṇhā）的支持下才能产生结果；若没有无明与爱欲，业力就不能产生任何果报。因此在本经中佛陀教导说生死轮回（saṁsāra）的主因是无明与爱欲。

"无明"是指错误地认知有真实的男人、女人等存在。根据佛陀的教导，只有究竟名色法（精神与物质）存在而已，没有真实的男人、女人存在。如果有人这么想："这是男人、女人、儿子、女儿……"，这种错知就是无明。如果有系统地修行四界分别观，就能见到名为色聚的微粒。分析各种色聚微粒之后，就能照见总共二十八种色法（rūpa）。此外还有依靠色法（物质现象）而生起的名法（精神现象）。所以依究竟谛（胜义谛）而言，只有名色法存在而已。然而名色法一生起之后就立即消灭，因此它们是无常的。没有恒常存在的男人、女人、儿子、女儿等，因此认为有男人、女人等真实存在就是无明。

由于无明的缘故，执着这些对象的爱欲就会依靠无明而生起。在无明与爱欲的帮助之下，成熟的业力就能结成善或恶的果报。这就是为什么佛陀在本经中说："在生死轮回中一再流转的众生，被无明所蒙蔽、被爱欲所束缚的起点是难以得知的。"

佛陀继续开示说：

> 诸比丘，汪洋大海有干涸、竭尽到点水不存的时候；但是我说，被无明所蒙蔽、被爱欲所束缚而在生死轮回中一再流转的众生，他们的痛苦没有穷尽的时候。

根据佛教的道理，终有一天世界会被火、水或风所毁灭。佛陀在本经中描述的是世界被火毁灭的情况。那时有愈来愈多个太阳出现。通常四恶道里的众生会死亡，投生到人间或欲界天来。当天空中出现五个太阳时，汪洋大海会干涸、竭尽到滴水不存。那时通常欲界的众生都会死亡；他们在死亡之前都精进修行而达到禅那。依靠禅那的缘故，他们都投生到梵天界去。因此佛陀开示说即使在那时生死轮回还是没有穷尽——"但是我说，被无明所蒙蔽、被爱欲所束缚而在生死轮回中一再流转的众生，他们的痛苦没有穷尽的时候。"

佛陀继续开示说：

> 诸比丘，众山之王——须弥山——有被焚烧、毁坏到尘点不存的时候；但是我说，被无明所蒙蔽、被爱欲所束缚而在生死轮回中一再流转的众生，他们的痛苦没有穷尽的时候。

当第六个太阳出现时，众山之王——须弥山——也焚烧、毁坏到尘点不存。那时，以无明及爱欲为根本，禅那的业力使众生投生到梵天界去，开始另一个生命的流转。所以佛陀如此开示："但是我说，被无明所蒙蔽、被爱欲所束缚而在生死轮回中一再流转的众生，他们的痛苦没有穷尽的时候。"

然后佛陀开示说：

诸比丘，辽阔的大地有被焚烧、毁坏到寸土不存的时候；但是我说，被无明所蒙蔽、被爱欲所束缚而在生死轮回中一再流转的众生，他们的痛苦没有穷尽的时候。

当第七个太阳出现时，辽阔的大地被焚烧、毁坏到寸土不存。那时，依靠无明及爱欲，剩余的欲界众生非常精进地修行以达到禅那。由于禅那的业力，死后他们投生于梵天界。所以佛陀如此开示："但是我说，被无明所蒙蔽、被爱欲所束缚而在生死轮回中一再流转的众生，他们的痛苦没有穷尽的时候。"

接着佛陀以狗为譬喻来开示：

诸比丘，就像一只以皮带束缚的狗被绑在牢固的木桩或柱子，它只能绕着那根木桩或柱子一再地打转。同样地，诸比丘，未曾闻法的凡夫未见圣者，未善巧与未调伏于圣者之法（四圣谛）；未见善士，未善巧与未调伏于善士之法，他认为

1. 色是我，或
2. 我有色，或
3. 色在我之中，或
4. 我在色之中。

他认为受是我……他认为想是我……他认为行是我……他认为识是我，或我有识，或识在我之中，或我在识之中。

他从色到色、从受到受、从想到想、从行到行、从识到识，一再地奔走、流转。

当他在其中一再地奔走、流转时，他无法脱离色、无法脱离受、无法脱离想、无法脱离行、无法脱离识。我说，他无法解脱生、老、死，无法解脱愁、悲、苦、忧、恼，无法解脱痛苦。

在此，佛陀解释二十种萨迦耶见（sakkāyadiṭṭhi 身见），即认为有个体存在的邪见。我想解释这二十种萨迦耶见。

有色蕴中有四种萨迦耶见：

1. 他们将色认定为我：色与我是相同的；我就是色，色就是我。注释以譬喻来解释这一点：蜡烛的光与蜡烛的火是相同的；光就是火，火就是光。同样地，有些相信有我的人认为我就是色，色就是我；色与我是相同的。

2. 我有色：在这里，名（精神）是我，我与色是不同的。他们认为受蕴、想蕴、行蕴及识蕴为我，这四种名蕴拥有色法。注释以譬喻来解释：树木与树木的影子是不同的；树木是一回事，树木的影子是另一回事；树木拥有影子。同理，我（名法）好比是树木；色法好比是树木的影子。因此我是一回事，色是另一回事；我拥有色。

3. 色在我之中：他们认定名法为我，而色法存在名法之中。注释以譬喻解释说：好比花有香味，香味存在花之中。同样地，我（名法）好比是花，色法好比是香味；色法存在我之中。

4. 我在色之中：他们认定名法为我，而这个我存在于色法之中。注释以譬喻解释说：盒子里有红宝石，红宝石存在盒子之中。同理，色法好比是盒子，我（名法）好比是红宝石；我存在色法之中。

以上是四种譬喻：1. 烛光与烛火，2. 树木与树影，3. 花与花香，4. 盒子与宝石。这是《阿毗达摩藏》的注释《殊胜义注》（Aṭṭhasālinī）的解释。这些是关于色蕴的四种萨迦耶见。关于受蕴、想蕴、行蕴与识蕴也都各有四种萨迦耶见，其情况可以此类推，于是总共有二十种萨迦耶见。

在本经中及第二部《皮带束缚经》中，佛陀都解释如何灭除这二十种萨迦耶见，因为这二十种萨迦耶见是一切邪见的基础。依靠萨迦耶见的缘故，种种邪见如无作用见（akiriyadiṭṭhi）、无因见（ahetukadiṭṭhi）、空无见（natthikadiṭṭhi）才能生起。

1. 无作用见：否定善法与不善法能产生作用。

2. 无因见：否定果报的因。

3. 空无见：否定因能产生果。

这三种邪见都是否定业因与果报。

在本经中，佛陀以狗为譬喻说："就像一只以皮带束缚的狗被绑在牢固的木桩或柱子，它只能绕着那根木桩或柱子一再地打转。"那只以皮带束缚的狗被人用绳子绑在牢固的木桩或柱子，因此无法逃走。同样地，如果凡夫有强烈的无明、萨迦耶见与爱欲，就无法解脱生死轮回，因为这三种烦恼将他绑住了。无明与萨迦耶见蒙蔽他的慧眼，使他无法如实地照见究竟法。萨迦耶见好比是束缚在他脖子上的皮带；爱欲好比是绳子，将他绑在牢固的木桩或柱子上；而五取蕴好比是那根牢固的木桩或柱子。无明与爱欲促使他造作善行或恶行；那些行为称为业。只要还有无明与爱欲存在，死亡之后，成熟的业力就会产生下一世的结生识。有了结生识就会再有老、病、死，而愁、悲、苦、忧、恼也都会产生，因此他无法解脱生死轮回。

举例而言：假设有人供养烛光给佛像，发愿来世成为比丘。根据佛陀所教导的《阿毗达摩藏》，事实上并没有真实的比丘存在，只有名色法（精神与物质）存在而已。他认为有比丘存在，这就是他的无明。渴望得到比丘的生命就是爱欲。执着比丘的生命就是取。依靠无明、爱、取的缘故，他供养烛光给佛像，这是一种善业，包含行与业力。如此总共是五种因，即无明、爱、取、行、业。如果他能修行缘起，就能照见供养烛光给佛像时有三十四个名法。这些名法一生起后就立刻坏灭，没有恒常的行法存在。然而它们留下了某种潜在力量。当那个力量成熟时，就能依照他之前所发的愿望而产生比丘的五蕴生命，这种力量称为业力。因此，只要五种因还存在，生死轮回就还会一直继续，他无法解脱痛苦。

佛陀接着开示说：

> 然而，诸比丘，善闻法的圣弟子得以见到圣者，善巧与调伏于圣者之法；得以见到善士，善巧与调伏于善士之法。他不认为色是我，或我有色，或色在我之中、或我在色之中。
>
> 他不认为受、想、行是我，他不认为识是我，或我有识，或识在我之中，或我在识之中。
>
> 他不再从色到色、从受到受、从想到想、从行到行、从识到识，一再地奔走、流转。
>
> 由于他不继续在其中奔走、流转，因此他脱离色、脱离受、脱离想、脱离行、脱离识。
>
> 我说，他解脱生、老、死，解脱愁、悲、苦、忧、恼，解脱痛苦。

如何才能解脱痛苦呢？我们将在第二部《皮带束缚经》后段加以讨论。佛陀在那部经中解释说：不同的业导致众生的种种差别。

皮带束缚经 （二）
（*Gaddulabaddha Sutta* 2）

如是我闻，一时世尊住在舍卫城。当时世尊对诸比丘如此说：

诸比丘，生死轮回的源头是无法察知的。在生死轮回中一再流转的众生，被无明所蒙蔽、被爱欲所束缚的起点是难以得知的。

诸比丘，就像一只以皮带束缚的狗被绑在牢固的木桩或柱子上，当它行走的时候，它靠近那根木桩或柱子而行走；站立的时候，它靠近那根木桩或柱子而站立；坐下的时候，它靠近那根木桩或柱子而坐下；躺下的时候，它靠近那根木桩或柱子而躺下。

同样地，诸比丘，未曾闻法的凡夫认为色是如此："这是我的；这是我；这是我的自我。"他认为受、想、行、识是如此："这是我的；这是我；这是我的自我。"行走的时候，他靠近这五取蕴而行走；站立的时候，他靠近这五取蕴而站立；坐下的时候，他靠近这五取蕴而坐下；躺下的时候，他靠近这五取蕴而躺下。

是故，诸比丘，应当经常如此地反省自己的心："长久以来，这个心就一直受到贪、瞋、痴所污染。"诸比丘，众生透过心的烦恼而染污；众生透过心的清净而净化。

在本经中，佛陀也是如此地以狗来比喻未曾闻法的凡夫："诸比丘，就像一只以皮带束缚的狗被绑在牢固的木桩或柱子上。"那只狗被皮带束缚住，而且被绳子绑在牢固的木桩或柱子上，因此无法逃脱。同样地，如果未曾闻法的凡夫有强烈的身见（sakkāyadiṭṭhi 萨迦耶见，认为有个体存在的邪见）与爱欲，就无法解脱生死轮回。为什么呢？因为他被身见的皮带所束缚，被爱欲的绳子绑在五取蕴的牢固柱子上。

当未曾闻法的凡夫看待五蕴为"这是我的自我"时，这就是身见执；当他看待五蕴为"这是我的"时，就是爱欲执；当他看待五蕴为"这是我"时，就是骄慢执。无明经常与这三种执着同时生起。无明与身见蒙蔽他的慧眼，使他无法如实地照见诸法。身见犹如束缚在他颈上的皮带，爱欲犹如绳子，将他绑在五取蕴的柱子上。在身见、爱欲与骄慢这些烦恼的影响之下，他造作善业或恶业。这些根源于烦恼的业力有潜在力，能在死亡后产生下一世的生命。有了新的生命之后，就会再生起病、老、死与愁、悲、苦、忧、恼，所以他无法解脱生死轮回。

是故佛陀说："诸比丘，应当经常如此地反省自己的心：'长久以来，这个心就一直受到贪、瞋、痴所污染。'诸比丘，众生透过心的烦恼而染污；众生透过心的清净而净化。"

佛陀接着开示说：

"诸比丘，你们是否见过称为'行图'的图画？"

"见过，世尊。"

"诸比丘，称为'行图'的图画其多样化也是由心设计出来的。然而心远比那称为'行图'的图画更多样化。"

这里所说的"图画"是指"行脚图"。由于桑卡婆罗门（Saṅkha Brahmin）带着这种图四处行脚，宣扬他们的教法，所以称这种图为

"行脚图"或"行图"。桑卡婆罗门是异教婆罗门的一派,他们在画布上画出善趣与恶趣的各种图案,用以说明成功与失败。他们将图画展示给人们看,解释说:"若人做这种行为,则得到这种结果;若做那种行为,则得到那种结果。"

那些图画非常精细,但是心又远比那些图画更精细,因为他们必须事先想好如何在画布上画出那些图画,然后才依照所想的去画。有时候也许他们会想要画一颗比太阳光更亮的红宝石,但是那只能想象而已,实际上无法画得出来。由此可知心远比画布上所画的图案更多样化。所以佛陀说:

> 称为"行图"的图画其多样化也是由心设计出来的。然而心远比那称为"行图"的图画更多样化。
>
> 是故,诸比丘,应当经常如此地反省自己的心:"长久以来,这个心就一直受到贪、瞋、痴所污染。"诸比丘,众生透过心的烦恼而染污;众生透过心的清净而净化。
>
> 诸比丘,我未曾见过有其他任何众生界像畜生界的众生那般多样化。即使畜生界的那些众生也是心使它们多样化的;然而心远比畜生界的那些众生更多样化。

要点在于:畜生界众生的多样化反映出造成它们投生为畜生的过去业的多样化。而业的多样化又根源于爱欲(taṇhā)心所的多样化。

鹌鹑、鹧鸪等畜生在过去世造种种业时并不会如此想:"我们将要变成如此这般多样化。"但是,当过去某种恶业的业力成熟时,就造成他们投生于相称的鹌鹑、鹧鸪等物种(yoni)当中。它们的外表型态、生活方式等差异都根源于物种。投生于某一物种的众生就相称于该物种而有多样化的差异。因此差异在物种中形成,而物种反映出过去的业。

例如，若你在过去生累积了投生为人的善业，当那个善业的业力成熟时，你就会投生于相称的人类物种里，而且根据那个物种而产生五取蕴。这就是父母与子女之间通常有相似之处的理由。

同样地，如果你在过去世累积了投生为鹌鹑的恶业，当该恶业的业力成熟时，就会使你投生于相称的鹌鹑物种里，而且依照该物种而产生五取蕴。因此差异在物种中形成，而物种反映出过去的业。

当你在过去世累积善业时，如果存着在未来世享受感官快乐的强烈欲望，当那个业力产生今世的果报时，你就会有享受感官快乐的强烈欲望，成为具有贪欲性格的人。同样的因果关系可以运用于具有瞋恨性格、愚痴性格、骄慢性格、嫉妒性格等人。

当你在过去世累积善业时，如果对佛、法、僧三宝、业果法则等具有坚强的信心，当那个业力产生今世的果报时，你就会成为充满信心、具有信心性格的人。

当你在过去世累积善业时，如果那个善业伴随着强而有力的慈爱，或者被慈心禅那所围绕，当那个业力产生今世的果报时，你就会成为充满慈爱、具有仁慈性格的人。

当你在过去世累积善业时，如果那个善业被强而有力的智慧（如观智）所围绕，当那个业力产生今世的果报时，你就会成为利根性、具有智慧性格的人。再者，如果是像行舍智（saṅkhārūpekkhāñāṇa）那样强的观智之业力产生今世的果报，你就会具有证悟涅槃的强而有力、敏锐的智慧。如果修行止禅与观禅，你将能快速地彻悟四圣谛。

由于这个缘故，所以佛陀如此开示：

> 因此，诸比丘，应当经常如此地反省自己的心："长久以来，这个心就一直受到贪、瞋、痴所污染。"诸比丘，众生透过心的烦

恼而染污；众生透过心的清净而净化。

在《中部》（Majjhima Nikāya）里有一部经，名为《小业分别经》（Cūḷakammavibhaṅga Sutta）。我想依照那部经来解释业与果的多样化。

一时世尊住在舍卫城祇陀林给孤独园。那时婆罗门学生须婆都提子来见世尊，与世尊互相问候。之后，他坐在一旁，问世尊关于业与果多样化的十四个问题。

为什么他会问这些问题呢？根据《中部》的注释，他的父亲都提婆罗门（Brahmin Todeyya）是憍萨罗国王的国师。由于都提在世时极端吝啬，所以死后投生为自己家里的狗。佛陀将这件事告诉须婆，并且要那只狗将它前世做人时所埋藏的宝藏挖出来，借此证明此狗确实是须婆的父亲投生的。这件事激起须婆对佛陀的信心，促使他来见佛陀，并且请问业报的作用。请聆听他所提出的十四个问题：

大师乔达摩，是什么因缘使人类有高下之分？人类有：短命与长寿、多病与健康、丑陋与美丽、无影响力与有影响力、贫穷与富有、出身低贱与出身高贵、智慧暗昧与智慧高超。大师乔达摩，人类有这些高下之分的原因是什么？

佛陀首先以简要的方式回答他：

学生，众生是他们自己所造之业的拥有者，业的继承人；他们起源于业，系缚于业，以业为依靠处。就是业使得众生有高下之分。

那时须婆如此请求佛陀详尽地解释：

> 对于大师乔达摩简要说明而未详细阐述的这段话，我不了解其中的详尽含义。如果大师乔达摩肯为我说法，使我了知大师乔达摩所说的详尽含义，我将感到非常欢喜。

为什么佛陀会以闻法者无法明了其话中含义的方式来说法呢？那是因为婆罗门通常很骄傲，他们自认为是一切人当中最有智慧的。如果佛陀一开始就详细地回答，他们可能会说他们早就已经知道佛陀所说的道理。因此佛陀先简要地回答，当须婆请求佛陀详细地说法时，佛陀才逐一地回答其问题。

在开始解释佛陀的回答之前，我想先讨论业果法则，这将使我们对佛陀所做的回答有更深入的了解。业果法则非常深奥，是凡夫很难清楚地见到的。它是佛陀教法的核心。要成为真正的佛教徒，最重要的就是要了解与深信业果法则，因此我们必须密切地注意业果法则的解释。

根据佛陀的教导，一弹指之间就有数百万个意门心路过程生灭过去。每一个意门心路过程里有七个速行心（javana）。业就是在速行心刹那中形成。速行心刹那中的思特别称为业。但是《发趣论》（Paṭṭhāna）的业缘章里提到：速行刹那中名法的力量（业力）也称为业。请先记住这一点。

业可以分为四种，即现法受业（diṭṭhadhamma-vedaniya kamma）、次生受业（upapajja-vedaniya kamma）、后后受业（aparapariya-vedaniya kamma）、既有业（ahosi kamma）。

"现法受业"是指会在当生产生果报的业。"次生受业"是指会在下一生产生果报的业。"后后受业"是指会在下一生之后的未来生中产生果报的业。"既有业"是指所谓的"虽然有这种业形成，但是过去没有产生果报，现在没有产生果报，未来也将不会产生果报"。

在这些业里头，七个速行心当中第一个速行心的思，不论是善的或恶的，都称为"现法受业"。就欲界众生而言，第一个速行心是七个速行心当中最弱的一个，它可能会在当生结成果报。若是没有在当生结成果报，则它称为既有业，意即虽然有这种业形成，但是过去没有结成果报，现在没有结成果报，未来也不会结成果报，而只是有业的名称而已。

达成目标的第七个速行心的思称为"次生受业"。就欲界众生而言，它是七个速行心当中第二弱的。所谓"达成目标"是指完成布施等或杀生等目的。当这个思获得适当的助缘及受到前面那些速行心重复（āsevana 习行）的资助时，就可能会在下一生结成果报。若是没有在下一生结成果报，则它称为既有业，即只是有业的名称而已。

在第一与第七个速行心之间那五个速行心的思都称为"后后受业"。它们具有潜在能力，可以在下一生之后的未来生中结成果报，例如在因缘成熟时造成投生，形成结生识刹那的五蕴等。只要它们还未结成果报，它们的这种潜在能力就还会一直潜藏在名色相续流当中，无论再经过多么长久的生死轮回，它们都不会变成既有业，直到般涅槃为止。

当第一个速行心的思由于未受到负面妨碍及得到殊胜助缘而具有效力，并且明确地以适当的优先业行生起时，它会在当生结成果报，如此称它为"现法受业"，因为当那个思如上述那样有效力时，它能帮助在同一速行刹那中的相应名法。由于它对未来展望的力量弱，并且由于缺乏其他速行心的重复（āsevana 习行）资助，所以它的果报小，也不像另外两种业那样能期待到未来世的机缘。它只能在当生结成单纯的果报，不能造成未来的投生；正如不能结成果实的花只是单纯的花一样。相反地，另外那两种业分别能造成下一世与更远的未来世的投生，它们所结成的果报也比较大。

"若是不能结成果报"：业只有在适当的因缘条件聚合时才能结成果报；若缺乏适当的因缘条件，就无法在当生结成果报。以布施为例，若想要第一个速行心的思能在当生结成果报，布施者必须有德行，接受者必须是刚从灭尽定出定的阿罗汉或阿那含圣者，所布施之物必须是以正当的方法取得，布施者在布施前、布施时与布施后都必须有坚强的意愿与欢喜的心，他也必须对业果法则深具信心。如果这些条件不具足，第一个速行心的思就无法在当生结成果报。

为了得到更清楚的了解，我想讲述发生在佛陀时代的一个故事：

富楼那（Puṇṇa）是优多罗难陀母（Uttarā-Nandamātā）的父亲。他是王舍城的贫穷人，替富翁须摩那（Sumana）做工。然而他与他的妻子都对舍利弗尊者有很强的信心。在一个节庆的日子里，虽然他的主人允许他放假，可是他仍然到田里去做工，因为他实在太穷困了，连稍微享受一下的条件都没有。当他在田里忙的时候，舍利弗尊者走过来，坐在距离他的田地不远的地方，进入灭尽定。富楼那见到了舍利弗尊者，感到很欢喜。等到舍利弗尊者出定之后，他就供养尊者清洁牙齿用的木枝及水。然后舍利弗尊者就离开了。

那时，富楼那的妻子为丈夫送饭来，遇到舍利弗尊者。她心里想："有时候我们有物品可以布施，可是找不到接受的人；有时候有接受的人，但是由于我们非常贫穷，没有物品能够布施。今天我真是太幸运了，不但有这位尊者作为接受者，而且又有物品可以布施！"于是她很欢喜地将带在身上的饭供养给舍利弗尊者。然后她回家去重新煮饭，再带去给丈夫。富楼那听说妻子供养食物给舍利弗尊者，心里感到非常高兴。吃完饭之后，他就小睡片刻。

　　醒来之时，他发现刚才自己耕过的田地全部变成黄金。他将这件事报告国王，国王就派出车辆去取黄金。然而，当国王的部下宣称要为国王拿取黄金而动手取时，黄金立刻变回泥土。只有宣称要为富楼那拿取时，才能取得黄金。于是那些黄金全部归属于富楼那所有。国王还赐给他一个封号——"多富长者"（Bahudhanasetthi）。他建造一栋新房子，在新屋落成典礼时对佛陀与僧团做大布施。当佛陀宣说随喜的谢词时，富楼那与妻子及女儿优多罗全部证得须陀洹果。

　　在这个故事里，富楼那与妻子都是有德行的人；他们所供养的物品是以正当方法取得的；他们在供养时有清净无染的心；他们对业果法则有坚强的信心；他们在供养之前、供养之时与供养之后心里都很欢喜；而最重要的一项因素是接受者舍利弗尊者是刚从灭尽定出定的阿罗汉。由于所有的必要因素都已齐全，所以他那次供养的意门心路过程中第一个速行心的思在当生就结成很大的善报。这种业称为"现法受业"（ditthadhamma-vedaniya kamma）。

　　虽然这种果报似乎好得令人难以相信，但是与他的第七个速行心及其余五个速行心的思将在未来世结成的果报相比之下，这种现世的善报就显得微不足道了。第七个速行心的思成熟时称为"次生受业"（upapajja-vedaniya kamma），它会产生来世天界的殊胜微妙善报。而中间五个速行心的思成熟时称为"后后受业"（aparapariya-vedaniya kamma），它们会在更远的未来世产生极为殊妙的善报，而且持续很长久的时间。这是由于他在那次布施之前、当时与之后累积非常多善业的缘故。如果你还记得一弹指之间有数百万个意门心路过程生灭，而业就是在每一个意门心路过程里七个速行心中形成的，你就能明白为什么他累积了那么多的善业。

业的另一种四分法：重业（garuka-kamma）、惯习业（ācinna-kam-ma）、近业（āsanna-kamma）、已作业（katattā-kamma）。

"重业"（garuka-kamma）包括非常令人谴责的、非常不利的不善业，以及非常强而且有利益的善业。重业是非常强的业，必定会产生下一世的结生，没有任何其他业可以阻止它。当同时有几个重业即将成熟时，最重的业会优先成熟，而造成投生。

不善的重业包括：

杀母，杀父，杀阿罗汉，以恶意使活着的佛陀身上流血，使和合的僧团分裂，坚持地执着于否定因果的决定邪见（niyata-micchā ditthi），到临命终时都还不舍弃。

在上述这些业当中，前五种（即五逆罪）都是只要做了一次就成为重业，而第六种（决定邪见）则必须坚持到临死时还不舍弃才成为重业。这类邪见当中经常被提到的三种是：

1. 无作用见（akiriyaditthi）：否定善业与不善业能产生作用。

2. 无因见（ahetukaditthi）：否定果报有原因。

3. 空无见（natthikaditthi）：否定因能产生果报。

这些决定邪见的业力是如此的重大，它们乃至能使人在地狱里受苦一大劫或更长的时间。只要这种业力还未耗尽，即使在大劫末期世界被毁坏，欲界众生都投生到梵天界去的时候，正在地狱里受这种邪见的苦报者仍然无法脱离地狱之苦。那时他不会像其他恶道众生那样投生到人间或天界去精进修行禅定，而会投生到他方世界的地狱里继续受苦报。

然而，若人在临命终之前舍弃这类的邪见，那么他的邪见业就不是重业，也不会造成那样严重的苦报。舍利弗尊者的外甥长爪梵志（Dīghanakha paribbājaka）就是一个例子：他原本执着断见，但是与佛陀交谈之后，他舍弃了断见。这就是为什么他在听闻《长爪经》（Dīghanakha Sutta）之后能证得须陀洹果的因素之一。

善的重业是指维持到临死时定力都还不退失的八定而言。它们是广大业（mahaggata-kamma）。然而，如果无法将定力维持到临死时还不退失，那样的八定就不算是重业。

"惯习业"（ācinṇa-kamma）是指经常、习惯、重复做的业。若临死时有惯习业与非惯习业都即将成熟，则惯习业会优先成熟；若有几个惯习业即将成熟，则最惯习的业将优先成熟而造成下一世的投生，不论其惯习的是善行或恶行。如法居士（Dhammika）就是一个例子：他一生当中都持续地布施，在他临死时这种善业成熟，他见到诸天神驾着荣耀辉煌的天界马车来迎接他。

"近业"（āsanna-kamma）是指在临死时非常清晰地回忆起来的过去所造之业或临死时所造之业。当一个人临死时清楚地回忆起过去所作的某一种业时，那个业的业力会造成他下一世的投生。波斯匿王的王后茉莉（Queen Mallikā）就是一个明显的例子。虽然她是一位虔诚的佛教徒，但是她在临死时回忆起她一生中所做的一件错事，于是那个业造成她投生到地狱里。不过后来由于善业的缘故，她在地狱受苦一段短时间之后就投生到天界去了。

过去所做而不包含在前面这三种的业称为"已作业"（katattā-kamma）。当没有前三种业成熟时，则"已作业"将造成下一世的投生。

在上述四种业当中，"重业"最优先成熟，这就是它之所以称为重业的缘故。当没有即将成熟的重业时，最惯习的业优先成熟。若也没有即将成熟的惯习业时，临死时回忆起的业——近业——将会成熟。如果也没有近业成熟，则当世或过去世曾作的业（已作业）将会成熟。

业的另一种四分法：令生业（janaka-kamma）、支持业（upatthambhaka-kamma）、妨害业（upapīḷaka-kamma）、毁坏业（upaghātaka-kamma）。

"令生业"（janaka）是造成投生的业，能够产生下一世结生时及那一期生命中的果报名色蕴。它可以是善的或不善的。唯有在临死时成熟的业才是令生业，才能造成下一世的结生。

"支持业"（upatthambhaka）本身不能产生投生的果报，但是当其他的业产生投生的果报之后，它能够强化已经生起的苦报或乐报并且使它延续下去。例如当善的令生业导致某个众生投生为人时，支持业即协助延长其寿命，确保其健康乃至丰衣足食等。

"妨害业"（upapīḷaka）则是在其他业产生投生的果报之后阻挠与障碍已经生起的苦报或乐报，不使它延续下去。它切断其他业的果报，但并没有产生投生的果报。例如当某个众生由于善的令生业而投生为人时，妨害业会带来许多病痛，而阻止那人享受其善业带来的善报。

"毁坏业"（upaghātaka-kamma）本身可以是善的或不善的。它中断弱的业，而结成自己的果报。正如一阵敌对的力量能够中止正在飞行的箭，使它坠落。例如，某个众生由于善的令生业而生为天神，但是某个毁坏业突然成熟，使他突然死亡而投生于四恶道之一。

另一种理解的方式是如此：当某种业被造作之后，在投生时或一期生命中，由于那个业的结果而有名色法（精神与物质）产生，则那个业称为"令生业"。当某种业被造作之后，它借着抑制干扰因素与激起强化因素而帮助与延续其他业所结成的苦报或乐报，那种业称为"支持业"。当某种业被造作之后，令生业所结成的苦报或乐报被它以生病或四大不调的方式阻碍，那种业称为"妨害业"。当某种业被造作之后，其他种业的果报由于令生业效力的缘故，原本能够持续得更久，但是却被这种业毁坏、切断及取而代之，这种业称为"毁坏业"。

让我们举提婆达多（Devadatta）为例来说明这四种业：他有善的令生业使他投生在皇族里。由于该令生业及支持业的缘故，他得以继续活在幸福的生活中。但是后来当他造作恶行而被僧团隔绝时，妨害业即开始生起效力，他开始受人轻视。他造成僧团分裂的重业则是毁坏业，使他投生到阿鼻地狱里。

唯有佛陀的业果智才能清楚地照见上述十二种业其业果相续的真实本质，那种智慧是弟子们所没有的，然而修行观禅的人还是能部分地了知业果相续的情况。

心中有了这种业果法则的知识之后，让我们开始来看佛陀如何逐一地回答婆罗门学生须婆的十四个问题。佛陀说：

那么，学生，谛听并且密切地注意我将说的话。

婆罗门学生须婆问答："是的，尊者。"
世尊如此说：

在此，学生，有男人或女人杀害众生，性情凶暴，双手沾满血腥，从事殴打与暴力，对众生残酷。由于履行与从事如此的行为，身坏命终之后他投生于苦界、恶趣、堕处、地狱。然而，如果在身坏命终之后他没有投生于苦界、恶趣、堕处、地狱，而是再投生为人，那么无论出生于何处，他都会短命。学生，这就是导致短命之道，即杀害众生，性情凶暴，双手沾满血腥，从事殴打与暴力，对众生残酷。

投生为人是善业的果报，投生于四恶道则是恶业的果报。如果杀生的业直接决定投生的方式，它会造成投生于四恶道之一道。但是，如果有善业成熟，造成他投生为人，那么杀生的业会产生与造成投生的业相反的作用，带来种种灾难，乃至严重时会造成提早死亡。再者，尽管善业造成他投生为人，但是由于杀业的缘故，那善业不能使他长寿，他还是会短命。同样的原则也适用以下将谈到的不善业在人界成熟的例子，在每一个例子里，不善业借着引起与其本身特质相符合的灾难而妨碍造成投生人界的善业。

我想讲述目犍连尊者的故事：他在过去某一生中，曾经受到妻子煽动而企图杀害自己的父母亲。他的父母都双眼失明，他的妻子不愿意侍候他们，因此捏造了许多关于他们的不实故事。由于妻子的那些诬告，使他生起想要杀害父母的念头。有一天，他带着父母坐着牛车穿过森林，要到另一个村子去。走在森林中时，他们在某处停下来。他假装是强盗而狠狠地殴打自己的父母，不过他的父母并没有死。

在那次事件中，他累积了多少不善业呢？许许多多的不善业。如果那时他殴打父母五分钟的话，他就累积了数以万亿计的不善业。他的动机是要杀害他们，那是一个罪大恶极的不善思。但是当他听到不知内情的父母满怀慈悲地呼唤他，叫他赶快自己逃命，不要管他们时，他被父母的爱深深地感动，而停止残酷的行为。他的内心立刻充满了悔恨。在这里，他在殴打父母之前已经累积许多不善的念头，想着如何杀害他们。殴打过之后，每当他一想起自己忤逆的恶行时，心中就充满悔恨与难过，这些都是不善法。当这些恶业成熟时，就会产生极端严重的恶报。

在他那一世身坏命终时，第七个速行心的不善思造成他投生于地狱，遭受剧烈的痛苦。第二乃至第五个速行心的不善思造成更后来世的地狱投生。如此，他在地狱里遭受极端痛苦的时间以数百万年计算。然而另一方面，他累积了成为乔达摩佛第二位上首弟子的波罗蜜（pāramī），从最上见佛（Buddha Anomadassī）的时代开始算起，他累积如此的波罗蜜长达一阿僧祇与十万大劫之久。这些波罗蜜是善业。每当一个善业造成人界的投生之后，过去世企图杀害父母的恶业就造成种种灾难，乃至造成他提前死亡。基于那项恶业，有两百世以上他都由于头骨被打碎而死。乃至在他的波罗蜜成熟而成为我们佛陀的第二位上首弟子这一世，尽管他是一位阿罗汉，他仍然因为那项恶业的缘故，头骨被打碎之后而般涅槃，那个业就是毁坏业。

当他证得阿罗汉果时，他的心因为灭除烦恼而清净，但是他仍然免不了由于过去世恶业的果报而受苦，因此佛陀说："是故，诸比丘，应当经常如此地反省自己的心：'长久以来，这个心就一直受到贪、瞋、痴所污染。'诸比丘，众生透过心的烦恼而染污；众生透过心的清净而净化。"

接着请聆听佛陀的第二个回答：

> 然而，学生，在此有男人或女人舍弃杀生，禁绝杀生，抛开棍棒与武器，心地温和与仁慈，安住于对一切众生的慈悲。由于履行与从事如此的行为，身坏命终之后他投生于善趣，乃至天界。然而，如果在身坏命终之后他没有投生于天界，而是再投生为人，那么无论出生于何处，他都会长寿。学生，这就是导致长寿之道，即舍弃杀生，禁绝杀生，抛开棍棒与武器，心地温和与仁慈，安住于对一切众生的慈悲。

在此情况下，不杀生的善业可以直接造成天界的投生或人界的长寿。再者，如果一个人除了不杀生之外，还累积其他的善业，如布施、修行止禅或观禅等，那么在不杀生的戒行基础上，其他的善业变得更殊胜，而且也能直接造成人界的长寿果报。同样的法则也适用于以下所有关于善业成熟的经文。

关于这一项善业，摩诃迦叶尊者、阿难尊者与两家尊者（Ven. Bakula）都是典型的例子。摩诃迦叶尊者与阿难尊者都是活到一百二十岁才般涅槃。两家尊者则活到一百六十岁才般涅槃。

另一个例子是持五戒尊者（Venerable Pañcasīla Samādāniya）：他在胜莲花佛的时代持守五戒长达十万年都没有违犯。在我们乔达摩佛的时代，他证得阿罗汉果连同四无碍解智。因此我们可以了解：从胜莲花佛的时代以来，他必定曾经在过去佛的教化期中修行止禅与观禅达到行舍智（saṅkhārūpekkhañāṇa）的阶段。虽然他以持戒为重，然而不单只是持戒而已，他还培育强而有力的禅定与观智，这就是他能保持戒行清净无瑕的理由。临死之时，他思维自己的清净戒行，心中充满愉悦与欢喜，死后投生于天界。由于善报的果报，他从一个天界到另一个天界，从天界到人界，从人界到天界，如此地辗转投生。每一世他都具有良好的性格，享受快乐的生活，以及具备高深的学识。在每一生中，他的这三项成果都超越一般人之上。

现代大家都希望获得这三项成果。由于在强而有力的禅定与观智的支持之下，戒行能造成这三项成果，所以大家应当振奋精勤地在佛陀的教法中修习这戒、定、慧三学。持五戒尊者在我们佛陀的教法中证得阿罗汉果与四无碍解智，这就显示清净的心能使众生清净。

接着请聆听第三个回答：

在此，学生，有男人或女人以手、土块、棍棒或刀伤害众生。由于履行与从事如此的行为，身坏命终之后他投生于苦界、恶趣、堕处、地狱。然而，如果在身坏命终之后他没有投生于苦界、恶趣、堕处、地狱，而是再投生为人，那么无论出生于何处，他都会多病。学生，这就是导致多病之道，即以手、土块、棍棒或刀伤害众生。

我将引用一个例子来说明不善业如何产生果报：在我们佛陀的时代，有一个月圆的晚上舍利弗尊者坐在山谷里，进入某一种定境。那天他刚剃完头，所以他的头在月光下显得闪闪发亮。难陀夜叉（Nanda）由于瞋心的缘故，以拳重击舍利弗尊者的头。难陀夜叉的力量非常大，乃至能够一拳将一座山打碎。但是由于该定境的保护，当时舍利弗尊者只是感到轻微的触觉而已。由于那项不善业，难陀夜叉走开没多远就死了，投生到地狱里。这就是佛陀之所以说众生被自己内心的烦恼所染污的理由，难陀夜叉无法抑制想要伤害舍利弗尊者的那股瞋心，所以他堕入地狱。如果想避免这种恶报，大家应当克制自己的心，不要去造作任何不善业。

另一个例子是布提卡达尊者（Pūtigatta Thera）。在迦叶佛（Buddha Kassapa）的时代他是一个捕鸟人。他捉到许多鸟。他将多数的鸟献入皇宫，剩下的也多数都卖掉了。对于卖不完的鸟，由于害怕它们逃走，因此他折断它们的翅膀与脚，使它们既无法飞走也无法跑掉。由于他从事这样残酷的业几千年的时间，身坏命终之后他投生于地狱恶趣，遭受种种痛苦煎熬几百万年之久。后来由于他在迦叶佛时代所造的善业，在我们佛陀的时代他出生为人。他供养一位比丘种种资具，但是那个业的力量不足以抑制过去世伤害与残杀众生之业所造成的多病与短命果报，后来他出家为比丘。有一天他生病了，全身长满了脓疮，而且那些脓疮一天比一天扩大，全身的伤口都流出脓血，于是他的全身变得肮脏、可厌与恶臭。同伴比丘们照顾不了他，就丢下他不管。佛陀知道这件事之后，就亲自以温水为他擦洗身体，并且为他清洗袈裟。对于佛陀的慈悲照顾，布提卡达由衷地生起感恩与喜悦，他的心变得愈来愈平静。佛陀为他讲了一个简短的开示，听闻开示之时，他能观照行法的无常、苦、无我本质。开示完后他就证得阿罗汉果，解脱诸漏。所以佛陀一再如此地敦促诸比丘："是故，诸比丘，应当经常如此地反省自己的心：'长久以来，这个心就一直受到贪、瞋、痴所污染。'诸比丘，众生透过心的烦恼而染污，众生透过心的清净而净化。"

接着请聆听第四个回答：

> 然而，学生，在此有男人或女人不以手、土块、棍棒或刀伤害
> 众生。由于履行与从事如此的行为，身坏命终之后他投生于乐趣，
> 乃至天界。然而，如果在身坏命终之后他没有投生于天界，而是再
> 投生为人，那么无论出生于何处，他都会健康。学生，这就是导致
> 健康之道，即不以手、土块、棍棒或刀伤害众生。

在此情况下，不伤害众生的善业能直接造成天界的投生或人界的
健康果报。此外，如果那个人还造作了其他善业，如布施、修行止禅与
观禅等，那些善业也能由于该不伤害众生的清净戒行而产生天界的投
生或人界的健康果报。因此佛陀曾说："Ijjhati bhikkhave sīlavato ceto-
panidhi visuddhatta."——"戒行良好者的愿望可以由于其清净的戒行
而圆满达成。"

两家尊者（Ven. Bākula）就是一个很好的例子：

在一阿僧祇与十万大劫之前，当最上见佛（Buddha Anomadassī）
还未出现于世间时，他是一位博学的婆罗门。后来他出家作隐士，以追
求来世的安乐。他住在森林里修行禅定，成就八种定与五种世间神通。
他将宝贵的时间都用于享受禅定中的快乐。最上见佛出现于世间之后，
有一次他得到机缘听佛说法，因而归依三宝，成为佛教徒。当佛陀胃痛
时，他供养药品，医治佛陀的病。这种善业是很殊胜的，能够产生圆满
的果报。正如佛陀在《中部·布施分别经》（Majjhima Nikāya, Dakkhi-
na-Vibhaṅga Sutta）中所说的：

> 当一位有德行的人，以净信心深信业有大果报，布施如法得来
> 的物品给另一位有德行的人时，我说那样的布施能带来圆满的

果报。

在这件事情上，那位隐士是有德行的人，他的德行伴随着八定与五神通。再者，他已经皈依三宝，他的德行非常清净，使得他能够实现自己的愿望。

还有，接受者是佛陀——全世界德行最高的人，所供养的药品是以正当的方式从森林里取得的；他在供养前、供养时与供养后都有清净的信心；他对业能产生大果报具有坚定的信心，因为他能以天眼通见到业果的作用。由于这些因素，所以他的供养非常殊胜，能产生圆满的果报。

有一天，当佛陀的病痊愈，身体恢复健康时，他来见佛陀，并且如此发愿：

"世尊，如来因为我的药而身体痊愈，以此善业，愿我生生世世没有疾病，即使是几秒钟的不舒服也没有。"

由于他的善业与愿望，他在之后的每一生中都未曾生病，即使几秒钟的不舒服也没有。因此佛陀说："戒行良好者的愿望可以由于其清净的戒行而圆满达成。"

在我们行布施的时候，应当效法如此的榜样。

两家尊者在最上见佛的时代累积种种波罗蜜长达十万年之久，身坏命终之后，由于禅定的业力，他投生于梵天界，这是善的重业。在数不尽的大劫里，有时他投生于天界，有时投生于人界。在所有那段期间里，他不曾受到病苦或恶道之苦。

在胜莲花佛（Padumuttara Buddha）的时代，他是汉纱瓦帝城（Hamsāvatī）的在家居士。他听到佛陀宣布某一位比丘为健康第一的弟子，于是他累积许多善业，如供养种种资具给佛陀与僧团，并且发愿在未来佛的教化期中得到同样的荣衔。后来，他得到胜莲花佛授记将来能成为健康第一的比丘。他在十万年的生命里持续地累积善业，如布施、修行止禅与观禅达到行舍智的阶段。

在毗婆尸佛（Vipassī Buddha）出现于世间之前，他出生于曼都瓦帝城（Bandhumatī）。后来出家为隐士。遇到毗婆尸佛之后，他以佛陀为师。他治好许多由于嗅到有毒花朵而引起疾病的比丘。他以神通在森林里采集各种药材，将它们供养给生病的比丘。尽管他对佛陀具有充分的信心，有时间就去见佛闻法，但是他仍然过着隐士的生活，依照佛陀所教导的方法在森林里修行止禅与观禅。在那一生中，他医治比丘疾病的善思是很强的善业，能造成他生生世世健康。身坏命终之后，他由于禅定的业而投生于梵天界，那是善的重业。在大约九十一大劫里，他在天界与人界之间流转。在迦叶佛（Kassapa Buddha）的时代，他重新整理古老的医方，这个善业直接造成他的健康与长寿。

在我们的乔达摩佛（Gotama Buddha）出现于世间之前，两家尊者出生于憍赏弥（Kosambī）的一户长者家中。当他的褓姆在雅慕那河（Yamuna）为他沐浴时，他滑入水里而被一只大鱼吞入腹中，然而他并没有死。两家尊者之所以能够存活是因为他那最后一生的神圣力量的缘故，这是"智慧遍满神通"（ñāṇavipphāraiddhi）所产生的现象，即在那一世里，他不可能在尚未证得阿罗汉果之前死亡。这种"智慧遍满神通"由于他过去世累积的业在他的身上产生：他在胜莲花佛的时代得到授记，将成为健康第一的大阿罗汉，那是因为胜莲花佛见到他已累积及将累积足够的波罗蜜，以成为如此的阿罗汉。"智慧遍满神通"就是由那些波罗蜜产生的，那些波罗蜜当中有些是促使他长寿的支持业。

一个渔夫捕获那条大鱼，将它卖给波罗奈城一位长者的妻子。当那条鱼被剖开时，他们发现鱼的肚子里有一个婴儿，活得好好的，分毫没有受损。长者的妻子将他看成是自己的儿子一般地养育。当这个消息传出去而婴儿的家人前来认领时，长者的妻子请求其父母允许她将婴儿留下来抚养。国王裁决这两家共同拥有这婴儿，因此他被取名为两家（Bākula）。他过着荣华富贵的生活，到了八十岁的时候，他有机缘听闻佛陀说法，对佛法生起信心而出家修行。出家后的七天当中他精进地修行，到了第八天就证得阿罗汉果，连同四无碍解智。

后来佛陀宣布他是健康第一的大弟子，他活到一百六十岁才般涅槃。他是我们乔达摩佛时代四位大神通（mahābhiññā）之一。另外三位分别是舍利弗尊者、目犍连尊者及耶输陀罗长老尼（Bhaddakaccāna Yasodharā Therī）。

两家尊者的长寿与健康乃是过去生中在戒清净的基础上累积善业所造成的。

结论是我们应当记住佛陀的这段教导："戒行良好者的愿望可以由于其清净的戒行而圆满达成。"

接着请聆听第五个回答：

在此，学生，有男人或女人具有容易忿恨与恼怒的性格，即使只是稍微受到评论，他就忿怒、生气、怀有敌意、愤慨，显现出忿恨、瞋恚、不满。由于履行与从事如此的行为，身坏命终之后他投生于苦界、恶趣、堕处、地狱。然而，如果在身坏命终之后他没有投生于苦界、恶趣、堕处、地狱，而是再投生为人，那么无论出生于何处，他都会长得丑陋。学生，这就是导致相貌丑陋之道，即具有容易忿恨与恼怒的性格，即使只是稍微受到评论，他就忿怒、生气、怀有敌意、愤慨，显现出忿恨、瞋恚、不满。

在此我想讲述五丑（Pañcapāpī）的故事：她是波罗奈城（Bārāṇasī）一个穷人的女儿，她的手、脚、嘴巴、眼睛、鼻子都长得很丑陋，

所以被称为 "五丑"，然而她的触感却是殊妙迷人的。这些都是她过去世所累积的业所造成的。

在过去的某一生中，她是波罗奈城一个贫穷人的女儿。有一位辟支佛（Paccekabuddha）需要一团黏土来整理其住处，所以他进入波罗奈城托钵，以便取得黏土。那位辟支佛静静地站在她家门口。第一眼见到的时候，她很生气地看着那位辟支佛，心里责怪他为什么来要黏土；不过她还是将黏土给了那位辟支佛。她的善业被瞋恚所围绕。虽然那个善业使她投生为女人，但是由于她的瞋恚，所以她长得很丑陋，被称为五丑。她的触感很迷人是因为那时她供养辟支佛一团黏土，可用来整理他的住处。

然而，她过去世的善业透过迷人的触感而产生果报：有一天，她无意间碰触到波罗奈的国王巴卡（Baka）。巴卡迷恋上她，就化装成一位绅士去拜访她家，然后娶了她。后来，巴卡想封她为王后，但是恐怕她丑陋的外表会成为众人嘲笑的话题，于是巴卡想出一个办法，使人民都能体验到五丑极为殊胜美妙的触感，然后顺理成章地封她为王后。后来其他王妃嫉妒她，而将她遗弃在一艘船上，任水漂走。另一个国王巴瓦里亚（Pavariya）获得了她，而宣称她属于自己所有。巴卡听到这个消息之后很生气，准备对巴瓦里亚宣战。不过后来他们和解了，决定从那个时候开始，五丑隔周地轮流住在他们的皇宫。是故佛陀在《小业分别经》中如此说："就是业使得众生有高下之分。"

接着请聆听第六个回答：

然而，学生，在此有男人或女人不具有忿恨与恼怒的性格，即使是受到许多评论，他也不忿怒、不生气、不怀敌意、不愤慨，不显现出忿恨、瞋恚、不满。由于履行与从事如此的行为，身坏命终之后他投生于乐趣，乃至天界。然而，如果在身坏命终之后他没有投生于天界，而是再投生为人，那么无论出生于何处，他都会长得美丽。学生，这就是导致相貌美丽之道，即不具有忿恨与恼怒的性格，即使是受到许多评论，他也不忿怒、不生气、不怀敌意、不愤慨，不显现出忿恨、瞋恚、不满。

在此我想讲述须菩提尊者（Ven. Subhūti）的故事：在胜莲花佛的时代，他出生于一个富有的家庭，名叫难陀（Nanda）。后来他出家为隐士，成为四万四千名隐士的领袖。他们住在一座大森林里修行止禅，成就八定与五神通。

有一天，佛陀与十万位阿罗汉以神通飞到他们的住处，那些隐士非常高兴，所以就在几分钟内以神通力采集各种花，做成花座。佛陀与诸阿罗汉就坐在那些花座上进入灭尽定（nirodhasamāpatti：在所预定的一段时间内，名法与心生色法都暂时不生起的一种定境）七天。在那七天里，难陀都一直站在佛陀的后面，撑着一支华盖以遮护佛陀。他在累积善业时毅力多么坚强！在七天当中他都不移动、不躺卧、不吃、不上厕所。他的心非常专注，因为那时他已经精通八定与五神通。他以专注的心站在佛陀后面，撑着花朵制成的伞盖遮护佛陀连续七天。可以想象他累积了多少善业：即使只在一弹指之间，就已经有数百万个善的意门心路过程生灭。七天以来，难陀的心路过程中产生的善业是不计其数的，这些是欲界的善业。在每个心路过程里七个速行心的中间五个是比较强而有力的，它们有潜在力，能够在下一世之后的未来世长期地产生欲界的殊胜果报。至于他的下一世，则由禅那的业（广大业）产生果报，使他投生于梵天界，因为他的禅那业是重业。

当佛陀与诸阿罗汉从灭尽定出定时，正是供养他们的最佳时机。那些隐士从森林里采得水果与花，供养佛陀与僧团。佛陀交代一位慈心禅那及接受供养第一的比丘开示佛法，以表达感谢、随喜、回向与祝福

（anumodana）。

开示完后，除了难陀之外，其他的隐士全部都证得阿罗汉果。难陀则由于倾心于那位比丘庄严的威仪，所以没有证得任何圣道、圣果。当他知道开示的那位比丘获得那两项第一所需具备的特质时，难陀发愿将来自己也能得到同样的成就。

当时难陀的戒行清净，犹如明亮的宝珠，而且伴随着八定与五神通。在供养前、供养时与供养后他都对佛法僧三宝有净信心，他深信业有大果报，因为他能以天眼通清楚地了知业果的作用。接受布施者是世间无上的福田，而且他在最佳的时机布施给他们，因此他的愿望肯定会由于布施者与接受者双方的清净而圆满达成。他发愿之后，就得到胜莲花佛的授记：他将在乔达摩佛的时代成为慈心禅那与接受供养第一的比丘。

虽然他并没有改变隐士的身份，但是他经常去见佛闻法。他依照佛陀的教导而修行止禅与观禅，尤其注重于慈心禅那，并且以慈心禅那为基础进而修行观禅，达到行舍智的阶段。

在此我想对"缘起"再稍加解释：在他供养水果与花给刚从灭尽定出定的佛陀与僧团之后，他发愿要成为慈心禅那与接受供养第一的比丘。根据佛陀的教导，我们的身心是由究竟名色法构成的。如果我们了知它们是究竟名色法，那是正确的、是观智、是正见，但是如果我们将它们看成是男人、女人、比丘、比丘尼，那就是错误的，如此的错知称为无明。因此，在他这种情况下，他将一堆究竟名色法看成是慈心禅那与接受供养第一的比丘，这是"无明"；基于无明，他发愿成为慈心禅那与接受供养第一的比丘，这是"爱"；他执着于那样比丘的生命，这是"取"。无明、爱、取称为"烦恼轮转"（kilesavaṭṭa），即造成生死轮回的烦恼。

基于无明、爱、取，他供养水果与花给无上的福田——佛陀与僧团，这些善业称为行。它们是无常的，一生起后就立刻坏灭，然而它们在他的名色相续流当中留下了业力。在《发趣论》（Paṭṭhāna）的业缘那一段里，业力称为业。行与业称为"业轮转"（kammavaṭṭa），即造成生死轮回的业。

以上总共是五种过去因：无明（avijjā）、爱（taṇhā）、取（upādāna）、行（saṅkhāra）、业（kamma）。同样的原理也适用于所有业力成熟、结成果报的情况。

然而他的业被强而有力的慈心禅那所围绕。为什么他的慈心禅那能够强而有力呢？因为他特别注重于修行慈心禅那，这是一项因素。以慈心禅那为基础，他修行观禅。由于慈心禅那的支助，他的观智清晰、深入、彻底、强而有力。他强而有力的观智回过头来促使他的慈心禅那更稳固与强而有力。根据《发趣论》，这是强而有力的助缘，称为"亲依止缘"（upanissaya paccaya）。为什么会如此呢？因为他进入慈心禅，出定之后立即观照禅那名法为无常、苦、无我。然后又再进入慈心禅，出定后又再观照禅那名法为无常、苦、无我……如此一再地重复修行。由于这样不断重复的禅修，所以他的慈心禅那与观禅都变得稳固与强而有力，这是另一项因素。

再者，慈心禅正好与瞋恨互相对立，这就是为什么他的心经常没有瞋恨的缘故。经由修行止禅与观禅，他能够长时期地抑制瞋恨，不使它生起。此外，他的神通也能帮助抑制包括瞋恨在内的一切烦恼，他的观智也同样能抑制这些烦恼，所以他的心得到净化。由于净化的心，他的愿望将能圆满达成。在那一生中，他修行止禅与观禅长达十万年。他的意志力非常坚强，此意志力就是业。当意志力坚强时，没有什么愿望是不能实现的。

在我们佛陀的时代，他出世为富翁须摩那（Sumana）的儿子，给孤独长者（Anathapiṇḍika）的弟弟。由于他的相貌英俊、清秀、美好，所以他被取名为须菩提（Subhūti），意即"善相"。这是他过去世没有瞋恨或其他烦恼围绕之善业的果报。

在给孤独长者供养祇园精舍那一天，须菩提恭敬地聆听佛陀说法，因此对法生起信心而出家。出家后他精通两部毗尼。从佛陀那里得到业处之后，就独自在森林里修行。他以慈心禅那为基础，进而修行观禅，证得阿罗汉果。他平等地说法，不分别亲疏好恶。佛陀宣称他为寂静远离（araṇavihāri 无诤住者）与接受供养（dakkhineyya）第一的大弟子；他那强而有力的慈心禅那使他的心经常寂静，而且长久以来就已经远离烦恼，无诤而住。

据说他在入村托钵时，先站在每一家施主的门口进入慈心禅那，出定后才接受供养，以便使施主们能得到最大的福德。他行脚来到王舍城，频毗娑罗王答应要为他建造一个住所，但是忘了履行诺言。须菩提尊者就在露天的地方禅修，结果很久都没有下雨。频毗娑罗王后来发现不下雨的原因，就赶紧命令部下先为须菩提尊者建造一间树叶盖成的小屋。须菩提尊者一进入小屋，坐在稻草制成的床上时，天就开始下雨。他的心由于慈心禅那与出世间智慧而清净，因此天神也来保护他免受雨淋湿。由此可知清净的心使众生清净。

接着请聆听第七个回答：

在此，学生，有男人或女人心怀嫉妒，对别人获得的供养、名誉、重视、礼敬、致意与恭敬感到嫉妒、愤慨、满怀妒忌。由于履行与从事如此的行为，身坏命终之后他投生于苦界、恶趣、堕处、地狱。然而，如果在身坏命终之后他没有投生于苦界、恶趣、堕处、地狱，而是再投生为人，那么无论出生于何处，他都会没有影响力。学生，这就是导致没有影响力之道，即心怀嫉妒，对别人获得的供养、名誉、重视、礼敬、致意与恭敬感到嫉妒、愤慨、满怀妒忌。

这种嫉妒性格在社会生活中会产生许多问题。被嫉妒心征服的男人或女人不能依循佛法的教导而表现正当的行为，他们总是互相折磨与毁灭，及折磨与毁灭弱者。

在此，我想解释罗沙迦提舍尊者（Losaka Tissa Thera）的故事：在迦叶佛的时代他是一位比丘，接受该地区一位富翁的护持。有一天，一位阿罗汉进入这位富翁供养的寺院。富翁很欢喜那位阿罗汉的威仪，就请他住下来，自愿要供养他。阿罗汉答应住下来，但是原本居住在那里的比丘对他生起嫉妒心，因此这位比丘向施主说新来的阿罗汉很懒惰，一无是处。这位比丘还将施主托他供养给新来阿罗汉的食物倒入火炭中，这是由于嫉妒而造作的不善业。新来的阿罗汉知道这位比丘的心念，就动身离去，以神通力飞过天空。当这位比丘见到阿罗汉如此离去时，他的心中生起悔根。他的善业无法优先产生果报，于是死后他投生于地狱。受完地狱之苦后，他投生为夜叉，从来没有吃饱过。之后的五百世他都投生为狗，每一世都遭受许多恶业的果报，经常饥饿，不曾吃饱过。

在我们佛陀的时代，罗沙迦提舍尊者投生为憍赏弥一个渔夫的儿子，取名为罗沙迦（Losaka）。在他们的村子里住着一千户人家。在罗沙迦投生的那一天，那一千户人家都挨饿，而且受到种种灾难，所以他们将罗沙迦一家人赶走。罗沙迦长到会走路时，他的母亲就交给他一块陶器的破片，赶他出去行乞。他四处流浪，无人照顾，像乌鸦一般地捡地上的饭团来吃。在他七岁的时候，舍利弗尊者遇到他，同情他的不幸而剃度他。但是他的运气总是很差：每次托钵时，得到的食物都很少，从来没有吃过像样的一餐。当他修行到相当程度时，就证得了阿罗汉果。为什么他能证果呢？因为他在迦叶佛的教化期中修行了足以支持他证得阿罗汉果的波罗蜜将近两万年之久。尽管他证得了阿罗汉果，但是他还是得不到足够的食物。每当施主将食物放进他的钵里时，食物就立刻消失。原因是过去世他将施主托他供养阿罗汉的食物倒入火炭中，而且他对别人获得的供养、名誉、重视、礼敬、致意与恭敬感到嫉妒、愤慨、满怀妒忌。

在他快要般涅槃的时候，舍利弗尊者认为他应该吃到像样的一餐。他与罗沙迦一起进入舍卫城去托钵，但是没有人注意到他们。于是他带罗沙迦回到寺院，自己去托钵，然后托人将食物带去给罗沙迦。然而，受他托付的那个人将食物全部吃了。当舍利弗尊者发现这件事时，时间已经过了日正当中。于是他到国王的宫殿里去，得到了一碗由蜂蜜、酥油、奶油与糖混合成的甜品（catumadhura），然后带去给罗沙迦。他自己捧着碗，而叫罗沙迦吃那碗里的甜品，以免那甜品消失。当天晚上，罗沙迦提舍尊者就般涅槃了。人们在他的舍利上盖起一座塔来纪念他。因此佛陀在《皮带束缚经》中如此开示："是故，诸比丘，应当经常如此地反省自己的心：'长久以来，这个心就一直受到贪、瞋、痴所污染。'诸比丘，众生透过心的烦恼而染污；众生透过心的清净而净化。"

接着请聆听第八个回答：

> 然而，学生，在此有男人或女人不心怀嫉妒，对别人获得的供养、名誉、重视、礼敬、致意与恭敬不感到嫉妒、不愤慨、不满怀妒忌。由于履行与从事如此的行为，身坏命终之后他投生于乐趣，乃至天界。然而，如果在身坏命终之后他没有投生于天界，而是再投生为人，那么无论出生于何处，他都会具有影响力。学生，这就是导致具有影响力之道，即不心怀嫉妒，对别人获得的供养、名誉、重视、礼敬、致意与恭敬不感到嫉妒、不愤慨、不满怀妒忌。

我将举例来说明，优楼频螺迦叶（Ven. Uruvela Kassapa）就是很好的例子：

在胜莲花佛的时代他是一位在家居士。有一天他见到胜莲花佛宣布狮子音比丘（Sīhaghosa）为随从者人数第一的大弟子，他感到非常欢喜，并且发愿自己也能在未来佛的教化期中得到同样的荣衔。为了实现这个心愿，他累积了许多善业。

在此例子里，他对狮子音比丘获得的供养、名誉、重视、礼敬、致意与恭敬不感到嫉妒、不愤慨、不满怀妒忌，而是随喜其成就：他全身充满了喜悦与快乐。这种态度带给他很大的利益，使他获得愈来愈高的生命。

就缘起法而言，如果他了知比丘只是究竟名色法的组合，则他的了知是正确的，是正见；因为从究竟谛的角度来看，只有究竟名色法存在而已，没有真实的比丘、比丘尼存在。他将究竟名色法看成是随从者人数第一的比丘，这是他的"无明"。基于无明，他发愿自己在未来佛的教化期中成为那样的比丘，这种对生命的渴望就是"爱"。他执着那样比丘的生命，这就是"取"。事实上，由于不断重复而变强的爱就是取，他对那样比丘的生命有不断的渴望。为了达成那项愿望，他累积许多善业，那些善业就是他的行：他持戒清净，奉行布施与供养资具给佛陀与僧团，修行止禅，并且修行观禅达到行舍智的阶段。那些善业是无常的，一生即灭，但是它们在他的名色相续流里留下了业力。因此总共有五种过去因，即无明、爱、取、行、业。

后来他出生为马兴达（Mahinda）之子，弗沙佛（Phussa Buddha）的同父异母之弟。他与另外两位兄弟平定了边境的动乱，因此国王赐给他们供养佛陀与十万位比丘三个月的权利，作为酬劳。他们指派三位大臣安排佛陀与僧团的一切所需，他们自己则受持十戒，亲近佛陀，听闻佛法，一有时间就修行止禅与观禅。那三位大臣在我们佛陀的时代分别是频毗娑罗王（King Bimbisāra）、毘舍佉居士（Visākha）及护国尊者（Ven. Raṭṭhapāla）。

弗沙佛三兄弟在天界与人界流转，到了最后一生，他们出生于族姓为迦叶的一个婆罗门家庭。他们学习三部吠陀。后来三兄弟都出家为隐士。

在他们缠发苦行三兄弟（Tebhatika Jatila）当中，大哥优楼频罗迦叶（Uruvela Kassapa）与五百名弟子住在优楼频罗的尼连禅河（Nerañjara）边；河的稍下游处住着老二那提迦叶（Nadī Kassapa）及其三百名弟子；再往下游处住着老三伽耶迦叶（Gayā Kassapa）及其二百名弟子。

佛陀在仙人堕处（Isipatana）度过第一次雨季安居之后，就前去造访优楼频螺迦叶。尽管优楼频螺迦叶警告佛陀他们供奉圣火的屋舍里有毒龙居住，但是佛陀仍然选择在那里住。佛陀先后以神通力降伏了两条吐烟与吐火的毒龙，优楼频螺迦叶因此很钦佩佛陀的神通，就提议要每天供养佛陀饮食。佛陀住在附近的一个树林里三个月，并且多次显现神通，等待优楼频螺迦叶心态转化、堪能听受佛法。最后佛陀决定直接说穿优楼频螺迦叶还不是阿罗汉，而且他所遵循的修行方法不能使他证得阿罗汉果，借此来警醒优楼频螺迦叶。那时优楼频螺迦叶才认输，而且请求出家。佛陀要他将这个决定告诉他的弟子们，让他们选择自己未来的方向。他的弟子们早已倾向于佛陀，所以都一起剃发出家，将螺发及作火供的器具都丢弃到河里。那提迦叶与伽耶迦叶见到从上游漂来的供火具与螺发，都赶来问发生了什么事情。了解情况之后，他们也都跟随佛陀出家。佛陀在象头山（Gayāsīsa）为他们开示《燃烧经》（Āditta Sutta）——见《六处相应》（Saḷāyatana Saṃyutta）——他们全部证得阿罗汉果。

佛陀与优楼频螺迦叶及其众弟子离开象头山，来到王舍城。优楼频螺迦叶当着频毗娑罗王及集会的人民大众面前，公开地宣称自己归依了佛陀。

他之所以被称为优楼频螺迦叶，一方面是为了与其他姓迦叶的人作区别，另一方面是因为他在优楼频螺出家的缘故。他原本有一千名随从弟子，这些弟子跟随佛陀出家之后，还是一直追随在优楼频螺迦叶身边。每一名弟子又剃度了许多人，因此他们这一团比丘人数众多。

阿难尊者的戒师——毗罗咤狮子（Belaṭṭhasīsa）——就是优楼频螺迦叶的弟子。当优楼频螺迦叶皈依佛陀时，他也随着皈依佛陀。

后来佛陀在比丘大众中宣布优楼频螺迦叶是随从者人数第一的大弟子。这就是为何佛陀说："就是业使得众生有高下之分。"

接着请聆听第九个回答：

> 在此，学生，有男人或女人不布施食物、饮水、衣服、马车、花环、香、油膏、床、住处、灯明给沙门或婆罗门。由于履行与从事如此的行为，身坏命终之后他投生于苦界、恶趣、堕处、地狱。然而，如果在身坏命终之后他没有投生于苦界、恶趣、堕处、地狱，而是再投生为人，那么无论出生于何处，他都会贫穷。学生，这就是导致贫穷之道，即不布施食物、饮水、衣服、马车、花环、香、油膏、床、住处、灯明给沙门或婆罗门。

这段经文的意思是：由于嫉妒或吝啬，虽然自己有许多物品可以布施，但是却丝毫不愿布施。由于吝啬的缘故，可以导致人投生于四恶道之一或成为贫穷的人。

我想讲述须婆的父亲都提婆罗门（Brahmin Toddeya）的故事：他是大沙罗婆罗门（Mahāsāla Brahmin），即在伊车能伽罗（Icchānankala）与玛那沙卡达（Manasākata）集会的婆罗门众当中，被列名为卓越婆罗门者。他的永久住所是在都提村（Tudigama），因此被称为都提（Todeyya）。他是憍萨罗国（Kosala）波斯匿王（King Pasenadi）的国师。

虽然他极端富有，但是却非常吝啬。因此尽管佛陀与僧团就住在舍卫城，他却丝毫不曾布施给他们。他经常教诫儿子须婆不要将任何物品给予任何人，而要不断地累积财富，就像蜜蜂将蜜汁一点一滴都累积起来一样，也像白蚁一点一滴地累积泥土，造成白蚁丘一样。由于他的吝啬，死后他投生为自己家中的狗，须婆非常宠爱那只狗。

当佛陀来到须婆的家里时，那只狗就对着佛陀吠叫。佛陀责备那只狗，称呼那只狗为都提。须婆听了非常生气，但是佛陀要那只狗将它前世做人时埋藏的宝藏挖出来，以此证明那只狗确实是须婆的父亲投生的。那只狗死后投生于地狱。

也请记住罗沙迦提舍的故事：由于他的嫉妒与吝啬，虽然他受完地狱的苦，投生为人，但是无论出生于何处，他都很贫穷。由此可见众生被自己内心的烦恼所染污。

接着请聆听第十个回答：

> 然而，学生，在此有男人或女人布施食物、饮水、衣服、马车、花环、香、油膏、床、住处、灯明给沙门或婆罗门。由于履行与从事如此的行为，身坏命终之后他投生于乐趣，乃至天界。然而，如果在身坏命终之后他没有投生于天界，而是再投生为人，那么无论出生于何处，他都会富有。学生，这就是导致富有之道，即布施食物、饮水、衣服、马车、花环、香、油膏、床、住处、灯明给沙门或婆罗门。

关于这一点，西瓦利尊者（Sīvalī Thera）是很好的例子：在胜莲花佛的时代，他发愿要像胜莲花佛的弟子善见（Sudassana）比丘那样，成为受供第一的大弟子。为了达成这个心愿，他布施佛陀及十万位比丘僧七天的饮食。这个善业的果报非常大。为什么呢？

那时候人的平均寿命为十万岁，大多数人受持五戒而且持戒清净。他了解戒行良好者的愿望可以由于其清净的戒行而圆满达成。他修行止禅与观禅，达到行舍智的阶段，这是将来证得阿罗汉果时也具足四无碍解智的必然修行方法。因此他的布施伴随着戒、定、慧的功德。再者，接受布施者是世间最上的福田——佛陀与僧团；布施物是以正当的方法得来的；他在布施前、布施时与布施后都具有净信心；由于他在之前修行观禅时已经了知缘起，所以他对业能产生大果报深具信心。

由于这些因素，他的布施功德很大，能促使他的愿望圆满达成。而事实上，胜莲花佛就授记他将在乔达摩佛的教化期中成为受供第一的大弟子。

在毗婆尸佛的时代，他出生于曼都瓦帝城附近。那时人民与国王在比赛谁对佛陀与僧团的布施比较多。当他们需要蜂蜜、凝乳与糖时，他提供了足以供养六万位比丘的分量。

在利见佛（Atthadassī Buddha）的时代，他做国王，名叫瓦努那（Varuṇa）。佛陀般涅槃之后，他对菩提树作大布施，后来在菩提树下过世，投生于化乐天（Nimmānarati）。他在人间做国王三十四次，名字都叫作苏巴武（Subahu）。根据《譬喻经》（Apadāna）的说明，在他的最后一生里，他的父亲是利加威马哈力（Liccavi Mahāli），他的母亲是拘利族（Koliya）的公主苏巴瓦沙（Suppavāsā）。因此他出生于一个非常富裕的家庭。

他住在母亲苏巴瓦沙的胎中七年又七个月，最后他的母亲要生他的时候努力了七天，仍然生不出来。苏巴瓦沙想到自己可能活不久了，就对丈夫说："我想在死亡之前做布施。"于是交代丈夫送一份供养品去给佛陀。佛陀接受了供养，并且宣说祝福的谢词。由于这个布施的缘故，她立刻顺利地生出西瓦利。当她的丈夫回来时，她交代丈夫再供养佛陀与僧团七天。

西瓦利自从出生以来就有很高的天分。在他出生的那一天，舍利弗尊者就与他交谈，并且在征得他母亲的同意之后剃度了他。当他的第一绺头发被剃除时，他证得了须陀洹果；第二绺头发被剃除时，他证得斯陀含果。剃度后他就离开家庭，住在一间幽静的小屋禅修。他思维自己长久住胎之苦，于是精进地修行观禅，提升观智而证得阿罗汉果连同四无碍解智。这是因为他曾在过去佛的教化期中累积深厚的波罗蜜，修行止禅与观禅达到行舍智阶段，尤其是履行"往返义务"。所谓"往返义务"就是在前去托钵与返回时都专注于修行止禅与观禅。

然而，是什么原因造成他延迟出生呢？

过去某一生中，我们的菩萨是波罗奈的国王。那时憍萨罗的国王攻打波罗奈，将他杀死，而且将他的王后占为己有。波罗奈的王子从下水沟逃走，后来召集大批的军队反攻。波罗奈王后听到这个消息时，就建议她的儿子围堵憍萨罗城。她的儿子照着做了，到了第七天，憍萨罗国王被捕捉，头被砍下来送到波罗奈王子那里。

过去世那个波罗奈王子在我们佛陀的时代就是西瓦利。他围堵城池的业造成他在母胎中住七年又七个月，而出生时经历七天才完成。他过去那一世的母亲就是我们佛陀时代的拘利族公主苏巴瓦沙。

佛陀讲述这个故事以解释为何苏巴瓦沙怀胎的时间那么久。正是基于这一点，所以佛陀说："是故，诸比丘，应当经常如此地反省自己的心：'长久以来，这个心就一直受到贪、瞋、痴所污染。'诸比丘，众生透过心的烦恼而染污；众生透过心的清净而净化。"

后来佛陀在比丘大众当中宣布西瓦利是受供第一的大弟子。据说当佛陀前去探视舍利弗尊者最小的弟弟卡底瓦拉尼亚·离婆多尊者（Khadiravaniya-Revata）的时候，就是带着西瓦利尊者同行，因为那条道路难行而且粮食稀少。

又有另一次，西瓦利尊者与五百位比丘一起前往喜马拉雅山，以试验自己的福报。结果天神为他们准备了大量的食物。在干吐马塔那（Gandhamadana）地方，有一位名叫那伽达多（Nagadatta）的天神在七天里都供养他们乳饭。这些是他过去世布施之业的果报。

接着请聆听第十一个回答：

在此，学生，有男人或女人傲慢与过慢，不礼敬应受礼敬者，不起立致敬应受起立致敬者，不让座位给应受座位者，不让路给应受让路者，不恭敬应受恭敬者，不尊重应受尊重者，不奉事应受奉事者，不供养应受供养者，由于履行与从事如此的行为，身坏命终之后他投生于苦界、恶趣、堕处、地狱。然而，如果在身坏命终之后他没有投生于苦界、恶趣、堕处、地狱，而是再投生为人，那么无论出生于何处，他都会出身低贱。学生，这就是导致出身低贱之道，即傲慢与过慢，不礼敬应受礼敬者，不起立致敬应受起立致敬者，不让座位给应受座位者，不让路给应受让路者，不恭敬应受恭敬者，不尊重应受尊重者，不奉事应受奉事者，不供养应受供养者。

关于这一点，请先聆听善觉（Suppabuddha）的故事：

善觉是释迦族的王子，他的父母是安阇那（Añjana）与耶所塔那（Yasodharā），他有一个兄弟名为坦达巴尼（Daṇḍapāṇi）、两个姊妹分别是我们佛陀的母亲摩诃摩耶（Mahā-Māyā）及姨母波阇波提瞿昙弥（Pajāpatī-Gotamī）。他娶阿弥达（Amitā）为妻，生了巴达伽加那·耶输陀罗（Bhaddakaccāna-Yasodharā）及提婆达多（Devadatta）。耶输陀罗嫁给悉达多太子为妻，因此善觉是佛陀的岳父。据说他因为佛陀抛弃他的女儿及对提婆达多不友善而受到触怒。有一天，他喝了烈酒而且阻挡佛陀的去路，虽然经过众比丘一再地请求，他仍然拒绝让路。于是佛陀转回头走了。阿难尊者见到佛陀微笑，就请问佛陀为何微笑。佛陀说七天内善觉会在他自己的皇宫楼下陷入地中。善觉偷听到他们的谈话，就将所有的财物搬到自己皇宫的第七层楼上，撤除楼梯，关闭所有的门，并且每层楼派一个强壮的警卫守护着。到了第七天，善觉御用的马挣脱了绳索。由于除了善觉以外，没有人能够控制它，所以他走向门去，准备要捉住那匹马。门自动打开，楼梯回复原位，那些强壮的警卫将他丢下楼梯去。当他落到楼梯底层时，土地裂开而使他陷入地里，一直堕到阿鼻地狱（Avici-hell）去。由此可知：众生被自己内心的烦恼所染污。

也请聆听优波离尊者（Upāli Thera）的故事：在胜莲花佛的时代，优波离是一个富有的婆罗门，名叫善生（Sujāta）。当佛陀来到他们住的城市开示佛法时，善生在大众中注意到为佛陀支撑华盖七天的善庆沙门（Sunanda）。佛陀授记说善庆在乔达摩佛的时代将名为富楼那弥多罗尼子（Puṇṇa Mantāniputta），是说法第一的大弟子。善生也想在未来见到乔达摩佛。当他听到胜莲花佛宣布波提迦比丘（Pātika）为持律（vinayadhara 背诵戒律）第一者时，他发愿自己在乔达摩佛的时代也能得到同样的荣衔。

为了达成这项目标，他累积了许多善行，其中一项就是以重资为佛陀与僧团建造一座寺院，名为所伯那（Sobhana）。他也修行止禅与观禅，达到行舍智的阶段。

然而，在二大劫以前他是国王安阇那（Añjana）之子，名为善喜（Sunanda）。有一天他骑着大象到公园去，路上遇到辟支佛提瓦拉（Devala）。他以种种方式辱骂那位辟支佛，他之所以造作这些不善业，乃是因为他对自己的王子身份感到骄傲。那时，善喜立刻全身发高烧，直到他在众随从陪同下，去向辟支佛道歉之后，高烧才退下去。辱骂辟支佛的业是他最后一世出生为优波离后成为理发师的原因。

在乔达摩佛的时代，他出生于迦毗罗卫城一个理发师的家庭，后来在皇宫里为王子们服务。当阿那律、阿难等王子们要去阿努比亚芒果园（Anupiya Mango grove）跟随佛陀出家时，优波离伴随着他们。王子们将自己身上所有的金银珠宝都送给优波离，但是优波离一再考虑之下还是决定拒绝接受，而且他自己也想出家为比丘。他之所以作此决定是因为他了解释迦王族多数是急性暴躁的人，他们可能会怀疑他谋杀那些王子而夺取他们的珠宝，如此他恐怕自己的性命难保。

在那些释迦王子的请求之下，佛陀先剃度优波离，以便让那些王子学习谦虚。优波离的戒师是迦比达迦尊者（Ven. Kappitaka）。当优波离请求佛陀教导他禅修业处及允许他到森林里去修行时，佛陀没有同意让他去森林里修行，因为如果他到森林里去修行，他只能学到禅修而已。然而，如果他与佛陀身边的比丘们住在一起，则他不但能学习到禅修，而且还能学习到佛法。优波离接受佛陀的建议，他精进地修行观禅，并且在五根达到成熟时证得阿罗汉果，连同四无碍解智。佛陀教导优波离整部律藏（Vinaya Piṭaka）。佛陀在僧团大众当中宣布优波离尊者是精通戒律第一的大弟子。他经常被提到是律学的权威。在王舍城举行的第一次佛教圣典结集中，优波离尊者负责解答所有关于戒律的问题；阿难尊者则负责解答所有关于佛法的问题。由此可见：就是业使得众生有高下之分。

接着请聆听第十二个回答：

然而，学生，在此有男人或女人不傲慢也不过慢，礼敬应受礼敬者，起立致敬应受起立致敬者，让座位给应受座位者，让路给应受让路者，恭敬应受恭敬者，尊重应受尊重者，奉事应受奉事者，供养应受供养者，由于履行与从事如此的行为，身坏命终之后他投生于乐趣，乃至天界。然而，如果在身坏命终之后他没有投生于天界，而是再投生为人，那么无论出生于何处，他都会出身高贵。学生，这就是导致出身高贵之道，即不傲慢也不过慢，礼敬应受礼敬者，起立致敬应受起立致敬者，让座位给应受座位者，让路给应受让路者，恭敬应受恭敬者，尊重应受尊重者，奉事应受奉事者，供养应受供养者。

关于这一点，我想举跋提尊者（Bhaddiya Thera）为例：他的母亲迦里果达（Kaligodha）是释迦族里地位崇高的女性。跋提尊者在比丘众中是出身高贵第一的大弟子。过去他在胜莲花佛的教化期中发愿得到这项荣衔，那时他出生于一个非常富有的家庭，他累积许多善业，包括修行止禅与观禅在内。在迦叶佛与乔达摩佛之间的某一世，他是波罗奈城的一位在家居士。他听说有七位辟支佛常在恒河岸边用餐，于是他为他们在这里设置七张石头制成的座椅，使他们能坐在石椅上用餐。这是他提供座位给应受座位者的美德，也是他为了得到出身高贵的果报所累积的善业之一。

在他的最后一世，他出生于迦毗罗卫城的一个皇族家庭。当他统治着释迦族当中属于他的那一国时，阿那律王子是他的好朋友。当阿那律向母亲请求出家时，他的母亲在尽力婉留无效之下，同意并说如果跋提王也出家的话，阿那律才能出家，希望以此使阿那律打消出家的念头。阿那律来找跋提王，将跋提王的所有推辞都一一化解，劝他与自己一起出家。于是跋提王、阿那律及其他四位王子都一起在阿努比亚芒果园（Anupiya Mango grove）出家。据说跋提在出家后第一次雨季安居期间证得阿罗汉果，连同四无碍解智。

证得阿罗汉果之后不久，跋提经常在幽静的树下禅坐，安住于涅槃之乐。出定后他往往由衷喜悦地如此说："Aho sukhaṁ, aho sukhaṁ."——"哦，真是快乐！哦，真是快乐！"其他比丘听到了，以为他禅修出了问题，或者想念起以前当国王时的欢乐，所以将此事报告佛陀。佛陀就要人去将跋提找来，当面问他这件事。跋提回答说：以前他住在皇宫里，尽管各处戒备森严，但是他内心仍然感到恐怖与惊惶。现在虽然他独自住在树下，却毫无怖畏，内心无为、安稳而住。这就是他之所以有感而发"哦，真是快乐！"的原因。

由于过去世善业的缘故，跋提曾经连续五百世做国王，乃至在最后那一生中，尽管当时还有许多出身高贵的人，佛陀还是宣布跋提是出身高贵第一的比丘。由此可见：就是业使得众生有高下之分。

接着请聆听第十三个回答：

  在此，学生，有男人或女人拜访沙门或婆罗门时不请问"尊者，什么是善的？什么是不善的？什么是有过失的？什么是没有过失的？什么是应培育的？什么是不应培育的？什么行为导致长久的痛苦？什么行为导致长久的安乐？"由于履行与从事如此的行为，身坏命终之后他投生于苦界、恶趣、堕处、地狱。然而，如果在身坏命终之后他没有投生于苦界、恶趣、堕处、地狱，而是再投生为人，那么无论出生于何处，他都会智慧暗昧（劣慧）。学生，这就是导致智慧暗昧之道，即拜访沙门或婆罗门时不请问"尊者，什么是善的？什么是不善的？什么是有过失的？什么是没有过失的？什么是应培育的？什么是不应培育的？什么行为导致长久的痛苦？什么行为导致长久的安乐？"

关于这段经文，此人堕入恶道的原因并不是单纯由于他没有请问上述那些问题，而是在没有请问那些问题的情况下，由于不了解如何从事正当的行为，而做了许多错事。由于那些错事与不善业，才造成他投生于恶道。

我想讲述须尼达尊者（Sunīta Thera）的故事：在过去某一生中，他曾经对正在村子里托钵的一位辟支佛轻视地说："你跟大家一样有手有脚，你应该跟大家一样工作来谋生。如果你没有任何技能，那么你应该靠捡拾垃圾桶里的垃圾与废物来谋生。"

为什么他会做出如此的错事呢？因为他不亲近沙门或婆罗门，不去了解什么是善，什么是不善，因此他愚痴蒙昧。由于智慧暗昧的缘故，他累积了错事与恶业。

他不懂得礼敬应受礼敬者，恭敬应受恭敬者，尊重应受尊重者，奉事应受奉事者，供养应受供养者。相反地，他以轻视的口气对一位辟支佛说话。由于这个恶业，身坏命终之后他堕入恶道受苦。因此，愚痴是众生的一项很危险的烦恼。

在乔达摩佛的时代，他出生于王舍城一个清道夫的家庭，依靠打扫街道而勉强维持贫苦的生活。有一天，佛陀观察到须尼达过去世曾经累积足够的波罗蜜，能支持他证得阿罗汉果。于是在清晨的时候，佛陀与五百位比丘去造访须尼达。那时他正在清扫街道与捡拾垃圾桶里的垃圾与废物。当他见到佛陀时，内心充满了敬畏，不知道自己该站在那里，就直挺挺地靠着墙壁站着。佛陀走近他，问他是否想出家为比丘。他回答说他非常愿意出家为比丘。佛陀就以如此的话接受他出家："善来，比丘，法已善说，坚持梵行以究竟离苦。"

佛陀带着须尼达回到寺院，教导他禅修的业处。须尼达精勤地修行该业处之后，证得阿罗汉果。之后有许多天神与人来礼敬他。须尼达就教导他们自己借以证悟的修行方法。由此可知：就是业使得众生有高下之分。

接着请聆听第十四个回答：

然而，学生，在此有男人或女人拜访沙门或婆罗门时请问

"尊者，什么是善的？什么是不善的？什么是有过失的？什么是没有过失的？什么是应培育的？什么是不应培育的？什么行为导致长久的痛苦？什么行为导致长久的安乐？"由于履行与从事如此的行为，身坏命终之后他投生于乐趣，乃至天界。然而，如果在身坏命终之后他没有投生于天界，而是再投生为人，那么无论出生于何处，他都会智慧高超。学生，这就是导致智慧高超之道，即拜访沙门或婆罗门时请问"尊者，什么是善的？什么是不善的？什么是有过失的？什么是没有过失的？什么是应培育的？什么是不应培育的？什么行为导致长久的痛苦？什么行为导致长久的安乐？"

关于这一点，单纯只是请问这些问题并不足以使他成为有智慧的人。问过了问题之后，还必须依法实行。摩诃俱稀罗尊者（Mahākoṭṭhika Thera）就是很好的例子。

在胜莲花佛的时代，他是一位在家居士，听到胜莲花佛宣布一位比丘为无碍解智（paṭisambhidāñāṇa）第一的大弟子，他发愿在未来佛的教化期中得到同样的荣衔。为了达成这个目标，他亲近佛陀与十万位比丘，供养饮食七天，并且在最后供养他们每人三件袈裟。

要达成这种心愿就必须学习三藏圣典，研讨注释及疑难之处，恭敬地聆听佛法，并且实际地修行止禅与观禅，达到行舍智的阶段。

那时候人类的寿命是十万岁，他在那一生中都累积上述的那些波罗蜜，这是要在证得阿罗汉果时也具足四无碍解智者的必然修行方法。摩诃俱稀罗尊者过去生中就是如此履行波罗蜜，以期达到自己的愿望。最后，当他的愿望达成时，他成为乔达摩佛的弟子当中无碍解智第一者。

在他最后那一生，他出生于舍卫城的一户富有的家庭，父亲是阿摄拉亚那（Assalāyana），母亲是旃陀瓦第（Candavatī）。他精通于吠陀典，听闻佛陀说法之后，他出家精进地修行，并且不久就证得阿罗汉果。由于他经常询问佛陀与同修的比丘们佛法，因此他非常精通于无碍解智。正是由于这个缘故，所以佛陀在《中部·根本五十经篇·大方广经》（Majjhima Nikāya, Mūlapannasa, Mahāvedalla Sutta）中宣布他为无碍解智第一的大弟子。在那部经中，摩诃俱絺罗尊者对舍利弗尊者所提出的问题给予非常深入、玄妙的回答。在不同部尼诃耶（Nikāya）当中，还有数则摩诃俱絺罗尊者与其他杰出尊者之间的讨论。舍利弗尊者相当敬重摩诃俱絺罗尊者。在《长老偈》（Theragāthā）（偈 1005 – 7）当中就有三首舍利弗尊者赞叹摩诃俱絺罗尊者卓越德行的偈颂。其偈颂如下：

> 内心寂静与善自摄护，
> 无掉举而依智慧言说，
> 他扫荡一切邪恶之法，
> 犹如风吹干枯的树叶。

> 内心寂静与善自摄护，
> 无掉举而依智慧言说，
> 他去除一切邪恶之法，
> 犹如风吹干枯的树叶。

> 内心寂静而安稳无忧，
> 德行明净而毫无垢染，
> 持戒清净与深具智慧，
> 他是灭尽一切众苦者。

接着请聆听《小业分别经》的结论：

> 如此，学生，导致短命之道令人短命；导致长寿之道令人长寿；导致多病之道令人多病；导致健康之道令人健康；导致丑陋之道令人丑陋；导致美丽之道令人美丽；导致没有影响力之道令人没有影响力；导致有影响力之道令人有影响力；导致贫穷之道令人贫穷；导致富有之道令人富有；导致出身低贱之道令人出身低贱；导致出身高贵之道令人出身高贵；导致智慧暗昧之道令人智慧暗昧；导致智慧高超之道令人智慧高超。众生是他们自己所造之业的拥有者，业的继承人，他们起源于业，系缚于业，以业为依靠处。就是业使得众生有高下之分。

从上述的那些故事里，我们见到许多卓越的尊者在过去世累积波罗蜜的经过。他们累积善业，如布施、持戒、修行止禅与观禅。然而，由于无明、爱、取的多样化，所以业也变得多样化；由于业（业识 kammaviññāṇa）的多样化，他们也就多样化。同样的原则也适用于不善业成熟时的情况。

接着我想继续解释《皮带束缚经》。佛陀在经中继续说：

> 诸比丘，正如一个画家或油漆匠使用染料、虫胶或郁金粉、靛色或茜草色在已经磨光的平板、墙壁或画布上描绘出具足所有特征的男人或女人形象。同样地，诸比丘，当未曾闻法的凡夫造成某物时，他只造成色，只造成受，只造成想，只造成行，只造成识。

现在，未曾闻法的凡夫每天都造作身体、言语及意念的行为。这些行为是善或不善的行与业，根源于无明、爱、取。只要未曾闻法的凡夫还不修行导致烦恼灭尽无余之道，上述的无明、爱、取、行、业就还会产生它们的果报，即造成五取蕴。善业产生美好的五取蕴，不善业产生丑恶的五取蕴。根据世俗谛，这些五取蕴称为男人或女人。善业造成美好的男人或女人，不善业造成丑恶的男人或女人。因此，累积善业或不善业就像在已经磨光的平板、墙壁或画布上描绘出男人或女人的形象。善巧的画者描绘出美好的男人或女人像，拙劣的画者则描绘出丑恶的男人或女人像。同理，愚昧的未曾闻法凡夫累积不善业，理智的已闻法凡夫或有学圣者累积善业。

我想举例来说明，以便能更清楚地理解其含义：

旃普迦尊者（Jambuka Thera）

在迦叶佛的时代，旃普迦是一位比丘，接受一位在家施主护持。有一天，一位阿罗汉比丘来到他的寺院。在家施主感到很欢喜，就特别殷勤地照顾那位阿罗汉比丘：他供养了丰盛的饮食与袈裟，请一位理发师来帮他剃头，而且送来一张床供他睡卧之用。原本定居在那里的比丘（后来的旃普迦）见到施主对客比丘如此殷勤，心里感到很嫉妒。他无法克制自己的心，被嫉妒所征服。他用尽各种方法使施主对客比丘产生最坏的印象。他甚至辱骂客比丘说：

1. 你最好去吃污秽之物，而不要吃这家施主的食物；

2. 你最好用扇椰梳子撕掉头发，而不要让他的理发师剃头；

3. 你最好裸体，而不要穿他供养给你的袈裟；

4. 你最好躺卧在地上，而不要躺在他供养的床上。

由于不能克制自己的嫉妒心，所以他正在描绘丑恶的人像。那位客比丘不愿让他继续因为自己而造罪，因此在第二天就离开了。由于这个不善业，虽然旃普迦修行了两万年，但是却毫无成果。死后他投生于阿鼻地狱（Avīci），在两尊佛之间的时期里备受煎熬，乃至在他的最后一生，有许多年的时间他饱受指责。

由于他在迦叶佛时代累积的善业，他出生于王舍城的一户富有的人家里。但是由于上面谈到的不善业，所以从婴儿的时候，他就只吃粪便，别的东西一概不吃；他一直像出生时那样全身裸露，衣服一概无法穿得住；他只睡地上，不睡床上。长大之后，他跟随邪命外道（Ājīvaka）出家。那些邪命外道用扇椰梳子将他的头发拔掉。当邪命外道发现他吃粪便等污物时，就将他赶出去。他以裸体外道自居，修行各种苦行。他假装除了用草叶尖端沾一点奶油或蜂蜜滴在舌头上之外，不接受其他任何供养，尽管事实上，他在夜里偷偷地吃粪便。如此，他苦行的名声远播四方。

在他五十五岁的时候，佛陀知道他过去世的善业即将能结成果报，因此去造访他，住在靠近他住处的一个山洞里。当天晚上，旃普迦见到威神显赫的天神都来礼敬佛陀，心里深深感到佩服，因此隔天早上就来请教佛陀。佛陀告诉他造成他当世如此长期苦行的过去世恶业，并且劝他放弃错误的行为。在佛陀开示之时，旃普迦对自己的裸体生起羞愧，佛陀就交给他一块沐浴用布，让他遮覆身体。听完佛陀的开示之后，旃普迦证得阿罗汉果。当鸯伽（Aṅga）与摩竭陀（Magadha）的居民带着供品来见他时，他显现神通，并且顶礼佛陀，声明佛陀是他的老师。如此，就是业使得众生有高下之分。

接着，请大家看旃阇摩那祇所画的图：

旃阇摩那祇（Ciñca-māṇavikā）

旃阇摩那祇是某一教派的外道女（paribbājika），她长得非常美丽动人。当这一派异教徒发现由于佛陀的信众增多而使他们的供养减少时，他们要求旃阇摩那祇帮助他们达成破坏佛陀名誉的阴谋，要她假装去祇园精舍拜访佛陀：她故意让人们见到她在傍晚的时候到祇园精舍去，晚间她在祇园精舍附近那派异教徒的地方过夜，隔天清晨人们看到她从祇园精舍的方向走回来。当人们问她时，她说她与佛陀过夜。几个月之后，她将一个木制的圆盘绑在腹部，假装怀孕，来到佛陀面前。当佛陀正在对众多的听众开示时，她指控佛陀不负责任及不顾情义，一点也不为她生产的事作准备。佛陀沉默不语。然而，忉利天上帝释的座位发热起来，提醒他人间发生了需要他处理的事情。于是他令一只老鼠去将绑住木盘的带子咬断。木盘掉下来，切断了旃阇摩那祇的脚趾头。她被在场的众人赶出寺院去。当她走出寺院大门时，地狱的猛火立刻将她吞噬下去。这就是众生被自己内心的烦恼所染污的情况。

据说，佛陀之所以会蒙受被旃阇摩那祇指控这样的不光彩之事，原因是在过去某一生中，他曾经辱骂一位辟支佛。

接着请大家看小善贤（Cūḷasubhaddā）的图画。大家可以自己判断那是不是一幅美好的图画。

小善贤（Cūḷasubhaddā）

《六牙本生经》（Chaddanta Jātaka）是我们菩萨的本生故事。那一世他是一只名叫六牙（Chaddanta）的象王。这是在谈到舍卫城的一位比丘尼时所说的故事：有一天，当那位比丘尼在祇园精舍听佛陀开示时，由于仰慕佛陀完美的品格而想知道自己过去生中是否曾经作过他的妻子。那时，宿命智（jātissarañāṇa）立刻在她的心中生起，她一生接着一生地回忆过去世。过去她身为六牙象王的配偶小善贤那一世的记忆出现在她的心中。她感到很高兴，所以欢喜地笑了出来。但是她又想着：只有少数的女人真正为她们丈夫的利益着想，多数的女人不为自己丈夫的利益着想。因此她想知道自己是否曾经作一个为丈夫利益着想的好妻子。当她如此进一步回忆的时候，她发现自己导致丈夫死亡，于是她大声地哭起来了。那时，佛陀讲述六牙本生故事，来解释那位比丘尼一会儿笑、一会儿哭的原因。

有一世，菩萨出生为六牙象族的象王，它们的族群里总共有八千只象。由于过去世所累积之业，它们都能在天空飞行。菩萨的身体是纯白色的，脸与脚则是红色的。当它站立着的时候，它身体的六个部位都接触到地上，即四只脚、象鼻与象牙。它住在六牙湖边的金色山窟（Kañcanagūhā）里。它的主要伴侣是大善贤（Mahāsubhaddā）与小善贤（Cūḷasubhaddā）。

有一天，六牙象王听说沙罗（Sāla）树林里沙罗树花盛开，所以领着象群到那里去。六牙象王以身体重击一棵沙罗树，以表达内心的欢喜。这一重击使得沙罗树的干枯树枝、树叶及红蚂蚁掉落在小善贤的身上，而沙罗树的花则掉落在大善贤的身上。原因是那时正好有一阵风吹过，而小善贤站在下风处，大善贤则站在上风处。虽然这只是由于风吹而恰巧发生的事情，并非六牙象王有意造成，但是小善贤对这件事很不高兴，因而不断地抱怨。

有一天，所有的象都在六牙湖中玩水。那时有一只象供养一朵名叫"增盛繁荣"（sattussada）的多花瓣大莲花给六牙象王。六牙象王将那朵莲花赐给大善贤。小善贤很不满意六牙象王如此明显地偏爱自己的对手，她内心感到难堪而且对象王怀恨。

不久，六牙象王与所有的象都有机会供养水果与用品给五百位辟支佛，他们都是摩诃波陀玛瓦第王后（Queen Mahāpadumavatī）所生的儿子。他们是世间的无上福田。

有一天，当六牙象王在供养五百位辟支佛时，小善贤也供养他们野生水果，并且发了一个愿。她正在描绘一幅图画。她了解辟支佛是德行最高的人，是无上的福田，而包括小善贤在内的所有的象也都是有德行的，供养物是正当地从森林里取得的，供养前、供养时与供养后她都深信业有很大的果报，她也了解戒行良好者的愿望可以由于其清净的戒行而圆满达成。那时她淋漓尽致地描绘出具足所有特征的一个女人形象：

尊者，以此功德，在身坏命终之后，

愿我投生于摩达王（King Madda）的家中，成为一位公主；

愿我名字叫作善贤（Subhaddā）；

愿我成为波罗奈国王的王后；

愿我能说服波罗奈国王实现我的心愿；

愿我能指派一名猎人将六牙象王的象牙砍下来。

为什么她发愿要投生为摩达王家中的公主呢？因为她了解若要说服一个男人帮助她实现心愿，美丽的相貌是绝对必要的，而摩达王家中出生美女，所以她发愿生为摩达王的公主。她也了解波罗奈王的势力比其他国王更强大，因此她发愿成为波罗奈王的王后。如此，依照画者的意愿，一个具足所有特征的女人形象将在人类世间的画布上显现。

结果她身坏命终之后如愿地出生于摩达王家中，后来也果然成为波罗奈王的王后。当她成为王后——地位最高的女性——之后，理应舍弃对森林里一只动物的怀恨，但是她却无法舍弃怀恨，无法原谅六牙象王，她无法控制自己的心。

因此，当你在造业的时候，千万要记住这个故事，因为当业力成熟时，就很难避免其果报。让我们继续看这个故事：

她内心怀着前世的怨恨，计谋如何将六牙象王的象牙砍下来。她怂恿国王召集所有的猎人，选出其中一个名叫所努达拉（Sonuttara）的猎人来执行这项任务。由于善贤熟知六牙象王非常尊敬穿着黄色袈裟的那些辟支佛，所以她交代所努达拉穿上黄色袈裟，如此六牙象王就不会伤害他。所努达拉费了七年七个月又七天才走到六牙象王的住处，他在地上挖了一个大坑，上面覆盖起来。当象王陷在里面时，他就对象王发射毒箭。当六牙象王发现自己被陷害时，它立刻要攻击所努达拉，但是当它见到所努达拉穿着一件黄色袈裟时，它克制自己，不攻击他。当所努达拉告诉它为何要来害它的原因之后，它告诉所努达拉如何将自己的象牙锯下来，然而所努达拉的力量不足以将象牙锯断。于是，尽管六牙象王已经受到重伤，而且由于下颚已被锯开一道伤口而遭受难忍的疼痛，它仍然以自己的象鼻拿起锯子来锯断自己的象牙，将象牙交给猎人所努达拉，然后就死了。所努达拉依靠象牙的神奇力量，七天内就回到了波罗奈。当善贤知道自己指派的人已经害死了自己前世心爱的丈夫时，她自己也因此心碎而死。

因此我们应当了解：想要报仇的心只会造成内心混乱，乃至导致自我毁灭。记取这个故事的启示，我们应当培育宽宏大量的心胸，将一切的怨恨化解、释怀，因为我们知道：怀恨在心带给自己很大的伤害，远比任何人所能带给我们的伤害都更大。由此可见，众生被自己内心的烦恼所染污。

接着请看将成为大莲花辟支佛的那个人所画的图画：

大莲花辟支佛（Mahāpaduma Paccekabuddha）

在迦叶佛时代之前，他已经累积成为辟支佛的波罗蜜长达二阿僧祇与十万大劫之久。在迦叶佛时代，他以比丘的身份累积波罗蜜二万年。然而，在身坏命终之后，他投生为波罗奈王的司库，掌管国王的宝库。那一生中，他与人通奸。由于那邪淫的不善业，死后他投生于地狱。受完地狱之苦后，他投生为一个司库的女儿。她的母亲在怀胎期间一直遭受烧热感的苦恼，她住在胎中也一样受苦于那烧热感，这是由于她直接从地狱投生来人间的缘故。她经常记得那样的痛苦。虽然她长得很美，但是由于过去世邪淫业的缘故，即使连她的父母亲都对她感到厌恶。后来她结婚了，由于过去世邪淫业的缘故，虽然她很美丽、聪明、体贴丈夫，但是她的丈夫却一点也不喜欢她。

各位，由这个故事的启示，我们应当记住人们对犯邪淫的人是多么的厌恶。

她的丈夫厌恶她，所以不照顾她，而与其他女人一起去参加节日盛会。有一天，她泪流满面地对丈夫说："即使是转轮圣王的女儿，也仍然为了满足丈夫的需求而活。你所做的行为使我痛苦不堪、伤心欲碎。如果你不愿意照顾我，就请送我回娘家去。如果你还爱我的话，就应当照顾我，不应做出这样不义的行为。"她如此地请求丈夫带她去参加节日盛会，她的丈夫要她作好准备，她照着丈夫所交代的做了。到了节日那一天，她听说丈夫已经到公园去了，就在众仆人的陪同之下，带着食物及饮料，跟随在丈夫身后而去。在路上，她遇到一位刚从灭尽定出定的辟支佛。那位辟支佛很想帮助她。她从马车中出来，将辟支佛的钵装满食物，然后供养给辟支佛。在辟支佛接受她的供养之后，她如此地发愿，描绘出一个众生的形象：

尊者，愿我未来每一世都从莲花中化生；

愿我未来每一世肤色都犹如莲花的颜色一般；

愿我未来每一世都作男人；

愿每一个见到我的人都喜爱我；

愿我了知您所了知的法。

为什么她希望得到如此的生命呢？因为她在母亲的胎中时已经备尝住胎之苦，所以她发愿要从莲花中化生。由于她非常喜爱莲花的颜色，所以她发愿肤色犹如莲花的颜色一般。由于她作女人而遭受许多痛苦，使她非常厌恶女人身，所以她发愿生生世世成为男人。由于每个人都厌恶她，即使连她自己的父母也不例外，所以她发愿每一个见到她的人都喜爱她。最后，由于她过去世已经累积足够的波罗蜜，所以她会发愿想要了知那位辟支佛所了知的法。如此，她在生死轮回的画布上描绘出一个具足所有特征的男人形象。

那时，她过去世不善业的果报消失了。他的丈夫忽然想起她，就命令人来请她去。从那时候起，不但她的丈夫非常喜爱她，而且每个人都非常喜爱她。那一世之后，她投生于天界的莲花中，成为一个男性天神，名叫大莲花（Mahāpaduma）。他在天界里上上下下地流转许多世。后来在帝释天王的建议下，他最后一世投生于波罗奈王公园里的莲花中。波罗奈王的皇后没有生育儿女，当她见到公园里的一朵大莲花时，对那朵莲花感到非常喜爱，就命令人去采下来。结果发现莲花中有一个婴儿，犹如睡在摇篮里一般。她收养那婴儿，并且将他抚育在富裕的环境里。每一个见到他的人都非常喜爱他。在皇宫里，有二万名女子负责服侍他。由于国王发布了一项宣告：能够喂养这个婴儿——大莲花王子（Prince Mahāpaduma）——的女子都能得到一千元的酬劳。这就是为什么皇宫里有那么多人服侍他的原因。当他成长到十三岁的时候，开始对这些服侍感到厌倦。

有一天，当他在皇宫大门外玩耍时，见到一位辟支佛走过来，就警告辟支佛不要进入皇宫去，因为皇宫里的人会逼迫进入皇宫去吃、喝的人。于是辟支佛就转身走了。王子心里感到很后悔，恐怕冒犯了辟支佛，就骑着象前往辟支佛的住处，准备向他道歉。到了半途，他从象身上爬下来，徒步行走。走到接近辟支佛的住处时，他将随从的人员都打发回去，独自一个人继续向前走。他发现辟支佛的住所没有人在，就坐下来修行观禅，因而证悟辟支佛果，断尽诸漏，达到究竟的心解脱。因此佛陀说："是故，诸比丘，应当经常如此地反省自己的心：'长久以来，这个心就一直受到贪、瞋、痴所污染。'诸比丘，众生透过心的烦恼而染污；众生透过心的清净而净化。"

接着请看素馨（Sumanā）的图画：

素馨（Sumanā）

据说在毗婆尸佛的时代，她出生于一个非常富裕的家庭，但是她的父亲死了。当时的人民非常肯切地请求国王之后，才得到允许供养佛陀及十万位比丘。将军得到了在第一天邀请佛陀与僧团到家里供养的殊荣。

素馨在外面游玩之后回到家里，发现母亲正在哭泣。她问母亲为何哭泣，母亲回答说："如果你的父亲还在世的话，优先供养佛陀与僧团的殊荣一定是我们的。"素馨安慰母亲说：那荣誉还是属于她们的。于是她用一个金色的碗盛满美味的奶粥，再用另一个碗将它盖起来。她将那两个碗以茉莉花团团包住，然后领着众仆人出去了。

在前往将军家的路上，她被将军的部下挡住，但是她以好话劝诱他们让她通过。当佛陀来到时，素馨说她要供养茉莉花环给佛陀，因而将那两个以茉莉花包住的金色碗放入佛陀的钵中。佛陀接受那个供品之后，将它交给一个在家男居士，要他带去将军家里。那时素馨发了如下的愿，在人界与天界的画布上描绘出具足所有特征的善女人形象：

愿我在今后的每一世里生活都无忧无虑；

愿每个人都像喜爱茉莉花那般地喜爱我；

愿我的名字叫作素馨。

佛陀到达将军家里之后，当他们要将供养正餐前的汤给佛陀时，佛陀以手盖住钵口，说已经有人供养奶粥给他了。那时，携带素馨的金色碗的在家男居士以碗中的奶粥供养佛陀，并且逐一地供养诸比丘。他如此尽情地给予每一位尊者奶粥，结果奶粥足以供给佛陀及十万位比丘食用。这项奇迹乃是由于素馨坚强的行善意志所造成。佛陀与僧团用过奶粥之后，将军就供养他们丰盛美味的食物。餐后将军问奶粥是谁供养的。知道答案之后，将军对素馨的勇气深感佩服，就邀请她到自己家里来，后来就娶她为自己的夫人。从那时开始，每一世她的名字都叫作素馨，而且在每一世她出生的时候都有茉莉花飘聚下来，堆积高达膝盖。

在最后一世，她出生为憍萨罗国王的女儿，波斯匿王子的姊妹。在她七岁的时候，佛陀第一次来到舍卫城。在供养祇园精舍那一天，她和五百位与自己同一天出生的女伴带着花瓶与花来供养佛陀。听完佛陀的开示后，她证得须陀洹果。她是佛陀的卓越优婆夷弟子当中的一位。

有一天，她与五百位皇家少女坐着五百辆皇家马车去拜访佛陀，请问佛陀她们布施的功效。佛陀的回答涉及业果的多样化，因此我想简要地解释如下：

她问佛陀，假设有信心、戒行与智慧都同样卓越的两位弟子，其中一位做布施，另一位则不做布施，他们之间会有怎样的差异？佛陀回答说：无论他们再投生于天界或人界，曾做布施的那个人在寿命、容貌、安乐、荣誉与力量方面都会超过另一个人。即使在更后来世，当他们都出家加入僧团时，他们之间还是有差异。此差异一直到他们都成为阿罗汉之后才会消失，因为两个人的阿罗汉道智与阿罗汉果智是毫无差异的。这就是佛陀对她所提出问题的回答。

根据《长老尼偈》（Therīgāthā），素馨在老年时才出家为比丘尼，因为她必须照顾自己的祖母，所以延迟出家。她的祖母过世之后，她与波斯匿王一起到祇园精舍，她带着小毯与地毯来供养僧团。佛陀对他们开示。听闻开示后她证得阿那含果。她请求出家，并且在佛陀说完偈颂之后证得阿罗汉果。

听完上述这些故事之后，希望大家都了解到：由于过去世所造业的差异，所以众生有种种差异；而业的差异根源于无明、爱、取的差异。因此以无明、爱、取的多样化为根源，产生业的多样化；业的多样化则造成众生的多样化。从究竟谛的角度来看，众生就是五取蕴。总共有过去、未来与现在、内与外、粗与细、劣与优、远与近的十一种五取蕴。

善巧的画者造成美好的五取蕴；拙劣的画者造成丑恶的五取蕴。无论美好或丑恶、低劣或高尚，它们都是无常（anicca）、苦（dukkha）、无我（anattā）的。因此佛陀在第二部《皮带束缚经》中如此开示：

诸比丘，正如一个画家或油漆匠使用染料、虫胶或郁金粉、靛色或茜草色在已经磨光的平板、墙壁或画布上描绘出具足所有特征的男人或女人形象。同样地，诸比丘，当未曾闻法的凡夫造成某物时，他只造成色，只造成受，只造成想，只造成行，只造成识。

佛陀接着问说：

"你们认为如何，诸比丘，色是恒常的还是无常的？"

"无常的，世尊。"

"既然是无常的，那么它是苦的，还是乐的呢？"

"苦的，世尊。"

"既然它是无常的、苦的、变化不定的，那么，如此地看待它是否适当：'这是我的；这是我；这是我的自我'？"

"当然不适当，世尊。"

"受是恒常的还是无常的？……想是恒常的还是无常的？……行是恒常的还是无常的？……识是恒常的还是无常的？……"

由这些问答当中，我们可以了知五取蕴都是无常、苦、无我的。不应将它们看成是"我的""我"或"我的自我"。接着佛陀教导观禅的修行方法如下：

因此，诸比丘，对于一切的色，不论是过去的、现在的或未来的，内在的或外在的，粗的或细的，低劣的或高尚的，远的或近的，都应当以智慧如实地如此看待它们："这不是我的；这不是我；这不是我的自我。"

对于一切的受……一切的想……一切的行……对于一切的识，不论是过去的、现在的或未来的，内在的或外在的，粗的或细的，低劣的或高尚的，远的或近的，都应当以智慧如实地如此看待它们："这不是我的；这不是我；这不是我的自我。"

诸比丘，具备如此的认知之后，善学的圣弟子对色厌患、对受厌患、对想、对行、对识厌患。如此厌患之后，他远离欲染。远离欲染之后，他得到解脱。得到解脱之后，生起了如此的智慧："我已经得到解脱。"他了解："生已灭尽，梵行已立，应作皆办，不受后有。"

彻底灭除身见与其他一切烦恼之道

我们已经讨论过如何观照十一种五取蕴，十一种五取蕴就是苦谛。我们也讨论过如何观照缘起，缘起就是集谛。苦谛法与集谛法是行法，是观禅的目标（所缘），它们空无常、空无乐、空无我。若想照见它们为空，就必须交替反复地观照它们为无常、苦、无我。我想引用佛陀回答莫伽罗阇（Mogharāja）的话来进一步肯定上述的陈述：

莫伽罗阇是跋婆梨（Bāvarī）派来亲近佛陀的十六名弟子之一。跋婆梨曾经担任波斯匿王的国师，后来他太老了，无法亲自来见佛陀，所以派遣弟子来跟随佛陀学习。莫伽罗阇请问佛陀：如何看待五取蕴世间才能脱离死亡？佛陀回答：

Suññato lokaṁ avekkhasu, Mogharāja sadā sato.

Attānudiṭṭim ūhacca, evaṁ maccutaro siya.

Evaṁ lokaṁ avakkhantaṁ, maccurājā na passati.

莫伽罗阇，应当看待十一种五取蕴的世间为空无常、空无乐、空无我。必须经常保持如此的正念。若能如此观照五取蕴世间，就能借着舍弃我见而脱离死亡的魔掌。死亡之神无法看见如此看待世间的人。

这是佛陀的回答。因此当禅修者观照行法的三相，照见它们为空无常、空无乐、空无我时，他的观智就会提升，而且渐渐能舍弃对行法的怖畏与欢喜。他对行法的态度变得冷淡与中立，不将它们看成"我"、"我的"或"自我"，就像一个已经与妻子离婚的男人对妻子的态度变得冷淡一样。

假使一个男人娶了一个美丽、可爱、迷人的妻子。他如胶似漆地深爱自己的妻子，乃至难以忍受与她片刻分离。如此，当他见到自己的妻子与其他男人站在一起，或谈话或说笑时，他会感到生气、不高兴与心神不安。可是后来，当他愈来愈发现妻子的许多缺点时，他感到愈来愈厌烦，而想要舍离妻子。最后他与妻子离婚，而不再将妻子认为是"他的"。从那时候开始，无论他见到以前的妻子与任何人做任何行为，他都不会再感到生气、不高兴或心神不安，而只会感到冷淡与中立。同样地，当禅修者一再地观照行法的无常、苦、无我三相之后，就会想要舍离一切的行法，因为他见到行法中没有什么能被执取为"我"、"我的"或"自我"。他舍离对行法的怖畏与欢喜，对行法的态度变得冷淡与中立。

当他如此知见时，他的心从三有（欲有、色有、无色有）退缩、退撤、退却，不再向外执取三有。他的心中建立起中舍或厌离。就像稍微倾斜的莲叶上的水滴会退缩、退撤、退却，而不会向外分布，同样地，禅修者的心从三有退缩、退撤、退却。

正如家禽的羽毛或筋腱的破片被丢入火中时会退缩、退撤、退却，而不会自外扩展；同样地，禅修者的心从三有退缩、退撤、退却。他的心中建立起中舍或厌离，如此，他生起了行舍智。

如果他的观智知见涅槃（永恒的安乐）为寂静，则该智慧不再注意一切行法的生起，而只会投入于涅槃。然而，如果他的观智还未知见涅槃，就会一再地取行法为目标，持续地观照其三相。如此不断地观照，当五根成熟时，他的观智就能投入涅槃。

所有四种圣道智都知见涅槃。第一种圣道智（Sotāpattimaggañāṇa 须陀洹道智）彻底无余地灭除身见与怀疑。第二种圣道智（sakadāgāmi-maggañāṇa 斯陀含道智）削弱贪欲与瞋恨的力量。第三种圣道智（anāgāmi-maggañāṇa 阿那含道智）彻底无余地灭除瞋恨与欲界的贪欲。第四种圣道智（arahattamaggañāṇa 阿罗汉道智）彻底无余地灭除对色界与无色界的一切执着、昏沉与睡眠、骄慢、掉举及无明。

若要成为须陀洹圣者，就必须观照行法为空无常、空无乐、空无我。若要成为斯陀含圣者、阿那含圣者或阿罗汉圣者，也同样必须如此观照。

如果禅修者能够逐步地以四种圣道智知见涅槃，他必定能借着舍弃我见而脱离死亡的魔掌。死亡之神无法看见如此看待世间的人。这就是彻底灭除身见与其他一切烦恼之道。

愿大家尽快了悟佛法！

愿大家尽快断除诸漏！

愿大家尽快证得涅槃！

问答类编

一　克服障碍

问1：感谢昨天发的"安般念简介"。我很认真地去了解它并且感受它，所以今天进步很快，更加专注，更加有正念，更加有信心。但是前几天静坐时一刹那间忘记自己身体的存在，只专注到息经过接触点，被此不曾有过的感受吓了一跳。助理老师告知这是好的，不要怕。今天再有两次，比上次更长几分钟，心里非常宁静，眼前只有太阳般的金色光芒，只专注觉知息经过接触点。旁边师兄一个很大声的咳嗽，我却吓得跳起来，好像静坐时打香板，被打的人没感觉，旁边的人却吓得跳起来。当自己专注在觉知息时，为什么会被大一点的声音吓到？连走路时专注于觉知息也会被转弯的师兄吓一跳。我不是一个胆小的人，但今天为什么被吓好几次？我该怎么做？

答1：单纯只觉知息而忘记身体的存在是很好的禅修经验，很重要的是要继续如此修行。当禅修者的定力开始进步时，自然会对噪音敏感，因为声音对禅定而言犹如尖刺一般。你应当尽可能不去理会声音及其他一切对象，一心只专注于气息。当你的定力深且强时，就不会再受到这些境界干扰。

容易被声音或影像惊吓是由于对它们不如理作意的缘故。你不自觉地作意它们为某种可怕之境，因此惊吓等不善法就会生起。这种现象之所以发生与你过去的生活经验有关，并非每位禅修者都有如此的经历。你应该做的就是经常保持如理作意：就现在而言，就是只注意自己禅修的目标——气息。

问2：我是初学，以前很少有机会静坐。怎样的姿势能令我越坐越久，而不是几天下来就越坐越想爬起来，因为酸、痛、麻而起心动念想离开座位？

答2：在密集禅修刚开始的阶段，几乎每个人都难免有酸、痛、麻的问题。如果能有耐心，坚忍不拔地继续修行，渐渐就会适应，种种不舒服感受会消失，而且能坐得愈来愈久。

适当的坐姿因人而异：对于身材高瘦的人，结双跏趺坐通常是很容易的；对于身材矮胖的人，单盘坐或两脚并排平放而坐通常比较适当。你必须自己尝试及抉择哪一种坐姿最舒适、耐久。

有一项重要的须知是应当保持身体骨架平衡，不要经常歪向某一侧。例如，这次静坐右脚在前、左脚在后，下次静坐则两脚的位置对调，如此调整坐姿以保持左右平衡。

问3：实在受不了时，我可否起来走走？但是如果我离开了，静坐时间会进步吗？

答3：坐得受不了时，可以起来站着，继续专注于气息。静坐的时间不适宜用来行禅。静坐时间是否会延长决定于你精勤与毅力的程度：如果有规律地时常静坐，通常就能愈坐愈久。

问4：请问如何解脱病苦？如何对治病痛？请禅师慈悲开示。

答4：在佛陀的时代，有一天罗塔比丘（Radha Bhikkhu）问佛陀说："世尊，什么是病？"佛陀回答说："五蕴就是病。"因此，只要还有五蕴存在，就必定还有病苦。例如，四大当中任何一大过度强盛时，就有病痛产生。四大不调可以由于业力、心理、时节或食物所造成。在这四种原因当中，我们只能设法改善心理、时节与食物，无法改变业力。由于五蕴就是病，因此解脱五蕴就解脱了病苦。如果想要解脱五蕴，就必须精勤修行直到证悟涅槃。涅槃里没有五蕴，没有病，没有苦。

对治病痛的方法是取用适当的食物与药物，居住于气候温和的安静处所。很重要的是要培育增上心（adhicitta），即止禅心、观禅心、道心与果心。这些是强而有力的心，有助于减轻病痛，乃至去除病痛。举例而言，我们的佛陀在般涅槃之前十个月时得到非常剧烈的背痛。他修行七色观法与七非色观法这两类观禅，然后进入阿罗汉果定。由于他的观禅强而有力，所以他的阿罗汉果定也是强而有力。从阿罗汉果定出定之后，他发愿说："从今日起到般涅槃日为止，愿此病不再发作。"他每天都必须如此修行与发愿，来防止该病痛生起。因此，若要对治病痛，你应当效法佛陀，培育与禅定、观智、圣道智、圣果智相应的增上心。

问5：为什么吃得饱饱、睡得饱饱，上殿一样昏沉得很厉害，晚上一样肚子饿？

答5：昏沉困倦可以由身体的因素或心理的因素所造成。就身体的因素而言，四大不平衡会造成昏沉：当地大或水大过度强盛时，你会感到昏昏欲睡，因为这两大都有沉重的本质。相反地，当火大或风大过度强盛时，你会失眠、睡不着。我们身体的四大一直在变化当中，不能期待它们永远处在平衡与和谐的状态，尤其当我们换到一个新环境或新的生活形态时。然而，这种不调现象通常是暂时的，身体会自己调整过来。为了避免在静坐时睡着，用餐后你可以小睡片刻。

就心理的因素而言，当你的心活力不充沛时，就容易受到昏沉睡眠烦恼的侵袭而感到困倦。对治这种昏沉睡眠的方法是激发修行的精进心与浓厚兴趣。你可以思维生、老、病、死之苦，四恶道之苦，过去世与未来世轮回之苦及现在世寻求食物之苦，如此能激起应当及时修行的警惕心（saṁvega 悚惧）。然后可以思维修行佛法所带来的大利益，如获得当下的安乐住处、未来的投生善趣与究竟解脱一切痛苦。如此思维能激起修行的精进心与浓厚兴趣。当你的定力愈来愈深时，渐渐就能克服昏沉睡眠烦恼。

也可以运用对治昏沉的七种方法：当你专注于某一种业处（如安般念）时，若昏沉睡眠的现象发生，你可以暂时停止专注那种业处，而改专注其他种业处，如佛随念、慈心观等。若如此做了仍不能去除昏沉，你应思维曾经牢记的教法（pariyatti-dhamma）。若仍不能去除昏沉，你应完整地背诵曾经牢记的教法。若仍不能去除昏沉，你应用力拉扯耳朵，并按摩四肢。若仍不能去除昏沉，你应去洗脸、朝不同的方向远眺，以及仰望星空。若仍不能去除昏沉，你应作光明想（ālokasaññā）。若仍不能去除昏沉，你应来回地行禅以便去除昏沉。渐渐地，你的定力会愈来愈深，也就能克服昏沉。

饥饿是由于身体内消化之火强盛的缘故。另一种可能性是你还不习惯于不吃晚餐的生活。渐渐习惯这种生活之后，你就会觉得不吃晚餐也没什么大碍。

问6：为何有些禅修者修到阿达…阿达…（俗语；意即异常、呆滞）？我们如何防止及它的初步征状是什么？这种人应该停止禅修吗？

答6：可能由于过去世业力的缘故，所以他们变得呆滞、迟钝，特别是当他们的结生心（paṭisanti-citta）与有分心（bhavaṅgacitta）刹那中没有智慧心所时，或虽然有智慧心所但是力量很薄弱时。他们应当依照正确的方法，尽可能地继续修行止禅与观禅。虽然他们可能无法在今生证得禅那与道果，但是他们今生的精进修行将使他们能够在未来生修行成功，证得圣果。

另一种可能性是他们并没有正确地依照佛陀所教导的方法来修行。因为不了解应当时时保持正念于禅修的目标，所以他们可能会任由自己的心四处飘荡。由于不守护自己的心，有时就会产生问题。避免发生问题的方法就是要依照正确的方法修行，若能有良师指导则又更好。

还有另一种可能性是他们并不是真的精神异常，但是由于他们一心一意精勤地在修行，不了解禅修的人从他们迟钝的外表下判断，就误以为他们精神不正常。能够放下一切忧虑、一心专精禅修是值得鼓励的事情。即使佛陀本人也是赞叹保持圣默然，禁止比丘谈论无用的闲言闲语。误解这种禅修者的那些人应当研究禅修的道理，并且亲身实际地修行，不应该单看外表就遽下结论。

问7：如何突破障碍？

答7：一般而言，障碍可归纳为五种，即所谓的"五盖"（pañcani-vāraṇa）。五盖就是欲贪、瞋恨、昏沉与睡眠、掉举与追悔、怀疑。由于它们阻碍禅修的进步，所以称它们为盖。如果能克服五盖，禅修者就能稳定地进步，乃至成功。克服五盖对禅修者而言非常重要，因此我想多加解释。

五盖的远因是在长久的生死轮回中累积的无数烦恼。这些烦恼以潜伏的形态含藏于众生的名色相续流当中。五盖的近因是不如理作意（ayonisomanasikāra）。因此，克服五盖的彻底方法就是完全地灭除一切烦恼，包括潜伏性的烦恼在内。克服五盖的暂时性方法就是运用如理作意（yonisomanasikāra）。在此，不如理作意是指不适当的、方向错误的注意；或者是指视无常为常、视苦为乐、视无我为我、视不净为净的作意。如理作意则正好相反，乃是适当的、方向正确的注意；或者是视无常为无常、视苦为苦、视无我为无我、视不净为不净的作意。

关于欲贪盖，佛陀在《增支部·一法集》（Aṅguttara Nikāya, Eka-Nipāta）里如此说：

> 诸比丘，我不见有任何一法会像净相（美丽之相）那样有能力导致未生起的欲贪生起，或增长已生起的欲贪。
>
> 对于不如理作意净相之人，若欲贪还未生起即会生起，若已生起即会增强与增长。
>
> 诸比丘，我不见有任何一法会像不净相（厌恶之相）那样有能力阻止未生起的欲贪生起，或断除已生起的欲贪。
>
> 对于如理作意不净相之人，若欲贪还未生起即不会生起，若已生起即会被断除。

因此，想要克服欲贪盖的人不应继续将人、事、物看成是美丽的，而要思维它们为不净。不净观可以大略地分为两种，即有生命体的不净观（saviññāṇaka asubha）及无生命体的不净观（aviññāṇaka asubha）。有生命体的不净观是指观察身体的三十二个部分，即头发、身毛、指甲、牙齿、皮肤、肌肉、筋腱、骨头、骨髓、肾脏、心脏、肝脏、肋膜、脾脏、肺脏、肠、肠间膜、胃中物、粪便、脑、胆汁、痰、脓、血、汗、脂肪、泪液、皮脂、唾液、鼻涕、关节滑液、尿液。无生命体的不净观是专注于尸体的各种不净相。尸体的十种不净相是：膨胀相、青瘀相、脓烂相、断坏相、食残相、散乱相、斩斫离散相、血涂相、虫聚相、骸骨相。这些是克服欲贪盖的方法。

关于瞋恨盖，佛陀如此开示：

> 诸比丘，我不见有任何一法会像丑恶相那样有能力导致未生起的瞋恨生起，或增长已生起的瞋恨。
>
> 对于不如理作意丑恶相之人，若瞋恨还未生起即会生起，若已生起即会增强与增长。
>
> 诸比丘，我不见有任何一法会像慈心解脱①那样有能力阻止未生起的瞋恨生起，或断除已生起的瞋恨。
>
> 对于如理作意慈爱之人，若瞋恨还未生起即不会生起，若已生起即会被断除。

因此，若要克服瞋恨盖，就不应继续注意引起你瞋恨之对象的丑恶相，而应当修行慈心观。必须有系统地散播无私的慈爱给你自己、你所喜爱者、你既不喜爱也不厌恶者、你所厌恶者，乃至最后，遍满慈爱给一切众生。你也应当学习宽恕他人，因为佛陀告诉我们，在无始的生死轮回中没有一个众生不曾作过我们的父母与亲人。这些是克服瞋恨盖的方法。

关于昏沉睡眠盖，佛陀开示说：

> 诸比丘，我不见有任何一法会像倦怠、疲乏、懒惰地伸直身体、饱食后昏沉及心软弱无力那样有能力导致未生起的昏沉与睡眠生起，或增长已生起的昏沉与睡眠。
>
> 对于心软弱无力之人，若昏沉与睡眠还未生起即会生起，若已

---

① 中译按：慈心解脱就是慈心禅那。

生起即会增强与增长。

诸比丘，我不见有任何一法会像致力界、精勤界及不断精进界那样有能力阻止未生起的昏沉与睡眠生起，或断除已生起的昏沉与睡眠。

对于勇猛精进之人，若昏沉与睡眠还未生起即不会生起，若已生起即会被断除。

因此，若要克服昏沉与睡眠，就不应继续注意身心的懒散与倦怠状态，而应提振精神，精进地禅修。正是透过精勤不懈的努力，所以菩萨才能成佛，我们应当效法这种精进的榜样。也可以思维生、老、病、死之苦、四恶道之苦、过去与未来轮回之苦等，以激发应当精进修行的警惕心（saṁvega 悚惧感）。当然，适度的睡眠、适量的食物及适当的禅修姿势对于克服昏沉与睡眠而言也都是很重要的。这些是克服昏沉睡眠盖的方法。

关于掉举追悔盖，佛陀开示说：

诸比丘，我不见有任何一法会像心不安宁那样有能力导致未生起的掉举与追悔生起，或增长已生起的掉举与追悔。

对于心受到困扰之人，若掉举与追悔还未生起即会生起，若已生起即会增强与增长。

诸比丘，我不见有任何一法会像心之轻安那样有能力阻止未生起的掉举与追悔生起，或断除已生起的掉举与追悔。

对于心轻安之人，若掉举与追悔还未生起即不会生起，若已生起即会被断除。

因此，若要克服掉举追悔盖，就不应去理会心的不宁静状态，而应当以平和、冷静、不动摇、轻安的心专注于禅修的目标。如果能在行、住、坐、卧当中都以正念与耐心如此练习，定力就会愈来愈强，而能克服掉举与追悔。这就是克服掉举追悔盖的方法。

关于怀疑盖，佛陀开示说：

> 诸比丘，我不见有任何一法会像不如理作意那样有能力导致未生起的怀疑生起，或增长已生起的怀疑。
>
> 对于不如理作意之人，若怀疑还未生起即会生起，若已生起即会增强与增长。
>
> 诸比丘，我不见有任何一法会像如理作意那样有能力阻止未生起的怀疑生起，或断除已生起的怀疑。
>
> 对于如理作意之人，若怀疑还未生起即不会生起，若已生起即会被断除。

因此，若要克服怀疑盖，就应当经常保持如理作意，思维一切有为法为无常、苦、无我。他也应当经常思维佛、法、僧三宝的殊胜特质，在良师的指导下谨慎地研究佛陀的教法，并且依照佛法而实际地修行止禅与观禅。这些就是克服怀疑盖的方法。

佛陀教导许多克服五盖的方法，上述只是举出当中的一些例子而已。若想更深入地了解，请研读三藏圣典及参考《去尘除垢》一书。当禅修者经由修行止禅而达到禅那，或经由修行观禅而获得观智时，他暂时地克服了五盖。当他证得须陀洹果时，就永远地克服了怀疑盖。当他证得阿那含果时，就永远地克服了欲贪盖与瞋恨盖。当他证得阿罗汉果时，就永远地克服了昏沉睡眠盖与掉举追悔盖。这就是彻底突破障碍的方法。

二　戒学释疑

问8：如果把有虫的水倒入土中是否违犯杀戒？

答8：如果虫因此而死，则倒水的人违犯杀戒。事实上不应将有虫的水倒入土中，而应倒入适当的容器中、池塘中或河流中。

问9：告诉别人船上有活鱼可以买是否算是助杀（罪过）？

答9：这决定于告诉者的动机：如果他的动机是要别人买了活鱼之后拿去放生，则是一种善行，这是马来西亚的文化，但应受到禁止。大家应该记得，几乎无论人们买鱼来放生与否，渔夫都会捕更多的鱼来供应需求，事实上你是在付钱给渔夫要他们捕更多的鱼，其实你可以更加善用那笔钱。然而，如果他的动机是要别人买了之后杀来吃，则是助杀的行为。

问10：比丘在山中砍有主的竹子是否犯戒？若是，犯什么戒？如何忏悔？

答10：如果比丘没有偷盗的心，例如他以为竹子是无主物，那么他不犯偷盗戒，而犯伤害植物的波逸提罪。然而，一旦知道那竹子是有主物之后，他应当设法赔偿物主的损失。如果他决定不赔偿，就犯了偷盗罪。

如果比丘一开始就知道那竹子属于别人所有，没有得到主人的同意就去砍竹子，那么除了上述的波逸提罪之外，他还犯了偷盗罪。此偷盗罪的严重程度决定于他所砍竹子的价值：如果所砍的竹子价值古印度一钱或一钱以下，则犯突吉罗罪；如果该价值在一钱至五钱之间，则犯偷兰遮罪；如果那些竹子价值五钱或五钱以上，则犯波罗夷罪。

如果所违犯的是偷兰遮、波逸提或突吉罗罪，他应当对另一位比丘忏悔所犯之罪，此外还必须设法赔偿物主的损失。如果所违犯的是波罗夷罪，他就丧失了比丘的身份，波罗夷罪是无法忏悔的。

问11：比丘犯了波罗夷戒就自动失去比丘资格，可否再出家呢？

答11：今生他不能再受戒为比丘。然而，如果他立刻承认所犯的戒并且脱下袈裟，那么他可以再受戒成为沙弥。如果他覆藏所犯的戒，维持原来的形象，冒充为比丘，那么他甚至没有资格再受沙弥戒。

问12：在家人犯五戒是否可以出家？

答12：通常是可以的，除非他所犯的是非常严重的过失，例如杀父、杀母、杀阿罗汉、淫污比丘尼等。符合受戒资格的居士在求受比丘戒之前必须先受沙弥十戒。

问13：出家要有哪些条件？

答13：想出家成为比丘的人必须具有想要解脱生死轮回的愿望。此外他还必须符合下列的条件：他不曾杀父、杀母、杀阿罗汉、以恶意使活着的佛陀身上流血、分裂和合的僧团、淫污比丘尼或沙弥尼；他不能执着不信因果的坚固邪见；他必须是自由身分与奉公守法的人，不是囚犯、奴隶，也不是强盗等犯法之人；他必须不欠人债务，没有政府公职在身，并且没有麻风病、痈、疹、结核病、癫痫这些难治的疾病；他的年龄至少达到二十岁而且父母同意他出家；他必须具备三衣一钵；他不是黄门（没有生殖器官或生殖器官异常的人）、双性人或贼住者（曾经冒充比丘或沙弥的人）；他不是犯边罪者（曾经出家为比丘并且违犯波罗夷罪的人）或归外道者（原本在佛教中出家，然后归依外道，之后再回到佛教来请求出家者）；他必须没有畸形或残缺，不盲、不聋、不哑。

问 14：佛陀为何要托钵乞食呢？

答 14：事实上佛陀可以不必托钵乞食，但是他为了使众生获得利益，因此还是托钵乞食。此外，佛陀为了显示圣者们的模范，所以托钵乞食。托钵乞食是四圣种当中的一种。四圣种意思是沙门应当对饮食、衣服、住所、医药这四种资生用具感到知足。托钵是对食物知足的很好方式：沙门不期望将能得到何种食物，而是必须满足于他人布施的任何食物。托钵也能降伏骄慢。比丘了知自己生活上的四种资具都必须仰赖他人布施，因此自己没有什么能引以为傲的，所以托钵有助于心的锻炼。

问 15：出家后如果父母生活有问题，是否应该回去照顾？

答 15：佛陀允许比丘照顾自己的父母。比丘可以将托钵所得到的食物及自己所拥有的其他日常用品分给父母，以此方式来照顾父母，而不需要舍戒还俗。

问 16：逃漏税和因帮助逃漏税而获得利益是否都违犯偷盗戒？违犯在家五戒应如何忏悔，并再次受持？

答 16：根据《律藏》，逃漏税和帮助他人逃漏税是二十五种偷盗行为当中的一种，无论是对出家人或在家人而言，那样做都是违犯偷盗戒。若比丘偷盗的物品价值一个大钱（pāda，相当于五个小钱 māsaka）或以上，则违犯波罗夷罪，丧失了比丘的资格。

在家人若犯了五戒，就失去了五戒，因此不需要作法忏悔。然而，他应当下定决心不再违犯五戒。他可以在沙弥、比丘或佛像前再度求受五戒，并且谨慎地持守。

问 17：请示禅师，您上次开示盗戒，能否请禅师进一步解释盗

"五钱"？若以现今的价值，盗多少钱就算盗"五钱"？若以美金为计算单位，盗多少美金以上就犯波罗夷重罪？

答17：现今很难确定地指出古印度的"五钱"相当于多少美金。注释提到在古印度的币制中，一个卡哈巴那（kahāpaṇa 货币的一种）相当于四个巴陀（pāda 古译为大钱）；一个巴陀相当于五个摩沙迦（māsaka 古译为钱或小钱）。根据《金刚觉疏》（Vajirabuddhi-ṭīkā）等复注，卡哈巴那与巴陀都是由金、银与黄铜混合制成的；但是我们无法得知这三种成份的正确比例。

至于重量，依照缅甸传统的计算法，我们使用一种名为"瑞迹西"（Rwegīsī）的种子来称量重量。金店就是以"瑞迹西"种子来称黄金的重量。"瑞迹西"种子有大与小两种：小的"瑞迹西"种子比米粒稍大；大的"瑞迹西"种子比小的重两倍。一个摩沙迦（钱或小钱）的重量相当于四颗大的"瑞迹西"种子或八颗小的"瑞迹西"种子的重量。这种称量法据说是从古印度流传下来的。

无论如何，最好是不要违犯任何程度的偷盗戒。古代的长老们建议我们将别人的物品看成像毒蛇一般。除非物主同意我们将他的物品拿起来观看，否则我们甚至不会故意去碰触别人的物品。谨慎小心地持戒是值得的，因为如此能避免受到追悔的困扰。

问18：从事养生蛋鸡职业是正命、正业吗？

答18：如果他们只是基于慈悲，没有任何企图地布施食物给鸡吃，也不将它们的蛋拿去卖，则是好的行为。然而，如果他们将蛋拿去卖，则不是正命，也不是正业，因为有时那些鸡蛋中还是有生命存在，尽管这种概率很小。

问19：在家居士对出家众应注意那些礼节？

答19：在家居士应当尊敬出家众，聆听出家众讲说佛法，供养出家众四类资具及依照所学习的佛法来修行。所谓"依佛法修行"是指在家居士至少应当持守五戒，并且应当修行止禅与观禅。

在《长部·巴提迦经》（Dīgha Nikāya, Pāthika Sutta）里提到：在家居士应当将财富分成四份——将其中的一份储蓄起来，以备不时之需；以两份来从事自己的事业；以剩下的一份用于日常生活所需。他从这第四份当中取出一部分来供养资具给出家人。

三 定学释疑

问20：鼻孔出口处与上嘴唇间的气息，及这气息的感受，及这气息的感觉，及这气息与皮肤的触觉，此四者有何关系？有何不同？为何只应以气息当作目标？

答20：气息是成群的色法。如果你有系统地对自己的气息修行四界分别观，就会发现气息是由许多物质微粒所构成的。这些物质微粒称为色聚。感受与感觉是同样的东西，都是指受而言，受是一种心所。触觉实际上就是身识，身识是一种心。心与心所是名法，而气息是色法，这是它们之间的差别。

出现于鼻孔出口处与上唇之间的气息是修行安般念者的专注目标，感受、感觉与触觉则不是修行安般念的目标，这必须分辨清楚。如果能一心只专注于气息，就能培育定力，定力深时禅相就会出现，若能稳固持久地专注于禅相，就能证得禅那。如果专注于感受、感觉与触觉，则无法产生强得足以使禅相生起的定力，于是也就无法证得禅那。这就是为何只能以气息为所缘目标的理由。

问21：有何方法拣别正在专注于嘴唇上方、鼻人中方位的息，或者只是专注唇上方、鼻人中位上的触点？有时候这两者容易混用，如何避免？

答 21：触点是你的皮肤，它是静态的。气息是接触那皮肤的空气，它在触点的上方进进出出，是动态的。应当如此拣别它们。

为了能有更清楚地理解，在此引用一个譬喻：假使地上有一段木头，有一个人用锯子锯那段木头。木头被锯子锯到的部分好比是嘴唇上方或人中的触点，它是静态的；前后来回移动的锯齿好比是进进出出的气息，它是动态的；正锯在木头上的锯齿好比是正在经过触点的气息，它也是动态的；正如那人只注意于正锯在木头上的锯齿，不去注意已经通过木头的锯齿，同样地，禅修者只注意正在经过触点上方的气息，不跟随气息进入鼻孔内或向外远去。应当如此分辨气息与触点的差别。每当你混淆时，请思维这个譬喻的含意。

问 22：当慢跑或爬山时用嘴巴呼吸，这时应专注于哪里的气息？

答 22：就修行安般念而言，禅修者内心专注的目标是经过鼻孔出口处与上唇之间的气息。注释中并没有提到经过嘴巴的气息也能作安般念的目标。因此，当禅修者用嘴巴呼吸并且无法在上述的接触部位里察觉气息时，应当继续将心保持于接触部位，在那里等待气息。如果有充分的正念与耐心，终究能察觉非常微细的气息。

问 23：是否每一位禅修者都必须从安般念开始修行，而不能从其他禅修业处开始？修行四界分别观是否能培育深厚与稳固的定力？修行四界分别观而成功的禅修者人数有多少？

答 23：并非每一位禅修者都必须从安般念开始修行，禅修者可以选择《清净道论》所提到四十种止禅业处当中的任何一种开始修行。佛陀教导不同的法门乃是针对不同根器的禅修者。举例而言，佛陀针对散乱心强的禅修者而教导安般念的修行法门，四界分别观则适合智慧利的禅修者；慈心观是针对瞋心强的人；不净观适合于贪心强的人。然而，根据我们的经验，多数禅修者能够从安般念或四界分别观下手而达到成功，原因是他们在过去生中曾经修行这两种法门或其中一种。

无疑地，修行四界分别观确定能培育深厚与稳固的定力。四界分别观是佛陀亲自教导的业处。如果你对佛陀有坚定的信心，你就应当对四界分别观有坚定的信心。修行四界分别观时，首先要观察四界的十二种特相，即硬、粗、重、软、滑、轻、流动、黏结、热、冷、支持、推动。熟练这十二种特相之后，就将它们分成地、水、火、风四组。此时应当整体地专注于你全身的四界，如此培育定力。定力增强时，你会发现身体转变成白色。那时应当专注于那白色体的四界。定力更强时，白色体会转变成透明体，犹如冰块或玻璃一般。那时应当专注于那透明体的四界。当你的定力变得深厚而且稳定时，透明体会放射出明亮耀眼的光芒。

当明亮的光芒持续半小时左右时，你可以开始观察身体的三十二个部分。在四界分别观深厚与稳固定力的帮助之下，你能清楚地照见自己身体及外在众生身体的三十二身分。接着你可以专注于个别身分的颜色来修行色遍，达到第四禅。然后可以借着移除色遍禅相而修行空无边处定，进而逐步地修行，乃至达到非想非非想处定。你也能轻易地修成其他种止禅业处，然后修行观禅，证得各阶段的观智。

另一种禅修路线：在四界分别观明亮光芒的帮助之下，你可以直接观照色法，开始修行观禅。因此，禅修者能够从四界分别观开始，直到修成止禅与观禅。如此了解修行四界分别观的利益是很有帮助的，尤其对于修行安般念困难重重的禅修者而言更是如此。

修行四界分别观而成功的禅修者有不计其数之多。我们无法确定地说修行安般念而成功的人数比较多，或是修行四界分别观而成功的人数比较多。无论如何，为了你自身的利益，我们建议你对佛陀所教导的每一种禅修法门都有坚定的信心，并且遵循正确的方法来修行。

问24：请禅师慈悲开示：四无量心慈、悲、喜、舍的含义？如何才能做得到？又何谓慈观？

答24：根据《清净道论》（Visuddhimagga），"慈"（mettā）是指希望众生得到幸福安乐，慈心观是瞋恨心重的人藉以达到清净的法门。"悲"（karuṇā）是指希望众生脱离痛苦，悲心观是伤害心重的人藉以达到清净的法门。喜（muditā）是指对众生的成功感到欢喜；喜心观是嫌恶心（arati）重的人藉以达到清净的法门，"嫌恶"即不喜欢见到别人成功。舍（upekkhā）是指对众生平等中立的态度；舍心观是贪爱心重的人藉以达到清净的法门。

慈、悲、喜、舍称为四无量心，因为它们都以无量的众生作为修行的对象。这四种心都必须遍满到宇宙的一切有情，而不是只对一人或某一区域内的众生散播而已，这就是它们称为无量心的理由。

慈观或慈心观就是对众生培育慈爱的禅修法门；它是四无量心当中的第一种。

想要修行四无量心的人应当先修行慈心观，然后才逐一地修行悲心观、喜心观与舍心观。如果你已经修习白遍或其他遍处禅，建议你每次禅坐时以白遍为目标，重新建立白遍的第四禅，这是因为第四禅的光（智慧之光）会令到你的所缘——一个人或众生——清楚地显现在你的心中，不会迅速地消失。开始修行慈心观时，先以下列这四种心愿对你自己培育慈爱：愿我没有怨敌、愿我没有心理的痛苦、愿我没有身体的痛苦、愿我愉快地自珍自重。当你的心变得柔和、安详时，就对一位与你相同性别而且是你所敬爱的人培育慈爱：先回忆他或她微笑的面容或全身，然后以下列四种心愿的一种散播慈爱：愿此善人没有怨敌、愿此善人没有心理的痛苦、愿此善人没有身体的痛苦、愿此善人愉快地自珍自重。对他或她培育强而有力的慈爱，直到你证得慈心初禅、第二禅、第三禅。接着以其他三种心愿一一地对他或她培育慈爱，每一种都达到慈心第三禅。以同样的方式，对大约十位与你同性而且是你所敬爱的人、十位你所喜爱的人、十位你对他们没有爱憎差别的人、十位你所厌恶的人一一地培育慈爱。

对他们每一人修行都能达到慈心第三禅之后，就要破除四类人之间的界限。这四类人就是：你自己、你所喜爱的人（包括你所敬爱的人在内）、你既不喜爱也不厌恶的人、你所厌恶的人。首先以短暂的时间对自己散播慈爱，然后对一位你所喜爱者，然后一位你既不喜爱也不厌恶者，然后一位你所厌恶者，对后三类人都必须达到慈心第三禅。第二圈也是以同样的方式，但是改换另一位喜爱者、另一位无爱憎差别者、另一位厌恶者。第三圈又各改换另一位……如此不断地对四类人培育慈爱，最后你会破除人际界限，即你对这四类人的慈爱达到完全平等，毫无差别。

破除界限之后，你就能以各种方式对一切众生遍满慈爱。从一个小范围里的众生开始，逐渐扩大到整个宇宙，然后对十方的众生遍满慈爱。修行慈心观成功之后，你可以运用同样的步骤来修行悲心观、喜心观与舍心观。这只是扼要的介绍，详细的说明请参阅《清净道论》《智慧之光》《如实知见》；或者当你的禅修达到这个阶段时，我会教你如何有系统地修行四无量心。

问25：从来此到昨天，每天晚上都没睡好，夜里多梦，害怕去睡觉，因为睡了比没睡更累。上殿又昏沉，喝咖啡提神好辛苦。功课进步又退步，很难稳定。初学不懂这个也可以发问。助理老师慈悲告知用慈心观，夜里好睡。看书又是初禅、二禅、三禅观。若是初学完全没上禅，怎么用慈心观？

答25：佛陀在《增支部》（Aṅguttara Nikāya）中开示修行慈心观的十一种利益如下：

> 诸比丘，当慈心解脱被培育、开展、勤习、驾御、奠基、建立、稳固与正确地修行时，可望得到十一种利益。那十一种利益呢？安稳地入睡，安稳地醒来，不作噩梦，为人所爱，为非人所爱，天神守护，不被火、毒药与武器所伤害，心容易得定，相貌安详，临终不迷惑，若未能证得更高的成就，他将投生梵天界。

然而，只有在精通《无碍解道》（Paṭisambhidāmagga）所记载的五百二十八种遍满慈爱的方法之后，才能充分地得到这十一项利益。如果还未达到慈心禅那的阶段，则只能获得部分与有限的利益而已。对于已有禅那及还未有禅那这两类禅修者而言，修行慈心观的次第都是一样的，但是修行的程度则因禅修者的意愿而有差别。例如，以四种方式对自己散播慈爱几分钟之后，就散播慈爱给一位与自己相同性别而且是自己所敬爱的人。如果禅修者的目的只是要让心情平静下来，那么当禅修者的心变得宁静、柔和、安详时，就可以换到另一位敬爱者。然而，如果禅修者的目标是要证得慈心禅那，那么他必须持续地对那人培育慈爱，直到使定力提升到慈心第三禅。然后才可以换到另一位敬爱者。如此逐一地对十位与自己同性的敬爱者培育慈爱，然后逐一地对与自己同性的十位亲爱者、十位无爱憎差别者、十位厌恶者培育慈爱。

然后应当破除人际界限（未达到禅那者只能达到某种程度的效果，不能真正破除人际的界限）：禅修者借着不断地对自己、喜爱者（包括敬爱者在内）、无爱憎差别者、厌恶者培育慈爱，直到对他们的慈爱达到平等。然后对逐渐扩大范围里的各类众生遍满慈爱，即一切有情、一切有命者、一切生物、一切个人、一切个体、一切女性、一切男性、一切圣者、一切非圣者、一切天神、一切人类、一切恶道众生。直到对无边宇宙的无量众生遍满慈爱。然后逐一方向地对十方的众生遍满慈爱。达到慈心禅那的人能够彻底地修行这些方法,清楚地照见这些对象,并且对他们培育强而有力的慈爱,使定力提升到第三禅。然而,对于尚未达到禅那的禅修者而言,只能借着想象与善愿来修行,尽管如此,如此修行时他还是在积累善业,能使他得到安详的心情,有助于去除焦虑,得到安稳的睡眠。

问26:请问在禅修中,什么样的状况下称为堕入有分心?

答26:当禅修者达到近行定(upacāra samādhi)的阶段,而又不能维持定力时,特别容易察觉堕入有分心(bhavaṅga)的现象。那时他可能会感到心里一片空白或者有片刻的时间心中一无所知。那是因为在那片刻的时间里没有心路过程生起,只有有分心相续不断地生灭。有分心在两个心路过程之间生起许多次,它缘取前世临死速行心的目标为目标,那是过去的目标,不是现在的目标。除非已经修行到缘起法,否则禅修者无法觉知那个过去目标。由于不能察觉那个目标,所以禅修者觉得自己一无所知。这种现象称为堕入有分心,它既不是心不起念,也不是涅槃。

根据佛陀所教导的《阿毗达摩藏》,在每一个心路过程之后通常都会有有分心生起。佛陀的心路过程之间有两个有分心生起,舍利弗尊者的心路过程之间有十六个有分心生起,其他人的心路过程之间则有数不尽的有分心生起。尽管经常有这么多的有分心在生灭,我们通常无法察觉它们。只有在心比较宁静与专注时,尤其是在近行定的阶段,才能清楚地觉察到有分心持续生起的现象,亦即所谓堕入有分心。

当你经验到堕入有分心的情况时,既不需要欢喜,也不需要沮丧,因为这只是禅修过程中的一种自然现象而已。你要做的只是继续将心保持于禅修的目标。当你达到安止定的阶段时，你的禅支就强得足以长时间维持定力，中间都不会堕入有分心。

问27：请问睡眠中与定中有何不同？

答27：当一个人熟睡无梦时，他的有分心（生命相续流）相续不断地生灭。就人类而言，有分心刹那中的名法是欲界名法。当一个人做梦时，则是微弱的欲界意门心路过程生起作用。在定中的情况则不同，是色界或无色界的名法相续地生起。定中的色、无色界名法比梦中的欲界名法更高超殊胜。

定中的心能够深深地认取禅那的目标。有分心则取前世临死速行心的目标为目标，它无法像定心那样深深地认取目标。梦中的微弱欲界意门心路过程则松散地取欲界的目标。这些是它们之间的差别。

问28：何谓禅思？坐禅时须要禅思吗？可否举例说明？

答28：当禅修者以喜俱智相应的心来修行止禅或观禅时，在他的（速行）心中有三十四个名法生起。在这三十四个名法当中，思（cetanā）是其中之一，（各别）称为止禅思与观禅思，也可以像你所说地称之为"禅思"。禅思是催促相应名法导向止禅或观禅目标。若此思坚强，就能够修禅修得很好。反之，若此思软弱，就无法精进地修行。因此坚强的禅思是很重要的。

然而，在此五根却更重要。五根是信、精进、念、定与慧。在初学阶段，信是指相信安般念能导向禅那；精进是指付出足够的精进以觉知气息；念是指不忘失气息或保持心觉知气息；定是指心一境性，就是把心固定于气息；慧是指清晰地了知气息。在三十四种名法当中，这五根是最显著的。如果它们坚强又平衡，禅修者能够迅速地进展。

当安般禅相由于深厚的定力而出现时，就会有相信专注于安般禅相能够导向禅那的信心。精进是致力于专注安般禅相。念是持续地记住安般禅相。定是一心专注于安般禅相。慧是透视安般禅相。

这五根在修行观禅时也很重要。对于观禅，信是相信观禅是导向证悟涅槃、灭尽一切苦的修行。精进是致力于透视四圣谛，或致力于透视苦谛与集谛，这两者都是观禅的目标。它们也称为行法（saṅkhāra）。不忘失或谨记这些行法是念。把心不动摇地紧系于行法是定。透视这些行法，了知它们为无常、苦、无我是慧。

这五根与思同时生起。如果没有思，五根就不能够生起；如果思坚强，五根也跟着坚强；如果思软弱，五根也跟着软弱。因此在修行时必须有坚强的禅思，但是成功的最主要因素是五根平衡。

如果没有禅思或怀疑禅修，你将不能获得任何禅修成就。

问29：何谓禅观？坐禅时须要禅观吗？可否举例说明？

答29：禅观的巴利文是"jhāyati"，是一个动词，有两个含意：烧毁烦恼，透视禅修目标或深深地将心固定于禅修目标（以便烧毁烦恼）。禅观的名词是禅那（jhāna）。禅那可分为两大类，即世间禅那与出世间禅那。世间禅那又可分为两种，即止禅禅那与观禅禅那。这是禅那的广义解释。出世间禅那能够永远地去除烦恼，世间禅那则只能暂时地去除烦恼。这两种去除烦恼的情况都称为烧毁烦恼，因此禅修时你需要运用禅观深深地将心固定于禅修目标，以期达到禅那。

举例说明：

当禅修者修行止禅而进入初禅时，他的名法当中有五个禅支（寻、伺、喜、乐、一境性）存在。这五个禅支称为止禅禅那，它们能长时间地制止烦恼生起，如一小时、二小时、一天、二天等。当禅修者修行观禅，观照行法为无常、苦、无我时，他的观智通常与五个禅支相伴生起。这五个禅支称为观禅禅那，它们也能长时间地制止烦恼生起。大龙大长老就是一个很好的例子：他的止禅禅那与观禅禅那制止了烦恼，并且保持烦恼不生起长达六十年之久。

当禅修者的观智成熟时，就能以道智与果智体证涅槃。如果他在观照欲界法或初禅法为无常、苦或无我时体证涅槃，那么他的圣道名法中有五个禅支存在。然而，如果他在观照第二禅法为无常、苦或无我时体证涅槃，则他的道智与三个禅支（喜、乐、一境性）相伴生起。这些禅支能彻底无余地烧毁某些烦恼。当禅修者证得阿罗汉道时，与阿罗汉道智同时生起的禅支能彻底无余地烧毁其余的一切烦恼。这些禅支都是出世间禅那。

因此，修行止禅与观禅时都需要运用"禅观"（jhāyati）——将心深深地固定于禅修的目标，以期烧毁烦恼。持续如此地修行，达到相当程度时，止行者就可能成就止禅禅那与观禅禅那，观行者就可能成就观禅禅那。然后当他们的五根力量够强及达到平衡时，就能成就出世间禅那而证得圣果。

问 30：请禅师详细说明为何在禅定中不能检查禅支与修观。何谓定外修观？出定后检查禅支是否就是定外修观？

答 30：有三种定，即刹那定（khaṇika-samādhi）、近行定（upacāra-samādhi）、安止定（appanā-samādhi）或禅那定（jhāna-samādhi）。这三种定的定力深度比较起来，安止定比近行定更深，近行定又比刹那定更深。只有从近行定或安止定出来之后才能检查禅支或修行观禅，这是因为目标不同的缘故。禅支不能作为近行定与安止定的目标，修行观禅时所专注的目标也不是近行定与安止定的目标。

当禅修者修行止禅，例如修行安般念时，他的近行定与安止定的目标是安般似相（ānāpāna-paṭibhāga-nimitta），而不是禅支。专注于禅支无法使人达到近行定与安止定。禅修者在一心融入于安般似相一段很长久的时间之后，当他开始要检查禅支时，他已经从近行定与安止定出来了，那时他的定力只是刹那定而已。这就是不能在近行定与安止定中检查禅支的理由。

当禅修者修行观禅时，他所专注的目标是究竟名色法及它们的无常、苦、无我本质。专注于这些目标只是刹那定，不是近行定或安止定，因为这些目标不断地生生灭灭。专注于这些目标无法使人达到近行定与安止定。这就是不能在近行定与安止定中修行观禅的理由。

"定外修观"意即从近行定或安止定出来之后，照见究竟名色法及观照它们为无常、苦、无我。这是在止禅禅那（samatha jhāna）之外观照；然而那时还是有刹那定，该刹那定称为观禅禅那（vipassana jhāna）。之前先入的近行定或安止定是禅修者清晰地照见观禅目标的强力助缘。如此，止禅禅那能帮助观禅禅那。

观禅意即观照行法为无常、苦、无我，因此若禅修者只是检查禅支，则不算是在修行观禅。若要修行观禅，除了照见禅支之外，还要依照心路过程而照见同在禅那中的其他所有名法。例如在初禅中通常有三十四个名法，禅修者必须清楚地照见它们。这是见清净的开始阶段，也是观禅的基础。然后禅修者应当观照它们为无常、苦、无我。

问31：禅修营中所教的法门是否只能摒除外缘，一心修之？可否于日常生活中修持？若可能，应如何做才能保持不退呢？

答31：禅修营中所教的法门可以在日常生活中修持。能够摒除外缘、一心禅修当然是最好，但是如果没有那样的条件时，禅修者就必须在日常生活中修持。

能否在日常生活中保持禅修不退决定于个人的投注与精勤。有些人尽管平时事务繁忙，但是修行时能放下一切的罣碍，一心投注于修行。这种人能够保持修行不退。但是有些人无法完全放下罣碍，也就无法一心专注。他们必须有耐心地精勤修行，一而再地不断努力。通常在他们每天都拨空禅修经过几年之后，逐渐会精通于禅修的要领，那时他们就能在日常生活中保持修行不退。

在佛陀的时代，女人通常在白天的时候到寺院去听法与禅修，男人则在晚间的时候去寺院。由于他们如此精勤地闻法与禅修，所以他们的修行能够保持不退，这就是他们多数都证得圣果的缘故。例如，根据注疏，俱卢国（Kuru Country）几乎所有人民都证得圣果，即使在做煮饭、织布等工作时，他们还是一直在修行。

若要保持修行不退，每天至少应当拨出一到二小时的时间来专心禅修。在那一二小时里，应当尽量抛开一切的忧虑、回忆与计划，一心专注于禅修的业处。还应当注意运用正确的禅修方法，以免浪费时间。渐渐地就能排除掉举、昏沉等障碍，专注于业处的时间也会愈来愈长，然后就能保持修行不退。

问32：《清净道论》中谈到定可分为近行定（upacāra samādhi）与安止定（appanā samādhi）两种，该论对"刹那定"（khaṇika samādhi）谈得不多（印象中只有一次），请问"刹那定"原来的定义是什么？

答32：如果你想要知道刹那定，我要引用《中部·安般念经》的一段经文，请细心聆听：

"Samādahaṁ cittaṁ assasissāmī" ti sikkhati, "samādahaṁ cittaṁ passasissāmī" ti sikkhati. ——他如此训练："我应当平静心而吸气"；他如此训练："我应当平静心而呼气。"

它的含义是什么？你应该以专注的心吸气及呼气。《清净道论》

解释：

平静（samādahaṁ）心（cittaṁ）：平衡地（samaṁ）安置（ādahanto）心，透过初禅等等平衡地安置心于其目标。

或者，进入那些禅那，再从禅那出定后，他以观智观照与那些禅那相应的心必定毁灭及坏灭，而在观智产生的时刻，刹那间的心一境性透过洞察无常等相生起。因此，"他如此训练：'我应当平静心而吸气'；他如此训练：'我应当平静心而呼气。'"这些字也用来说透过如此生起的刹那间心一境性来平衡地安置心于其目标的人。

你明白了吗？我要多解释一点。

首先，你进入安般初禅，再从初禅出定。然后你观照初禅的三十四种名法为无常、苦及无我。

同样地，你应该进入第二禅及从第二禅出定，然后观照第二禅的三十二种名法为无常、苦及无我。

你以同样的方法来修习第三禅及第四禅。

因此，你先进入禅那，再从禅那出定，然后观照禅那名法为无常、苦及无我。如果你这样修习，有一种"定"会产生。该定使得你能够专注于禅那法无常、苦及无我的本质。这种定叫作刹那定，是非常深的刹那定。

只是了知概念或究竟法这些目标不是刹那定。

你们了解什么是刹那定了吗？这就是它的来源。这种刹那定特别是指观禅的刹那定。

因此，如果当你闭上眼睛便能够见到色聚、分析色聚及辨识究竟色法，你就不需要特别培育定力。否则你就必须修定，必须培育定力。

问33：修习入出息念者没禅相可入定吗？如何确定禅相的稳定性？

答33：如果没有柱子，没有建造尖顶屋的房间，你可能建造屋顶吗？如果没有墙壁，没有柱子，你想建上面的楼，这有可能吗？这是不可能。同样地，没有安般禅相，安般禅那不可能生起。如果你要知道详情，请参阅《清净道论》的"安般念品"。

如果系统地修习安般念，你可以看到禅相。当你的定力提升时，呼吸就会变成禅相，但这有赖于你的定力。如果你的定力提升又稳定，禅相也会变得稳定。

问34：忙碌的人如何修定？他们适合修习安止定吗？修习观禅之前是否必备至少近行定为基础？

答34：在佛陀时代，舍卫城（Sāvatthi）大约有七千万人口。他们是在家人，他们以宁静的心来修习止观禅法，而成功地证得圣道智及圣果智。

王舍城（Rājagaha）则有超过五千万人，他们也是在家人，也修习止观禅法，也成功地证得圣道智及圣果智。

俱卢国（Kuru，现在的新德里）也有许多百万的人，当他们正在做工时，他们也一直修习四念处，换句话说即是止观禅法，而且许多人都证悟须陀洹道果。

因此，如果你也坚定不移地修习，依靠你的波罗蜜，你也可能会成功及成为圣者。

因此，如果修习安般念，你也可能会成功。但这有赖于你的毅力及波罗蜜。如果你有足够的波罗蜜，而且以强而有力的毅力来修行，那么你也可能成就安般念。

如果你能够在闭上眼睛时看到色聚、分析色聚，而且能够辨识究竟色法、究竟名法及它们的因，你就不需要修习止禅。否则你就必须修习止禅，必须培育定力，因为佛陀在《三摩地经》中也如此教导。我要念该段经文，请细心聆听。

诸比丘，应当培育定。有定的比丘如实了知诸法。他如实了知什么？

1. 他如实了知："这是苦。"

2. 他如实了知："这是苦集。"

3. 他如实了知："这是苦灭。"

4. 他如实了知："这是导向苦灭之道。"

诸比丘，应当培育定。有定的比丘如实了知诸法。因此，诸比丘，

应当致力于了知"这是苦"；

应当致力于了知"这是苦集"；

应当致力于了知"这是苦灭"；

应当致力于了知"这是导向苦灭之道"。

问35：有些人说最好不要修定。我们修定是为了修观禅，因为如果我们修定，而在成就观禅之前就死了，那我们可能投生到天界，这是八个不幸时期（aṭṭha-akkhaṇa）之一①。根据佛法，出生于八个不幸时期者不能了解佛法。例如，如果生在无色界，我们就不能听闻到佛法了。不知禅师的看法如何？

答35：这有视个人的意愿而定。一个人可以修习止禅，而且证得八定，但是如果他想要投生到梵天界，他可以在这一次的教化期里选择

---

① 编按：这是错误的见解，欲界天神及多数的色界梵天神（即除了无想有情天的梵天神）都能够听闻佛法且证悟圣道果。佛陀开示《转法轮经》时，人间只有憍陈如尊者一人证悟，但却有无数的天神证悟。《相应部·俱偈品》的整篇"天神相应"就是记载诸天神与佛陀讨论佛法。八个不幸时期是：生于地狱、生于畜生道、生于饿鬼道、生于无想有情天及无色界、生于遥远的部落、生为一个持有"定邪见"之人、生为五根不具足之人、生于没有佛陀出世的时期。关于这八个不幸时期，请参考《增支部·八集》或明昆三藏持者大长老编著的《南传菩萨道》上册，第24～26页。

投生到任何一界。

举例而言，娑婆主梵天（Sahampati brahmā）在过去世是迦叶佛（Kassapa Buddha）的弟子。他是阿那含圣者，熟练于八定，但是他选择投生到初禅天的大梵天。因此死后，他就投生于初禅天。

同样地，也有一位瓦匠梵天①（Ghaṭīkāra brahmā）。他也是迦叶佛的弟子，也是一位阿那含圣者，也熟练于八定，死后投生到净居天（Suddhāvāsa）的色究竟天（Akaniṭṭha）。

因此，在教化期里，有许多熟练于八定的阿含那。然而，他们之中有些投生到大梵天，有些投生到色究竟天。为什么呢？这有视他们自己的选择。

所以，在这次的教化期里②，若人熟练于八定，他可以选择投生到任何一界。不必害怕会投生到无色界，或没有名法及心生色的无想有情天。

你应该害怕假的观禅，那才是非常危险的。

禅那并不危险，假的观禅才危险，为什么呢？通过修习假的观禅，一个人不能证悟涅槃。无论如何精进，他也不能证得任何的道果。应记得，如果没有见到究竟名色法及它们的因，你便修习观禅，那只是假的观禅，不是真的观禅。这种观禅对你来说是非常危险的。

八定并不危险。如果你修习止禅以作为观禅的基础，依靠禅那的定力，进而有系统地修习四界分别观，你便可以看到究竟色法、究竟名法及它们的因，也就是观禅的目标。这些究竟名色法及它们的因是苦谛法

---

① 编按：在迦叶佛时代，他是一位不持金钱的瓦匠。请参考《中部·瓦匠经》（Majjhima Nikāya, Ghaṭīkāra Sutta）经81。

② 编按：在佛法的教化期之外，人们没有这种知识，不知道可以从自己所证得的各种禅那当中，选择自己最喜欢的一个，而投生到与该禅那相符的界。举例而言，预言悉达多太子会成佛的阿须陀隐士就不懂这一点，因此死后投生到非想非非想处，遭遇错失证悟的机会的重大损失。

及集谛法，也被称为行法。你必须观照这些行法为无常、苦及无我。这是真正的观禅，不是假的。这种观禅是达到证悟涅槃无为界的圣道及圣果的强而有力助因。

问36：禅师，刚才您举的例子是阿那含及须陀洹，而且他们对观禅都很纯熟。问题是如果一个人没有证得任何果位，只是一位凡夫，但是他从初禅到第四禅都很熟练，那么，在那样重的业力底下，他可以选择他要投生的地方吗？

答36：可以。但是他一定要特别修行四禅中他所喜欢的其中一禅。

有四种成就的基因（iddhipāda 四神足），即欲（chanda）、精进（vīriya）、心（citta）和观（vīmaṁsa）。"欲"一定要坚强，"精进"一定要坚强，"心"一定要坚强，"观"一定要坚强，如此它们才是叫作四种成就的基因（四神足）。以这四种成就的基因，如果他特别修行其中一禅，他将会投生到与该禅那相符的梵天界。因此不需要害怕，如果熟练于八定，就可以选择投生到任何地方。

问37：禅师，这里还有一个问题。如果禅修者不精通于初禅，但只证得近行定，近行定的业力可以让他再重生为人和修习观禅吗？这项问题尤其是针对无因者及二因者。①

答37：可能。这种机会能基于他的善业和意愿而发生。

如果他要修习观禅，那他会获得修习观禅的机会，但是不肯定。不肯定是指只修习近行定是不足够的，他必须也发愿成为可以修习观禅的男人或女人或比丘。没有爱而只有近行定的业力不可能产生任何生

---

① 编按：无因者（ahetuka）的结生心（一生中的第一个心）没有无贪、无嗔与无痴这三个因。二因者（dvihetuka）的结生心则有无贪与无嗔这两个因，但没有无痴这个因。无因者与二因者都不可能证得禅那或道果。

命。基于无明、爱及取，他修习近行定。他有想要成为可以修习观禅的比丘、男人或天神等的意愿，如此他的业力才能够产生该生命。

无论是发愿成为人或天神，例如发愿成为可以修习观禅的人，都没有问题。这种愿望非常重要。

问38：禅师，接下来还有一个问题。如果那人将要投生到他所想要投生的地方，临终时，有五个速行心生起。五个速行心会决定他去哪里，这就是说，我们修习近行定或安般念的定，造了这种重业，在临终时，这五个速行心会决定我们投生到哪里。我们应该做什么以便我们能够在临终时决定我们要去的地方？

答38：Maraṇāsanna javana 是临死速行心。有五个临死速行心，但它们只是支助因，不是令生因。

有两种业，即令生业（janaka-kamma）及支助业（upatthambaka-kamma）。如果最后五个速行心是善速行心，那肯定导致投生到善趣。但是如果这些速行心是不善的，死后就肯定会投生到四恶趣之一。由于即将产生果报的恶业力，这些临死速行心变成不善。因此，它们只是支助业，不是令生业。

在临死速行心还没有生起之前，他已经累积了善与不善的令生业。这些善业或不善业将会产生结生刹那的五蕴，以及在一生中继续产生五蕴。

问39：如果是安般念禅定，业力不是问题，但是如果说是近行定，人们如何设法肯定在临终时是善？如果说有意外发生，如何预防？

答39：在那时候他可以再次培育定力，我猜那没有多大的问题。但是如果他办不到，我们就说不准。因此，如果害怕这样的意外，我们便应该努力修行以证悟须陀洹道果，这比较好。

如果有意外，禅那也是不确定的。缘摄受智、生灭智或行舍智可以确保你死后投生到善趣。但是道智则更好。因此，请努力修行以证悟须陀洹道果。

四　慧学释疑

问40：何谓名法与色法？是所谓心法与色法，或十二缘起之名色一支的名法与色法？又此二色法相同吗？

答40：有关名法（nāma）与色法（rūpa）的知识是很深广的，详细解释起来需要很长的时间。若想要清楚地了解它们，你必须彻底地研究《阿毗达摩藏》，在此我只能简要地回答而已①。名法（精神现象）包括心（citta）与心所（cetasika）。心有八十九种，包括善心、不善心、果报心与唯作心。心所有五十二种，包括：

1. 通一切心的心所，如触、受、想、思、作意、精进等；

2. 不善的心所，如愚痴、瞋恨、贪欲、邪见等；

3. 美的心所，如信、念、无贪、无瞋、慧根等。

色法（物质现象）有二十八种，包括四大种色及二十四种所造色，如颜色、气味、食素等。它们可以依照来源而分成四类，即业生色、心生色、时节生色与食生色。

至于十二缘起当中的名色这一支，根据经教的方法，这里的"名"是指果报心与其相应心所而已，不包括善心、不善心、唯作心与它们的相应心所。这里的"色"主要是指业生色及由果报心产生的心生色。然而，无可避免地，时节生色与食生色也都包括在内，因为这两种色法分别由上述两种色法里的火界（tejo-dhātu）与食素所产生。因此这里

① 关于心、心所与色的分类图表，请参见本书后面的"附录"。

的"色"也包含四类色法，所以色法与十二缘起当中名色一支的色是相同的。

问 41：五蕴的定义为何？

答 41：五蕴就是色蕴、受蕴、想蕴、行蕴及识蕴。色是物质；受是感受；想是内心烙下印象；行包括许多附属的心理现象（心所）；识就是心。色蕴是十一类物质的集合，即包括过去的、未来的与现在的、内在的与外在的、粗的与细的、低劣的与高尚的、远的与近的色法。同样的道理，受蕴是十一类感受的集合；想蕴是十一类内心印象的集合；行蕴是十一类心所的集合；识蕴是十一类心识的集合。

另一种分类法：二十八种色法是色蕴，其中包括四大种色与二十四种所造色。六种感受是受蕴，即对颜色、声音、气味、滋味、触觉及心理目标的感受；或者乐受、苦受与舍受是受蕴。六种内心印象是想蕴，即对颜色、声音、气味、滋味、触觉及心理目标的印象。除了受与想之外的五十种心所是行蕴。六种心识是识蕴，即眼识、耳识、鼻识、舌识、身识及意识。

这只是简单地介绍。若想深入地了解五蕴，你应当在良师的指导之下详尽地研学《阿毗达摩藏》，并且透过实际修行止观去照见它们。

问 42：《清净道论》（Visuddhimagga）及《摄阿毗达磨义论》（Abhidhammattha Sangaha）都提到：修观禅（vipassanā 毗婆舍那）前应具备"慧地"（paññābhūmi）①，请问在这禅修中心是否也是如此？

答 42：我要引用《谛相应》（Sacca Saṃyutta）的其中一部经：

---

① 慧地是指蕴（khandha）、处（āyatana）、界（dhātu）、根（mūla）、谛（sacca）与缘起（paṭiccasamuppāda）。

"诸比丘，由于不了知及不透视四圣谛，你我不断在这漫长的生死轮回里来来去去。

是哪四者？诸比丘，由于不了知及不透视

1. 苦圣谛，

2. 苦集圣谛，

3. 苦灭圣谛，

4. 导向苦灭的道圣谛，

你我不断在这漫长的生死轮回里来来去去。"

因此，如果不了知四圣谛，你就不能解脱生死轮回。如果要解脱生死轮回，你应该尝试去了知四圣谛。怎样修习以便了知四圣谛？

在《谛相应》有一部经叫作《三摩地经》。在那部经里，佛陀说：

诸比丘，培育定。得定后，比丘如实了知诸法。

他如实了知什么？

1. 他如实了知："这是苦"

2. 他如实了知："这是苦集"

3. 他如实了知："这是苦灭"

4. 他如实了知："这是导向苦灭之道"。

如是，佛陀指示培育定以便了知四圣谛。

若人没有专注的心，他就不能见到究竟法，即

1. 苦圣谛，

2. 苦集圣谛，

3. 苦灭圣谛，

4. 导向苦灭的道圣谛。

我要举一个例子来说明。我们的身体是由许多叫作色聚的微小粒

子组成的。请合起眼睛，看你的身体，你看得到这些色聚吗？现在你不能看到。

但是，专注的心可以看到这些微小粒子——色聚，也可以分析这些微小粒子，直到知见究竟色法。为什么？专注的心通常与慧根相应。那慧根可以产生明亮及强而有力的光。这叫作智慧之光。

根据《转法轮经》，五取蕴是苦谛法，即苦圣谛。色法是五蕴之一，所以究竟色法属于苦圣谛。如果没有看到究竟色法，你便不能观照它们为无常、苦及无我。如果你能够观照究竟色法、究竟名法及它们的因为无常、苦及无我，这智慧被称为观智。

如果没有知见究竟色法及究竟名法，便不能根据佛陀的教法系统地修习观禅。

专注的心是知见究竟名色法及它们的因的强力的助因。因此，如果你想要看到究竟名色法及它们的因，你就应该培育定力。这是佛陀的教导。你可以在《谛相应·三摩地经》（Sacca Saṁyutta, Samādhi Sutta）里看到这些指示。（S 2. 1838 菩提比丘翻译本）

问43：《清净道论》说，在修习观禅之前，必须先在"见清净"（diṭṭhi-visuddhi）的阶段清楚地辨识名色法，即八十九心（citta）①、五十二心所（cetasika）、四大（mahābhūta）及二十四种所造色（upādarūpa）。禅师的意思如何？

答43：这是根据《清净道论》。我们的意见也是根据《清净道论》的指示。

究竟色法及究竟名法是苦圣谛（dukkha sacca）。它们的因是苦集圣

---

① 编按：有二十六种心是凡夫看不到的，即八个出世间心，以及阿罗汉才有的一个生笑心、八个欲界唯作心、五个色界唯作心与四个无色界唯作心。

谛（samudaya-sacca），苦谛法及集谛法是观禅的目标。

因此，什么是观禅？唯有观照究竟色法、究竟名法及它们的"因"为无常、苦及无我才叫作观智。

如果没有看到究竟色法、究竟名法及它们的"因"，你就尝试修习观禅，这只是肤浅的修行，不是真正的观禅。

问44：若禅修者不能彻知名色或缘起，他可能成就"生灭随观智"（udayabbayañāṇa）吗？

答44：在这里，名色是究竟名法及究竟色法。它们是苦圣谛，是苦谛法（dukkha-sacca-dhamma）。

无明（avijjā）、爱（taṇhā）、取（upādāna）、行（saṅkhāra）及业（kamma）这五个因是苦集圣谛。它们是究竟名色法的因。在《立处经》① （Titthāyatana Sutta）里，佛陀说缘起也是苦集。

苦谛法与集谛法是观禅的目标。

若人没有看到这两种圣谛就培育生灭随观智，他的修行只是肤浅的修行，不是真正的观禅。为什么？《清净道论》引证《无碍解道》（Paṭisambhidāmagga）列举五十种生灭随观智。因此在这里，我要引用《无碍解道》的一段经文：

由于无明集起，色集起（avijjā-samudayā rūpasamudayo）；
由于爱集起，色集起（taṇhā-samudayā rūpasamudayo）；
由于业集起，色集起（kamma-samudayā rūpasamudayo）；
由于食集起，色集起（āhāra-samudayā rūpasamudayo）；
见色蕴之生起亦见生起相（nibbhatti-lakkhaṇaṁ passanto pi rūpa-

① 编按：在此，"立处"是含义是一个宗教的根本教义。

kkhandhassa udayaṁ passati）。

这是什么意思？我要在此加以解释。在生灭随观智的阶段，有两种生、两种灭及两种生灭。

两种"生"：

1. 因缘生（paccayato udaya）

2. 刹那生（khaṇato udaya）

两种灭：

1. 因缘灭（paccayato vaya）

2. 刹那灭（khaṇato vaya）

两种生灭：

1. 因缘生灭（paccayato udayabbaya）

2. 刹那生灭（khaṇato udayabbaya）

所以，如果你要修习生灭随观智，你应该先了知五蕴，也就是究竟名色法。它们是苦谛法。

五蕴一生起就即刻坏灭，所以它们无常。这是刹那生灭。

然后，你应该了知五蕴的因缘生。什么是五蕴的因缘生？

1. 由于无明生起，五蕴生起。

2. 由于爱生起，五蕴生起。

3. 由于取生起，五蕴生起。

4. 由于行生起，五蕴生起。

5. 由于业生起，五蕴生起。

这叫作因缘生。因此，总共有五种过去因：无明、爱、取、行与业。你在前生累积了这五种过去因，即第二圣谛：苦集圣谛。

现在五蕴的集是在过去世，不是在现在世。但是如果你在今生累积这五种因，它们将成为未来五蕴的因。所以，如果你能辨别过去的五种因，即无明、爱、取、行及业，那么我们可以说你了知苦集。但你必须再次观照：由于五种过去因生起，现在五蕴生起。你应该设法了知这种因果关系。

在这五种因之中，业是非常重要的。什么是业？《发趣论》（Paṭṭhāna）的"业缘篇"（kamma-paccayapabba）提到，行的业力称为业。

什么是行？你已经在其中一个前世累积了善行。是哪一种善业？我们不能准确地说。如果你修习观禅及辨识缘起，在那时候，你会准确地了知。哪些善行是布施，或持戒，或修禅，例如慈心观、安般念及观禅的善业。你必须回溯至苦的集，以了知哪一种善业产生这一世的五蕴。

我要举一个例子来说明。我们的菩萨悉达多太子在过去世累积了许多波罗蜜，即许多善业。在这些善业之中，还未达到慈心禅那的慈心善业，尤其是慈心禅那之前的近行定，产生他最后一生的五蕴。虽然他累积了许多波罗蜜，许多善业，这些都不是产生其五蕴的业。在这些善业之中，唯有慈心禅那之前的近行定产生他最后一生的五蕴。

因此，同样地，你也必须设法了知你的善业。你必须知见哪一种善业？你已经累积了许多业。在这么多业当中，只有一种业的业力产生你今生的五蕴。由于该业生起，现在五蕴生起。如果你如此知见，我们可以说你是看到因缘生。

同样地，也有因缘灭。因缘灭是指无明、爱、取、行与业这五种因会在你证得阿罗汉道时灭尽无余。因此，如果无明、爱、取、行与业这五种因由于阿罗汉道智（arahatta maggañāṇa）而灭尽无余，五蕴也会在般涅槃时灭尽无余。了知因缘灭的智慧叫做因缘灭智。

因此，因缘生智及因缘灭智两者合起来叫做因缘生灭智（paccayato udayabbayañāṇa）

因此，有两种生灭智：

1. 因缘生灭智（paccayato udayabbayañāṇa）

2. 刹那生灭智（khaṇato udayabbayañāṇa）

如果没有看到究竟色法、究竟名法及它们的因，你便不能培育生灭智这一项观智。

问45：禅师，有人跟我说，有些人引用《法句经》佛陀说"没有无定的慧，没有无慧的定"①；有些人说修习观禅时他们就有了定力，所以不需要修习止禅；也有说那些只修止禅的人也就是在修习观禅。因此，请禅师定义《法句经》的这句偈颂。

答45：请给我看一看你刚提到的偈颂。我不记得全部的偈颂，但如果我看到，我便可以详细地解释。

这可以说是止禅和观禅互相配合。在《增支部》（Aṅguttara Nikāya）里有一部经叫作《双连经》（Yuganandha Sutta），它谈到比丘怎样止观互相配合地修习。

例如，一位比丘进入初禅，这是止禅。从禅那出定，他观照初禅名法为无常、苦、无我，这是观禅。

再次，他进入第二禅，这是止禅。从禅那出定，他观照禅那法为无常、苦、无我，这是观禅。如此止禅和观禅互相配合，他以同样的方法修习剩余的禅那。这种修法在《增支部·双连经》有提到。

根据《谛相应·三摩地经》，另一种解释法是专注的心可以如实了知究竟法。如果比丘培育定，他专注的心能够知见四圣谛。这是自然的。因此，定力和观智俱生。

同样地，如果我们观照究竟名色法及它们因为无常、苦及无我，此

---

① 编按：那些人可能是引用《法句经》的第 372 首偈："无慧者无定，无定者亦无慧。具足定慧两者之人，真的已近涅槃。"

时定也会生起，这是刹那定，我们已经解释过这种定。

不过，没有定就不能知见究竟名色法及它们的因，如此就不能观照它们为无常、苦及无我。因此，定也是很重要的。

问46：今生贫穷、多病的果报跟过去世有关吗？如果有，是不是宿命论，或是常见？

答46：对于这件事，你必须分辨人道生活与天道、地狱道生活的差别。天道与地狱道称为业果生活地（kammaphalūpajīvibhūmi），意即该道的众生透过业力的果报而得到其生活。人道则称为精进果生活地（uṭṭhānaphalūpajīvibhūmi），意即人道的众生透过精进的结果而得到其生活。由于过去世业力的缘故，天道与地狱道的众生不需要付出任何努力自然就得到快乐或痛苦的生活。人道的众生则不同，他们的生活不只与过去世的业力有关，也受到今世的努力与智慧影响。因此，业力、努力与智慧是决定人生幸福的三项因素。

就以你所提到的贫富问题为例，如果一个人有发财的善业力成熟，并且付出足够的努力与运用智慧，他能够变成大富翁并且享用自己的财富。

然而，如果一个人只是有发财的善业力成熟，但是不付出努力，也不运用智慧，那么即使得到了大量的财富，他也无法保有，终究会失去财富而变得贫穷落魄。生在佛陀时代的大富长者子（Mahādhanaseṭṭhīputta）就是很好的例子：他与妻子都各得到多达八亿元的遗产，然而，后来他们失去了所有的财富而变成乞丐。除此之外，尽管他有足够的善业力，能支持他在那一世就证得阿罗汉果，但是由于他不付出努力与运用智慧来修行佛法，所以他一直到死亡都还只是一个可怜的凡夫。

如果一个人没有致富的善业力成熟，但是付出努力与运用智慧去赚钱，他无法变成富翁，但是仍然能享有某种程度的舒适生活。由此可知，努力与智慧比业力更重要。

有一个关于三条鱼的故事，能给予我们更清楚的了解：从前，有个渔夫在恒河捉到三条鱼。这三条鱼当中，一条相信努力，一条相信业力，另一条相信智慧。相信努力的那条鱼认为自己单靠努力就能逃脱，因此它一再地奋力跳跃，企图挣脱渔网。渔夫被它激怒了，就用划船的桨狠狠地打它，把它打死了。相信业力的那条鱼认为如果自己有逃脱厄运的善业力，该业力会自动地产生果报，因此它静静地躺在甲板上，等待好运自动来临，一点也不想付出任何努力。第三条鱼相信智慧，它认为自己能采取理智的行动而逃脱，因此它一直观察周遭的情况，留意适合采取行动的时机。

渔夫将船划向岸边。当船接近岸边时，他一脚跨上岸，另一脚还留在船上，那时他无意中让渔网打开了一道缝隙。那条相信智慧的鱼把握这稍纵即逝的良机，迅速地从那道缝隙中跳出渔网，落入水中，并且立刻游回恒河去。

由这个故事的启示，我们可以了解智慧是这三项因素当中最重要的。

至于生病，有四项可能的因素，即业力、心理、时节（火界）与食物，因此并不是所有疾病都由业力造成。佛教是分辨道理的（vibhaj-ja-vāda），教导人有因才有果，没有因就没有果。如此的因果正见既不是宿命论，也不是常见。如果你相信自己的命运已经完全注定，无法改变，那么你就是宿命论者。

在此我要提出《阿毗达摩藏》对正性定法、邪性定法与不定法之间的差异的解释。

正性定法（sammattaniyata dhamma）：四圣道是立刻拥有果报的正性定法。它们产生的果报——四果智——紧接着它们之后生起。在道智与果智之间没有间隔。这是四圣道智这些出世间法的运作法则，其结果是固定的。因此它们称为正性定法。

邪性定法（micchattaniyata dhamma）是拥有无间果报的五重业〔五逆罪〕，以及果报固定的邪见。

"果报固定"是指在死亡时那些业肯定会即刻产生果报，没有任何其他作法能够压制它们以产生自己的果报。即使造业者建造一座犹如须弥山那么大的金塔，或一间布满珍宝、有如一个世界那么大的住所，或使得该住所住满了众比丘与佛陀本人，再一辈子都供养他们四资具，他都不能避免此业的果报。（《殊胜义注》）

注释指出也属于定（niyata 果报固定）的邪见：

1. 无因论者所持的邪见；

2. 无作为论（业力无效论）者所持的邪见；

3. 断论者所持的邪见。

如果他们不舍弃这些邪见，即使是一百尊或一千尊佛也不能够使得他们开悟。

不定法（aniyata dhamma）：剩余的善法、不善法与不定法，无论是欲界、色界或无色界的，都没有固定的果报。

根据佛陀的教导，当一个业力成熟而且即将结成果报时，那业力的果报是决定的、无法改变的；但是当一个业力尚未成熟时，它的果报是尚未决定的、可以改变的。摩诃目犍连尊者就是一个明显的例子：在他般涅槃之前，他在过去某一生中企图杀害父母的恶业力成熟了，因此他被痛打到全身的每一块骨头都粉碎。即使他已经证得阿罗汉果，仍然无法改变这种恶报。然而，由于他已经断尽一切烦恼，所以除了当生已经成熟的那些业力之外，其他所有的业力都不能产生果报。般涅槃之后他就解脱了生死轮回。

如果你相信你的前世和今世是同一个人，即同样的那个人从前世生到今世来，或者你相信有一个灵魂从一世投生到另一世，那么你就是有常见。根据佛陀的教导，没有灵魂或自我存在。你的前世是由刹那生灭的名色法构成的，你的今世也是由刹那生灭的名色法构成的，它们是不同的。没有一个不变的"你"或人存在。然而，过去世累积的业力产生今世的五取蕴，它们之间有因果关系，而不是完全不相关的。因此佛教既不是宿命论，也不是常见。

问47：请问禅师，修完止禅与观禅的修行者应该再修习其他法门或重复练习止禅与观禅？若是重复，他应该先从哪个阶段复习？或可以随心所欲，想复习哪个阶段都可以？或有一定的原则？请禅师慈悲开示。

答47：根据佛陀的教导，只有在证得阿罗汉果之时，观禅才算修完，在你成为阿罗汉之前都必须继续修行止禅与观禅。《相应部·七处善经》（Saṃyutta Nikāya, Sattaṭṭhānakusala Sutta）中说：每一位阿罗汉都经常将心安住于三种修行法当中的一种，即依照十八界、十二处或缘起而观照行法为无常、苦或无我。注释称这三种修行法为"经常住处"（satata-vihārī）。此外，阿罗汉也修行止禅与观禅，以受用禅那中的安乐住处与果定中的涅槃乐。若阿罗汉想入灭尽定，他必须循着一定的次第修行止禅与观禅。

有些禅修者已经练习了观禅的所有重要课程，因而声称自己已经修完观禅。其实那样说是不正确的。他们必须一再重复地修行止禅与观禅，并且以圣典中的教理谨慎地检查自己的禅修体验。通常需要花费许多年的时间如此复习与检查，才能确定自己的情况，因此向别人炫耀自己的禅修成果是不恰当的。一般而言，有两种复习观禅的方法：一种是从生灭随观智开始复习；另一种是从自己观照得还不够清晰的阶段开始复习。复习时很重要的原则是必须依照佛陀所教导的止禅与观禅修法方法正确地实行。

问 48：何谓法眼净？什么是初果？

答 48：在《转法轮经》及其他某些经中，例如《长爪经》，法眼（dhammacakkhu）是指须陀洹道（sotāpattimagga）而言；在另外一些经中，法眼是指阿那含道（anāgāmi-magga）而言。

在《转法轮经》里，憍陈如尊者的法眼是须陀洹道智。在《梵命经》里，梵命婆罗门的法眼是前三个果智。在《罗侯罗教诫经》里，罗侯罗尊者的法眼是四道智与四果智。

须陀洹（Sotāpanna）是证悟涅槃的四类圣者当中的第一类。"须陀"（Sota）意为"流"，即指圣者之流；"阿洹那"（āpanna）意为"进入"。因此须陀洹的意思是入流，即进入圣者之流的人。

问 49：如果自己感到自己的贪爱、瞋恚与痴迷都消灭了，那他是否可以宣称自己是阿罗汉？或者如何自行验证？

答 49：我们必须了解烦恼有三个层次：

1. 潜伏性的烦恼（anusaya kilesa）：潜藏在名色相续流当中，没有在心中显现出来的烦恼。

2. 困扰性的烦恼（pariyuṭṭhāna kilesa）：浮现在心中、造成困扰的烦恼。

3. 违犯性的烦恼（vītikkama kilesa）：促使人造作不善的身业或语业的烦恼。

阿罗汉必须完全灭除这三层次的烦恼。就凡夫而言，当心中没有烦恼生起时，他可能会感到自己的烦恼都消灭了。然而，那种境界可能只是因为困扰性的烦恼与违犯性的烦恼暂时被强有力的观智或禅那降伏而已，实际上他还未证得圣道智，还有潜伏性的烦恼存在。只要还有潜伏性的烦恼存在，遇到诱发的因缘时，困扰性的烦恼与违犯性的烦恼可能再度生起。

大龙大长老（Mahānāga Mahāthera）就是一个很有名的例子：他是法施阿罗汉（Dhammadinna arahant）的老师，已经修行止禅与观禅超过六十年以上，然而他还是一个凡夫（puthujjana）。虽然他还是一个凡夫，但是由于强而有力的止观禅修力量，所以在长达六十年的时间里他的心中都没有烦恼生起，而且他持戒非常清净、严谨。由于这些缘故，他认为自己已经证得阿罗汉果。

有一天，他的学生法施阿罗汉坐在自己的日间住处，心里想："我们住在伍加瓦里卡（Uccavalika）的老师大龙大长老是否已证得最究竟的沙门果位呢？"于是他照见到他的老师还是一个凡夫，而且知道若他的老师不了解这项事实的话，那么他一直到死亡都还只是一个凡夫。于是他以神通力飞到老师的日间住处，顶礼老师并且执行对老师的义务之后，他坐在一旁。大龙大长老问说："法施贤友，你为什么忽然来到这里？"法施阿罗汉回答说："尊者，我想来问一些问题。"大长老说："问吧，贤友，我会尽自己所知道的来回答你。"于是法施阿罗汉问了一千个问题，大龙大长老毫不迟疑地回答了每一个问题。

法施阿罗汉称赞老师说："尊者，您的智慧真是敏锐。您在什么时候达到如此的境界？"大长老回答说："六十年以前。"法施阿罗汉问说："尊者，您修行禅定吗？"大长老回答说："贤友，禅定并不困难。"法施阿罗汉说："尊者，那么就请您变出一头大象来吧。"大长老就变出一头全身纯白色的大象。法施阿罗汉又说："尊者，现在就让那头大白象两耳向外伸张，尾巴直竖，长鼻伸入口中，发出惊天动地的怒吼声，向您直冲过来吧。"大长老照着他所说的一一地变现了。然而，当他看到那头凶猛的大白象朝着自己飞奔过来的恐怖景象时，他跳了起来，拔腿就跑。法施阿罗汉伸手捉住老师的袈裟边缘，说："尊者，诸漏已尽的人还会胆怯吗？"

这时大长老才了解自己还只是一个凡夫。他跪了下来，说："法施贤友，请帮助我。"法施阿罗汉说："尊者，不要担心，我正是为了要帮助你才来的。"于是他为老师讲解一种禅修业处。大长老领受了业处之后，向行禅的道路走去。当他走到第三步时，就证得了阿罗汉果。

因此，向别人声称自己的成就是不好的，因为你很可能会像大龙大长老那样高估了自己。你最好能依照佛陀的教导谨慎地检查自己。例如：须陀洹圣者完全灭除了身见、怀疑、嫉妒、悭吝与戒禁取见。他对佛、法、僧三宝具足不可动摇的信心。他持戒清净，宁可牺牲自己的生命，也绝不愿故意犯戒，即使是在梦中亦然。有时他会无意中在身、口、意方面犯过错，但是他会坦白地认错，绝不会隐瞒自己的过失。由于他已经透彻地了知缘起及行法的无常、苦、无我本质，因此他彻底地灭除了认为有灵魂或自我的邪见。无知的人误认为有两种"我"，即至上我与生命我。至上我（parama-atta）是指造物主；生命我（jīva-atta）是指由一生转世到下一生的我或死后断灭的我。须陀洹圣者断除了这两种我见。因此，如果你有时会生起犯戒的心，或怀疑三宝，或相信名色法是你或你所有，或者你相信有创造世界的造物者，那么你就不可能已证悟须陀洹果，更不用说阿罗汉果。

斯陀含圣者将贪、瞋、痴的力量减弱。阿那含圣者灭除了瞋恚与欲界的贪爱，因此他不会再生气、忧愁或害怕，也不会对感官享乐有任何执着。即使是在家人，当他证悟阿那含果之后，他自然就放弃金、银、钱、宝等物。因此，如果你还会生气、忧愁或害怕，或者你还接受金钱等，你就不可能已证得阿那含果。当你的六根接触到可爱的色、声、香、味、触、法这六尘时，如果还有丝毫的爱着生起，你就不可能已证得阿那含果。当你的六根接触到可厌的六尘时，如果还有丝毫的恼怒生起，你也不可能已证得阿那含果。

阿罗汉已经完全灭除了其余的一切烦恼，包括骄慢、掉举、无明、昏沉与睡眠在内。他对生命没有丝毫的留恋。他的诸根安详宁静，了无瑕疵。他经常照见行法的无常、苦、无我本质，唯有在他注意概念法时，才会知道"这是男人、女人、父亲、儿子……"。因此，如果你还贪爱自己的生命或对自己的成就感到骄傲，你就不可能已证得阿罗汉果。如果你不具足持续不断地经常照见行法为无常、苦、无我的强有力正念，你就不可能已证得阿罗汉果。

以上所说的只是自我检验的一些例子而已，你应当在良师的指导之下，详尽地研究上座部圣典，以便彻底地了解如何验证自己的禅修体验。

问50：何谓正念？有正念之时必有正知吗？

答50：有四种正念（sati）：

1. 身念处：对身忆持不忘；

2. 受念处：对受忆持不忘；

3. 心念处：对心忆持不忘；

4. 法念处：对法忆持不忘。

因此正念就是将心安住于身、受、心、法这四种目标，对它们明记不忘失。

正念的特相（或相）是沉入目标，犹如石头沉入池中一般，而不会像漂浮在水面上的空心葫芦一样。正念将自己本身与相应的名法沉入禅修的目标。当你修行安般念时，你的正念必须沉入气息中。

正念的作用（或味）是不忘记禅修的目标；它持续不断地将心保持于目标。

正念的现状（或现起）是守护着心或守护着禅修目标，使烦恼无隙可入，因此与正念相应的心理状态不会受到烦恼压制。正念的另一种现状是使注意力与目标正面相对。

正念的近因（或足处）是对禅修目标强而稳固的想或四念处。

有四种正知：

1. 有益正知（sātthaka sampajañña）：了解一项行动是否有善法之利益的智慧；

2. 适宜正知（sappāya sampajañña）：了解一项行动是否适合做的智慧；

3. 行处正知（gocara sampajañña）：经常专注于修行止禅的智慧；四十种止禅业处都包括在内；

4. 不痴正知（asammoha sampajañña）：了知究竟名色法、名色法之因缘及它们无常、苦、无我三相的智慧；这包括所有的观禅。

正念通常与正知（sampajañña）同时生起。正知就是智慧或观智。当禅修者的正念与正知都强而有力时，修行止禅与观禅就容易成功。

在禅修的过程中，正念强的时候，定力就会强。当正念与定力强的时候，正知也会强。相反地，正念弱的时候，定力就会弱。当正念与定力弱的时候，正知就无法生起。这就是为何佛陀在《谛相应．三摩地经》（Sacca Saṁyutta, Samādhi Sutta）中开示说：

诸比丘，你们应当培育定力。有定力的比丘能如实地了知诸法。

由此可知，定力是正知（智慧）生起的直接因素。然而，没有正念的话定力就无法生起。这就是为何当正念与定力弱的时候正知就无法生起的理由。

问51：如何成为一个好的禅修者？

答51：要成为一个好的禅修者，最重要的是要立定正确的禅修目标。如果禅修的目标正确，你的禅修态度也就正确。如此就能一直走在正道上，不会被误导而走入歧途。那么，禅修的正确目标是什么呢？佛陀在亲自授人比丘戒的许多场合里清楚地宣示了禅修的目标。他说：

> 善来，比丘。法已善说，坚持梵行以究竟离苦。

因此，究竟离苦就是你禅修的正确目标。要达到此目标，你必须灭除一切烦恼，因为烦恼是苦的原因。有十种烦恼，即贪欲、瞋恨、愚痴、傲慢、邪见、怀疑、昏沉、散乱、无惭、无愧。你必须谨记在心：你的任务就是要将这些烦恼彻底灭除。然而，在你的禅修力量还不够强之前，至少你应当努力避免受到这些烦恼控制。

要灭除一切烦恼就必须修习戒、定、慧三学。不过，在禅修的路上有许多陷阱与岔路；如果不小心谨慎，你可能会由于修行上的部分成就而落入烦恼的陷阱及走上歧途。这就是佛陀之所以开示《小心材譬喻经》（Majjhima Nikāya, Cūḷasāropama Sutta）的缘故。他开示说：

> 在此，某个族姓之人基于信心，舍离家居生活而出家，心里想："我遭受生、老、死、愁、悲、苦、忧、恼之害，我是苦的受难者、牺牲者。这一切众苦的终点必定能被了知。"如此出家之后，他得到供养、恭敬与名望。他乐于那供养、恭敬与名望，而且认为目标已经达成。由于这个缘故，他如此地赞美自己与轻视别人："我拥有供养、恭敬与名望，而其他那些比丘则默默无闻、微不足道。"所以他不激发修行的意愿，也不付出精进以求达到比供养、恭敬与名望更高超与殊胜的其他境界，他退缩与懈怠。我说这个人就像需要心材而找到一棵具有心材的耸立大树，却忽略大树的心材、边材、内树皮与外树皮而砍下树枝与树叶，认为它们就是心材而带走的人。如此，无论此人将它们用在哪一种必须用心材来做的工作上，他的目标都将无法达成。

这是《小心材譬喻经》当中提到的第一种禅修者，由于他对供养、恭敬与名望感到骄傲自满，所以他落入烦恼的陷阱与走上歧途，因而无法达到禅修的真正目标。接着佛陀开示第二种禅修者如下：

> 他得到供养、恭敬与名望。他不乐于那供养、恭敬与名望；他的目标尚未达成。他不因此而赞美自己与轻视别人，而是激发修行的意愿，付出精进以求达到比供养、恭敬与名望更高超与殊胜的其他境界，既不退缩也不懈怠；于是他得到戒行的成就。他乐于那戒行的成就而且认为目标已经达成。由于这个缘故，他如此地赞美自己与轻视别人："我持戒清净，品行良好，而其他那些比丘则持戒不清净，品行恶劣。"所以他不激发修行的意愿，也不付出精进以求达到比戒行的成就更高超与殊胜的其他境界；他退缩与懈怠。

佛陀说这种禅修者就像将外树皮误认为是心材的人。由于他对戒行的成就感到骄傲自满，所以他落入烦恼的陷阱与走上歧途，因而无法达到禅修的真正目标。接着佛陀开示第三种禅修者如下：

> 他得到供养、恭敬与名望。他不乐于那供养、恭敬与名望；他的目标尚未达成……他得到戒行的成就。他乐于那戒行的成就，但是目标尚未达成。他不因此而赞美自己与轻视别人，而是激发修行的意愿，付出精进以求达到比戒行的成就更高超与殊胜的其他境界，既不退缩也不懈怠；于是他得到定力的成就。他乐于那定力的成就，而且认为目标已经达成。由于这个缘故，他如此地赞美自己与轻视别人："我能够专注，心力集中，而其他那些比丘则不能专注，心神涣散。"所以他不激发修行的意愿，也不付出精进以求达到比定力的成就更高超与殊胜的其他境界；他退缩与懈怠。

佛陀说这种禅修者就像将内树皮误认为是心材的人。由于他对定力的成就感到骄傲自满，所以他落入烦恼的陷阱与走上歧途，因而无法达到禅修的真正目标。接着佛陀开示第四种禅修者如下：

> 他得到供养、恭敬与名望。他不乐于那供养、恭敬与名望；他的目标尚未达成……他得到戒行的成就。他乐于那戒行的成就，但是目标尚未达成……他得到定力的成就。他乐于那定力的成就，但是目标尚未达成。他不因此而赞美自己与轻视别人，而是激发修行的意愿，付出精进以求达到比定力的成就更高超与殊胜的其他境界，既不退缩也不懈怠；于是他成就知见。他乐于那知见，而且认为目标已经达成。由于这个缘故，他如此地赞美自己与轻视别人："我具有知见地生活，而其他那些比丘则没有知见地生活。"所以他不激发修行的意愿，也不付出精进以求达到比知见更高超与殊胜的其他境界；他退缩与懈怠。

佛陀说这种禅修者就像将边材误认为是心材的人。由于他对知见的成就感到骄傲自满，所以他落入烦恼的陷阱，因而无法达到禅修的真正目标。注释解释说：这里所说的"知见"是指天眼通而言，即能见到平常人无法看见的微妙色法的能力。然后佛陀开示第五种禅修者如下：

> 他得到供养、恭敬与名望。他不乐于那供养、恭敬与名望；他的目标尚未达成……他得到戒行的成就。他乐于那戒行的成就，但是目标尚未达成……他得到定力的成就。他乐于那定力的成就，但是目标尚未达成……他成就知见。他乐于那知见，但是目标尚未达成。他不因此而赞美自己与轻视别人，而是激发修行的意愿，付出

精进以求达到比知见更高超与殊胜的其他境界，既不退缩也不懈怠。

这种禅修者不因为上述的种种成就而感到骄傲自满，他不落入烦恼的陷阱，一直走在正道之上，继续有系统地修行止禅与观禅。最后他达到禅修的真正目标，因此经上说：

借着以智慧来彻见，他灭除了诸漏。

"诸漏"是"诸烦恼"的同义词。这句经文的意思是：他以阿罗汉道智彻底地灭除了一切烦恼。佛陀如此地描述这种禅修者：

我说这个人好比是需要心材、找寻心材、四处寻求心材而找到一棵具有心材的耸立大树，只砍下大树的心材，知道它是心材而带走的人。如此，无论此人将它用在哪一种必须用心材来做的工作上，他的目标都能达成。

然后佛陀以这段话来总结他的开示：

所以，此梵行生活不以供养、恭敬与名望作为它的利益，不以戒行的成就作为它的利益，不以定力的成就作为它的利益，不以知见作为它的利益，而以此不可动摇的心解脱作为它的目标、心材与终点。

注释解释说：所谓"不可动摇的心解脱"是指阿罗汉果而言。阿罗汉果是上面所说阿罗汉道智的结果。因此，如果你真诚地效法本经所说第五种禅修者的模范，终有一天你也能灭除一切烦恼，成就此不可动摇的心解脱，究竟脱离一切苦。这就是成为好的禅修者之方法。

问 52：女众修行最大的障碍是什么？

答 52：在修行上各人有各人不同的障碍。我们无法说哪些障碍单是女众才有，男众没有。无论男众或女众，都有智慧利的人。因此在佛陀的弟子当中，不但男众方面有上首弟子，女众方面也有上首弟子。无论你是男人或女人，都必须精勤修行以克服欲贪、瞋恨、昏沉与睡眠、掉举与追悔、怀疑这五盖，你的禅修才能有成就。

问 53：初果圣人只剩七次人天往返。如果这七世都不用功，能解脱吗？

答 53：由于初果圣者已经以须陀洹道智透彻地了知四圣谛，因此他们不可能不精进修行。

问 54：纯毗婆舍那法能修到阿罗汉吗？

答 54：是的，如果正确地依照佛陀所教导的方法而修行的话，纯毗婆舍那法也能修到阿罗汉。这种阿罗汉称为纯观行阿罗汉，通常他们必须从四界分别观开始修行。

五　学佛群疑

问 55：请问禅师对尸体捐给医院解剖做实验的看法如何？会不会对下一世投生善道有影响？

答 55：将尸体捐给医院是一种弱的善业，尽管是弱的善业，但是仍然是很有利益的，因为即使是尚未行善之前确定要行善的动机都能带来善报。圣典中也提到："Kusalesu dhammesu cittupādamattampi bahupakāraṁ vadāmi"——"我说，就善法而言，即使只是出现在心中都是很有利益的。"确定要布施某物的动机是善的前思（pubbacetanā）。一个人在布施之前生起善的前思即使只是五分钟之久，心中也已经累积了许多善业，这些善业能产生善报。有三种思，即造业前的思、造业时的思与造业后的思。这三种思都能在业力成熟时产生果报。

如果一个人对生命还有执着，而且他想要在死后捐献自己尸体的那个善前思在他临死时成熟，那么该善业力能造成他来世投生于善道。然而，这种情况发生的机会非常小，因为这种善业的力量很弱，通常要到未来的某一世才能成熟。

问56：请问禅师，有些人天生有阴阳眼，能看到鬼道众生，甚至在有人往生时能看到死者的气只有呼，而没有吸。请问此人是否前生曾修行禅法呢？

答56：这种能力称为"业生通"，即由业力所产生的特殊能力，该业力可能是他们在过去世禅修的业所产生。也可能由于他们刚从天界或梵天界投生到人间来，因此能看到一般人见不到的事物。

问57：请问禅师：植物人还有心吗？

答57：由于植物人依靠机器来维持生命现象，因此很难说他是否还有心。

问58：请问禅师对为亡者作功德的看法？若有作用，其作用有多大？

答58：在《长部·教授尸伽罗经》（Dīgha Nikāya, Sigālovāda Sutta）里提到：做子女的人有义务要行善并且将功德回向给过世的父母亲。

在《增支部》（Aṅguttara Nikāya）的《生闻婆罗门经》（Jāṇussoṇ ibrāhmaṇa Sutta）中提到，除了阿罗汉之外，每一个众生死亡之后都会投生到五趣当中的某一趣。五趣就是天趣、人趣、饿鬼趣、畜生趣、地狱趣，阿修罗则是饿鬼趣里的一种。在这五趣当中，只有饿鬼趣里的一种饿鬼能因为他人回向功德而获得利益，其他的都不能。这种饿鬼称为"他施活命饿鬼"（paradattūpajīvika-peta），即他们依靠别人回向功德而生活。

如果一个人死后投生于天趣或人趣，他会依照自己过去所造而已经成熟的善业力而享受那一趣的乐报；如果一个人死后投生于畜生趣、地狱趣或投生作"他施活命饿鬼"以外的其他种饿鬼，他会依照自己过去所造而已经成熟的恶业力而遭受苦报。在这些情况下，他都无法由于前世的亲朋好友回向功德给他而获得利益。该功德的利益只有行善者自己能受用而已。

"他施活命饿鬼"获得别人回向的功德之后有两种结果：一种是在饿鬼趣中享受快乐；另一种是脱离饿鬼趣。会得到哪一种结果决定于他自己的业及所受到功德的强弱。我将举两个例子来说明：

在古时候，难提迦（Nandaka）是频伽罗王（King Piṅgala）的将军，他持有断见，死亡后投生为"他施活命饿鬼"。他的女儿优陀罗（Uttara）是须陀洹，布施前来托钵的阿罗汉比丘食物，并且将功德回向给父亲难提迦。已转世为"他施活命饿鬼"的难提迦呼唤出"善哉！"（sādhu）来随喜优陀罗的功德。由于此善业的力量，他在饿鬼趣中享受犹如天界一般的快乐达到六个月之久。六个月之后他在饿鬼趣的生命结束，由于断见的缘故，接着他投生到地狱去。

另一个例子是频毗娑罗王（King Bimbisāra）过去世的亲戚。他们在毗婆尸佛（Vipassī Buddha）的时代是国王御厨里的厨师，负责调理供养毗婆尸佛与十万位比丘的食物。然而，他们自己先享用了那些食物，然后才供养给佛陀与僧团。由于这项恶业的缘故，死后他们投生于地狱①。在地狱经过一段长久的时间之后，他们投生为"他施活命饿鬼"。

当拘楼孙佛（Kakusandha Buddha）出现于世间时，他们来请问佛陀何时他们才能脱离饿鬼趣。拘楼孙佛要他们问下一尊佛——拘那含牟尼佛（Konāgamana Buddha）。他们等待了一段很长久的时间，直到拘那含牟尼佛出现于世间，就去请问同样这个问题。拘那含牟尼佛要他们请问下一尊佛——迦叶佛（Kassapa）。他们又等待了一段很长久的时间，直到迦叶佛出现于世间，他们就来请问同一个问题。迦叶佛告诉他们说：他们将在乔达摩佛（Gotama Buddha）的时代脱离饿鬼趣。于是他们等待乔达摩佛出世，又经过了一段很长久的时间。

到了我们的佛陀——乔达摩佛——的时代，这些饿鬼过去世的亲戚频毗娑罗王供养竹林精舍（Veḷuvana）佛陀与僧团，但是他并没有将功德回向给他的亲戚。这些饿鬼得不到他们长久以来期盼的功德，由于热切盼望早日脱离饿鬼趣的痛苦，他们夜晚就在频毗娑罗王的御花园里发出恐怖的大声哀嚎。频毗娑罗王感到非常恐惧，第二天早晨就去请问佛陀这件事情。佛陀告诉他这些饿鬼的故事以及帮助他们的方法。于是频毗娑罗王供养佛陀与僧团食物与资具，并且将功德回向给那些饿鬼。为什么他需要再做新的善业然后才回向呢？因为只有造完善业后立刻做的回向才对"他施活命饿鬼"有帮助。当频毗娑罗王回向功德给他们时，这些饿鬼非常欢喜，并且呼唤出"善哉"（sādhu）以表达随喜。由于他们的恶业力已经即将穷尽，所以在随喜之后他们就脱离饿鬼趣而投生到天趣去了。

了解回向功德能造成这两种结果之后，我们都应当布施、持戒、修

---

① 他们事先食用施主要供养佛陀与僧团的食物，此行为属于偷盗的一种。这与厨师为了知道咸淡而品尝食物的情况不同：了解食物的咸淡是厨师的职责，为了此目的而品尝不算犯戒。这必须分辨清楚。

行止禅与观禅，并且将这些善业的功德回向给已经过世的亲友。

问 59：请问禅师对肉身不坏的看法？那是修行的目标吗？

答 59：佛陀开示说：众生的心愿能够由于其清净的戒行而达成。那些肉身不坏的人可能在当生或过去某一生中曾经持戒清净，以清净的戒行为基础发愿死后尸体不腐烂。当那个善业力成熟时，他们的肉身就能在死后很久都还不腐坏。

在缅甸就有这样的一个例子。有人发现有一个女人的尸体经过很长久的时间都还是完好如初，没有腐坏的迹象。然而那个女人在世时并不是一个真正的佛教徒，也没有持守戒律。在这种情况下，她的肉身不坏可能是由于过去某一生中持戒清净与发愿的缘故。

然而，长远地来说，他们的尸体终究还是会毁坏与消失的，因为"诸行无常"，包括色身在内的一切行法都是无常的。无论如何，这绝不是修行的目标。修行的目标是要灭除一切烦恼，证得究竟离苦的境界——涅槃。

问 60：据说佛陀对当时的信众所开示的大都是从施论、戒论、生天之论开始，然后观察信众的根器，给予开示诸欲的过患，及苦集灭道之诸佛本真。请告诉我怎样布施才能获得好福报？怎样持戒才能不受地狱恶道烧烤，享有大功德？升天之论是什么？诸欲的过患是什么？

答 60：这种教法称为"次第说法"（anupubbikathā）。佛陀只有在必要的时候才以这种系列来说法。对于戒与定都已达到清净的比丘，佛陀直接教导观禅。最初的五比丘就是很好的例子：在他们都证得须陀洹果之后，佛陀为他们开示《无我相经》，单纯只教导观禅，没有谈到戒与定。对于持戒已达到清净，但是定力还不够强的比丘，佛陀就从禅定的修行方法开始教起，《小空经》（Cūḷasuññata Sutta）就是一个例子。

在《小空经》里，佛陀教导世间的八定及灭尽定。对于持戒还未清净的人，佛陀就从戒开始谈起，例如《意愿经》（Ākaṅkheyya Sutta）。对于需要听闻布施论、持戒论、天论等的人，尤其是对于在家居士，佛陀才开示"次第说法"。

至于获得好福报的布施方法，《中部·布施分别经》（Majjhima Nikāya, Dakkhiṇāvibhaṅga Sutta）提供我们许多这方面的知识。在那部经中佛陀列举十四种对个人的布施，从对佛陀的布施谈到对没有道德的人的布施，乃至对畜生的布施。每一种布施都有它的利益，但是接受者的德行愈高，布施所带来的利益就愈大。再者，即使布施给同一类的接受者，其利益还依照布施者的动机而有不同：例如，以不期待回报的清净心所做的布施利益高过以期待回报的不清净心所做的。

布施可以由于布施者或接受者或双方的清净德行而得到净化。净化了的布施能带来殊胜的利益，因此，若想由布施中获得殊胜的果报，应当具足五项条件：

1. 布施者戒行清净；

2. 所布施之物以正当的方法取得；

3. 布施者的心清净无染（不期望回报）；

4. 布施者对业果法则具有坚强的信心；

5. 接受者也是戒行清净。

具足这五项条件的布施能够产生很大的果报。然而，佛陀并不十分称赞这种布施，因为这种布施还会造成未来的投生。只要还有投生，就肯定还有老、病、死、愁、悲、苦、忧、恼。佛陀赞叹另一种布施。他在《布施分别经》中如此开示：

> 诸比丘，当一位阿罗汉以清净无染的心，相信业果的殊胜，布施如法取得之物给另一位阿罗汉，那么此布施是世间所有布施当

中最崇高的一种。

这种情况有五项条件：

1. 布施者是阿罗汉；

2. 所布施之物以正当的方法取得；

3. 布施者具有清净无染的心；

4. 布施者对业果法则具有坚强的信心；

5. 接受者也是阿罗汉。

这种布施不会产生未来世的投生，也就不再会有老、病、死、愁、悲、苦、忧、恼。这就是佛陀赞叹说这种布施最崇高的理由。

然而，如果布施者还未证得阿罗汉果，他如何能行这种布施呢？在《难陀母经》（Nandamātā Sutta）中，佛陀教导两种可行的方法：当布施者与接受者双方都已经远离贪、瞋、痴，或者当双方都在为了灭除贪、瞋、痴而精进修行。这种布施也可以算是最崇高的。这种情况乃是布施者在行布施时修行观禅，观照自己的名色法、接受者的名色法及布施品的究竟色法都是无常、苦、无我的；他还必须观照布施前、布施时与布施后的善名法也是无常、苦、无我的。这种布施通常不会造成未来世的投生。若想解脱生死轮回，最好能行这种布施。

至于持戒，比丘应当遵守比丘戒；在家居士至少应当持守五戒。能够终身谨慎地持戒是最好的；不时地违犯戒律则是不好的。在家居士若有适当的机缘，也应当持守八戒或九布萨支（navaṅga-uposatha）。所谓"九布萨支"就是持守八戒时也修行慈心观。这是《增支部・九法集》（Avguttara Nikāya, Navaka-Nipāta）里记载的。持戒可以避免人遭受地狱的烧烤之苦。当戒行被禅定与观智所围绕时，这种戒行变得更殊胜与有力，更能避免人堕入地狱。如果能获得圣者所喜之戒（ariyakanta-sīla），意即证得圣果，那么就肯定不会再堕入地狱。

天论（sagga-kathā）是指谈论天界的快乐、福报。我们无法衡量天界的快乐。如果你想要知道，你应当亲自去那里看。例如他们的宫殿非常华丽，以金、银及各种珠宝建造而成，依照个人过去的业力而有不同。有些宫殿长宽各三由旬；有些乃至长宽各四十由旬（一由旬大约相当于十一公里）。

至于诸欲的过患，佛陀以种种方式加以讲解。在《中部·哺多利经》（Majjhima Nikāya, Potaliya Sutta）中，佛陀举出几种譬喻来说明沉迷于欲乐的危险：一只饥饿的狗无法因为啃没有肉的骨头而消除饥饿与虚弱，感官欲乐就好比是没有肉的骨头一样。当一只秃鹰口中叼着一块肉而飞行时，它会被其他群鹰攻啄与抓攫，因而导致死亡或遭受致命的痛苦，感官欲乐就好比是那块肉一样。当一个人握着炽燃的草扎火炬逆风而行时，他会被火炬焚烧而导致死亡或遭受致命的痛苦，感官欲乐就好比是那束火炬一样。当一个人掉入充满灼热火炭的坑陷时，他会被灼烧而导致死亡或遭受致命的痛苦，感官欲乐就好比是那火炭坑一样。一个人梦见可爱的花园，醒来之后则丝毫见不到那花园的迹象，感官欲乐就好比是梦一样。一个人向别人借物品来使用，物主将物品要回去之后此人会感到很沮丧，感官欲乐就好比是借来的物品一样。一个人爬上果树去摘果实，当那棵果树被人从根部砍断而倒下来时，树上的那个人会死亡或遭受致命的痛苦，感官欲乐就好比是那棵果树一样。因此，感官欲乐带来许多痛苦与绝望，感官欲乐当中潜藏着很大的危险。这就是诸欲的过患。

在《中部·摩犍地耶经》（Majjhima Nikāya, Māgandiya Sutta）中，佛陀所举的例子之一是：

> 摩犍地耶，假设有一个麻风病患者，四肢长满了脓疮与水泡。由于被种种虫所折磨，所以他用指甲将伤口上的痂疤抓下来，并且

在火炭坑上烘烤自己的身体。他愈抓伤口上的痂疤、愈烘烤自己的身体，他身上的伤口就愈肮脏、愈发臭、愈受感染；然而在他抓自己身上伤口的时候，他感到某种程度的满足与享受。同样地，摩犍地耶，未脱离感官享乐之欲的众生，受到欲爱的折磨，受到欲热的烧烤，却仍然沉溺于感官享乐。这样的众生愈沉溺于感官享乐，他们的欲爱就愈强烈，他们就愈受到欲热的烧烤；然而在他们沉溺于五欲之乐时，他们感到某种程度的满足与享受。

因此，感官欲乐的过患之一是它会使人沉迷得愈来愈深，无法自拔。最后只有趋向灭亡与遭受长久的恶道苦报。

佛陀在《六处相应·燃火之教经》（Saḷāyatana Saṃyutta, Ādittapariyāya Sutta）中谈到执取尘相的危险。他说：

> 诸比丘，即使被一支火红的、燃烧的、炽烈的、灼热的铁钉刺穿眼根，仍然好过于执取眼根所对的色尘之相状与特征。因为如果心识系缚于对那相状或特征的欢喜，而万一此人在那一刻死亡的话，他就可能投生于二趣之一，即地狱或畜生道。由于见到这种危险，所以我如此说。

然后佛陀以同样的方式解释执取声音、气味等的危险。此人之所以投生到地狱或畜生道的理由是：一生当中最后一个速行心——临死速行心——会决定下一世的投生。如果由于爱欲或其他烦恼的缘故，使得不善的临死速行心生起，死亡后他会投生于恶道。举例而言，苏巴玛天神（Subrahma Deva）的五百位天女在享受天界的感官欲乐时死亡，死后投生于地狱。由于对感官享乐的爱欲，她们的临死速行心是与贪相应的不善心。那成熟的不善业力引导她们到地狱，这种业称为"近业"

（āsanna-kamma），即临死时回忆起过去所造之业或临死时所造之业。苏巴玛天神见到她们的不幸遭遇，并且发现自己在七天之后也将投生到同样那个地狱，他感到非常忧虑。于是他带着剩下的五百位天女来向佛陀求助。听完佛陀的开示之后，他们全部证得须陀洹果，因此永远免离堕入恶道的危险。从这里，我们就可以了解诸欲的过患及脱离诸欲的重要性。

问61：阿罗汉是自了汉吗？

答61：根据巴利文，阿罗汉——arahant——是由 ari 及 hata 这两个字组成的。"ari" 是敌人，意思是指烦恼，"hata" 是杀。所以 "阿罗汉"（arahant）意为杀敌，即杀死烦恼之意。是否要积极地帮助别人决定于阿罗汉自己的意愿。大多数阿罗汉都很积极地帮助别人，如舍利弗尊者、大目犍连尊者。有些阿罗汉则独自住在森林里，没有积极地帮助别人，如憍陈如尊者。然而，即使是不积极帮助别人的阿罗汉也还是带给别人很大的利益：当他们托钵时，供养食物给他们的施主获得非常殊胜的功德。即使像憍陈如尊者住在森林时并不外出托钵，但是供养他食物的大象与天神都因而得到很殊胜的功德。

在佛陀的圣弟子当中，阿罗汉是最高的阶位。我们所皈依的三宝之一就是佛陀的圣僧团。圣僧团由四对或八种出家圣众所组成（即所谓四双八辈），换句话说就是达到四道与四果的四类圣者。这四类圣者就是须陀洹、斯陀含、阿那含、阿罗汉。如果将圣道与圣果分开来说时，这四类就分成八种。佛陀开示说这四类或八种圣者是世间的无上福田，而阿罗汉果圣者正是他们当中最高的一种。即使只是对阿罗汉表达恭敬或赞叹都已经得到很大的利益。因此，就算阿罗汉没有积极地帮助别人，自然也已经在利益世间的众生了，积极帮助别人的阿罗汉就更不用说了。

　　我想列举阿罗汉积极地帮助他人及为众生安乐而努力的例子：巴利圣典中有许多部经是舍利弗尊者（Venerable Sāriputta）所开示的，如《大象迹喻经》（Mahāhatthipadopama Sutta）。有时在他的一次开示当中，成百上千位听众证悟圣果。他教授了对禅修很重要的《无碍解道》（Paṭisambhidāmagga）。当他托钵时，在每户居士家门口他先站着入灭尽定（nirodha-samāpatti），出定后才接受食物。正是为了使施主能获得崇高与殊胜的利益，所以他才如此做。

　　摩诃目犍连尊者（Venerable Mahāmoggallāna）往往会到天界去问诸天人是什么善业造成他们投生天界。然后他回到人间，向众人开示说如果他们想要生天，就应当奉行如此这般的善业。有时他到地狱去，问地狱的诸众生是什么恶业造成他们投生地狱。然后他回到人间，向众人开示说如果他们不想投生地狱，就应当避免造作如此这般的恶业。如此，他使许多人舍离诸恶，奉行众善。

　　富楼那弥多罗尼子尊者（Ven. Puṇṇa Mantānīputta）是善于说法第一的大弟子。他在许多场合开示佛法。由于他善巧的阐述，许多人因而证得圣果或在信心与修行方面获得提升。例如阿难尊者（Venerable Ānanda）就是在听闻富楼那尊者说法之后证得须陀洹果的。

　　摩诃迦旃延尊者（Venerable Mahākaccāna）是将佛陀的简要开示详尽解释第一的大弟子。他在偏僻的国家持续地弘法，使无数人获得法益。他开示了《导论》（Nettippakaraṇa），这是注解藏经的一部著作，详尽地解释几部深奥的经，对佛教徒理解佛陀的教法有很大的帮助。

　　有一个非常要紧的重点我们必须谨记在心：阿罗汉弘扬佛法与延续佛法。这就是为什么在佛陀般涅槃后二千五百多年的今天，我们还能听闻与修行佛法的原因。关于这点，我想再稍加解释：

　　最初的五比丘听闻《无我相经》而证得阿罗汉果之后，耶舍（Yasa）与他的五十四位朋友也先后地出家，然后证得阿罗汉果。于是包括佛陀在内，世间有了六十一位阿罗汉。当时佛陀嘱咐他们要四处游方，弘扬佛法。佛陀说：

> 诸比丘，我解脱了人、天的一切陷阱，你们也解脱了人、天的一切陷阱。去游方，诸比丘！为了大众的利益，为了大众的安乐，出于对大众的悲悯，为了诸天与人的利益、幸福与安乐，切勿两个人同行在一条路上。诸比丘，开示初善、中善、后善，具足义理与文句的佛法，显示圆满具足的梵行。众生当中有尘垢较浅的人，若没有机缘听闻佛法则会退堕，若听闻了佛法则能了悟。

于是，那些阿罗汉担负起佛陀所交代的弘法任务，无论走到哪里都尽自己最大的努力弘扬佛法。

从那时候开始，一代接一代的阿罗汉继续弘法的重任，佛陀在世时是如此，佛陀般涅槃后亦然。第一次佛教圣典结集由摩诃迦叶尊者（Ven. Mahākassapa）为首的五百位阿罗汉完成，第二次圣典结集由离婆多尊者（Ven. Revata）为首的七百位阿罗汉完成，第三次圣典结集由目犍连子帝须尊者（Ven. Moggaliputtatissa）为首的一千位阿罗汉完成，这些就是著名的例子。他们甚至不辞辛劳地将佛法弘扬到其他国家去。他们清净的戒、定、慧不时地照耀世间，感动人们来皈依佛教。如果没有他们持续不懈的努力，我们今天甚至连佛、法、僧的名称都听不到。他们为了利益众生而做出的辉煌事迹是记载不尽的，他们为了保护佛法而做出的宝贵贡献是赞扬不尽的。了解了这些历史的事实之后，你还会想要说阿罗汉是自了汉吗？

事实上，批评圣者是不善业。如果不道歉的话，这种不善业会障碍你修行的进步。关于这一点，《清净道论》里记载如下的一个故事。

在古时候，有一次，有一位长老和一位年轻比丘进入村子托钵。来到第一户人家时，他们各获得一勺子的热粥。当时长老因为胃中生风而感到胃部非常疼痛，他心里想："这粥对我有利益，我应该在它还未冷却之前喝了。"居士们就拿了一张木凳到门外，长老坐下来喝粥。年轻比丘看了感到厌恶，而说："这老人被他的饥饿击败了，竟然做出他应该感到羞耻的事。"

长老托完钵回到寺院时问年轻比丘说：

"贤者，在佛陀的教法中你有了什么立足处吗？"

"有的，尊者，我是须陀洹。"

"贤者，那么你就不必再为证悟更高的圣道努力了，因为你冒犯了漏尽者。"

当时那位年轻比丘立刻向长老请求原谅，因而去除了由于冒犯圣者导致不能证悟更高圣道的障碍。

若有人批评圣者又不道歉，他就不能在那一世证悟任何道果；若果位较低的圣者批评果位较高的圣者又不道歉，他就不能在那一世证悟更高层次的道果。其实批评任何人都是不好的，因为我们无法知道那人是不是圣者。最好是止息自己内心的烦恼，而不要去挑剔别人。

当你批评阿罗汉是自了汉时，你不但抹杀了他们对佛教有重大贡献的史实，而且对你自己的解脱制造了障碍。为了你长远的利益着想，我想建议你舍弃这种错误的想法。

附　录

表1　二十八种色法

十八种真实色		十种非真实色	
（一） 元素色 （四大种色）	1. 地界	（八）限制色	19. 空界
	2. 水界	（九）表色	20. 身表
	3. 火界		21. 语表
	4. 风界	（十）变化色	22. 色轻快性
（二）净色	5. 眼净色		23. 色柔软性
	6. 耳净色		24. 色适业性
	7. 鼻净色		*加两种表色
	8. 舌净色	（十一）相色	25. 色积集
	9. 身净色		26. 色相续
（三）境色	10. 颜色		27. 色老性
	11. 声		28. 色无常性
	12. 香		
	13. 味		
	*触＝地、火、风三界。		
（四）性根色	14. 女根色		
	15. 男根色		
（五）心色	16. 心所依处		
（六）命色	17. 命根色		
（七）食色	18. 食素/营养		

表 2　六门的色法

眼门五十四色

眼十法聚	身十法聚	性根十法聚	心生八法聚	时节生八法聚	食生八法聚
八不离色	八不离色	八不离色	八不离色	八不离色	八不离色
命　根	命　根	命　根			
眼净色	身净色	性根色			
业生、明净	业生、明净	业生、非明净	心生、非明净	时节生、非明净	食生、非明净

注：八不离色即每一粒色聚里都有的地、水、火、风、颜色、香、味、食素。

　　眼十法聚对光（色尘）的撞击敏感。身十法聚对触尘（地、火、风）的撞击敏感。以下的耳十法聚、鼻十法聚及舌十法聚则各别对声尘、香尘及味尘的撞击敏感。

耳门五十四色

耳十法聚	身十法聚	性根十法聚	心生八法聚	时节生八法聚	食生八法聚
八不离色	八不离色	八不离色	八不离色	八不离色	八不离色
命　根	命　根	命　根			
耳净色	身净色	性根色			
业生、明净	业生、明净	业生、非明净	心生、非明净	时节生、非明净	食生、非明净

鼻门五十四色

鼻十法聚	身十法聚	性根十法聚	心生八法聚	时节生八法聚	食生八法聚
八不离色	八不离色	八不离色	八不离色	八不离色	八不离色
命　根	命　根	命　根			
鼻净色	身净色	性根色			
业生、明净	业生、明净	业生、非明净	心生、非明净	时节生、非明净	食生、非明净

舌门五十四色

舌十法聚	身十法聚	性根十法聚	心生八法聚	时节生八法聚	食生八法聚
八不离色	八不离色	八不离色	八不离色	八不离色	八不离色
命　根	命　根	命　根			
舌净色	身净色	性根色			
业生、明净	业生、明净	业生、非明净	心生、非明净	时节生、非明净	食生、非明净

身门四十四色

身十法聚	性根十法聚	心生八法聚	时节生八法聚	食生八法聚
八不离色	八不离色	八不离色	八不离色	八不离色
命根	命根			
身净色	性根色			
业生、明净	业生、非明净	心生、非明净	时节生、非明净	食生、非明净

心脏五十四色

心色十法聚	身十法聚	性根十法聚	心生八法聚	时节生八法聚	食生八法聚
八不离色	八不离色	八不离色	八不离色	八不离色	八不离色
命根	命根	命根			
心色	身净色	性根色			
业生、非明净	业生、明净	业生、非明净	心生、非明净	时节生、非明净	食生、非明净

表3　二十一种色聚

	色聚名称	所包含的色法
业生	眼十法聚	八不离色、命根色与眼净色
	耳十法聚	八不离色、命根色与耳净色
	鼻十法聚	八不离色、命根色与鼻净色
	舌十法聚	八不离色、命根色与舌净色
	身十法聚	八不离色、命根色与身净色
	女性十法聚	八不离色、命根色与女根色
	男性十法聚	八不离色、命根色与男根色
	心所依处十法聚	八不离色、命根色与心色
	命根九法聚	八不离色与命根色
心生	纯八法聚	八不离色
	身表九法聚	八不离色与身表
	轻快性十一法聚	八不离色、轻快性、柔软性与适业性
	身表轻快性十二法聚	八不离色、身表、轻快性、柔软性与适业性
	语表十法聚	八不离色、语表与声音
	语表声轻快性十三法聚	八不离色、语表、声音、轻快性、柔软性与适业性

续表

	色聚名称	所包含的色法
时节生	纯八法聚	八不离色
	声九法聚	八不离色与声音
	轻快性十一法聚	八不离色、轻快性、柔软性与适业性
	声轻快性十二法聚	八不离色、声音、轻快性、柔软性与适业性
食生	纯八法聚	八不离色
	轻快性十一法聚	八不离色、轻快性、柔软性与适业性

表4 四界分别观（详尽法：四十二身分）

身体有二十个部分是地界最显著的，即

一、头发（kesā）	十一、心脏（hadayaṁ）
二、身毛（lomā）	十二、肝（yakanaṁ）
三、指甲（nakhā）	十三、膜（kilomakaṁ）
四、牙齿（dantā）	十四、脾（pihakaṁ）
五、皮肤（taco）	十五、肺（papphasaṁ）
六、肉（maṁsaṁ）	十六、肠（antaṁ）
七、腱（nahāru）	十七、肠间膜（antaguṇaṁ）
八、骨（aṭṭhi）	十八、胃中物（udariyaṁ）
九、骨髓（aṭṭhimiñjaṁ）	十九、粪（karīsaṁ）
十、肾（vakkaṁ）	二十、脑（matthaluṅgaṁ）

身体有十二个部分是水界最显著的，即

一、胆汁（pittaṁ）	七、泪（assu）
二、痰（semhaṁ）	八、脂膏（vasā）
三、脓（pubbo）	九、唾（kheḷo）
四、血（lohitaṁ）	十、涕（siṅghānika）
五、汗（sedo）	十一、关节滑液（lasikā）
六、脂肪（medo）	十二、尿（muttaṁ）

身体有四个部分是火界最显著的，即
一、间隔性发烧之火（santappana tejo，如患疟疾时隔天性的发烧）；
二、导致成熟和老化之火（jīrana tejo）；
三、普通发烧之火（ḍaha tejo）；
四、消化之火（pācaka tejo），这是命根九法聚的作用之一。

身体有六个部分是风界最显著的，即
一、上升风（uddhaṅgama vātā）；
二、下降风（adhogama vātā）；
三、腹内肠外风（icchisaya vātā）；
四、肠内风（koṭṭhasagha vātā）；
五、于肢体内循环之风（aṅgamangānusārino vātā）；
六、入息与出息（assāsa passāsaso）。

表5　八十九或一百廿一心

欲界心（54）	不善心（12）	贪根心（8）
		瞋根心（2）
		痴根心（2）
	无因心（18）	不善果报（7）
		善果报（8）
		无因唯作（3）
	美心（24）	欲界善心（8）
		欲界果报心（8）
		欲界唯作心（8）
色界心（15）	色界善心（5）	
	色界果报心（5）	
	色界唯作心（5）	
无色界心（12）	无色界善心（4）	
	无色界果报心（4）	
	无色界唯作心（4）	
出世间心（8或40）	道心（4或20）	
	果心（4或20）	

表6 五十二心所

十三通一切心所	七遍一切心	(1) 触	二十五美心所	十九通一切美心	(28) 信
		(2) 受			(29) 念
		(3) 想			(30) 惭
		(4) 思			(31) 愧
		(5) 一境性			(32) 无贪
		(6) 名命根			(33) 无瞋
		(7) 作意			(34) 中舍性
	六杂	(8) 寻			(35) 身轻安
		(9) 伺			(36) 心轻安
		(10) 胜解			(37) 身轻快性
		(11) 精进			(38) 心轻快性
		(12) 喜			(39) 身柔软性
		(13) 欲			(40) 心柔软性
十四不善心所	四通一切不善心	(14) 痴			(41) 身适业性
		(15) 无惭			(42) 心适业性
		(16) 无愧			(43) 身练达性
		(17) 掉举			(44) 心练达性
	三贪因	(18) 贪			(45) 身正直性
		(19) 邪见			(46) 心正直性
		(20) 慢		三离	(47) 正语
	四瞋因	(21) 瞋			(48) 正业
		(22) 嫉			(49) 正命
		(23) 悭		二无量	(50) 悲悯
		(24) 恶作			(51) 随喜
	二有行	(25) 昏沉		一无痴	(52) 慧根
		(26) 睡眠			
	一痴因	(27) 疑			

385

表7 法所缘组——意门禅那定心路过程

心脏色法	54	54	54	54	54	54
	意门转向	遍作	近行	随顺	种姓	禅那速行（许多次）
初 禅	12	34	34	34	34	34
第二禅	12	34	34	34	34	32（除寻与伺）
第三禅	12	34	34	34	34	31（再除去喜）
第四禅	12	33	33	33	33	31（舍取代乐）

表8 取真实色法为所缘的意门善速行心路过程

（法所缘组——A组）

心所依处色	54	54	54	
视眼净色为：	意门转向	速行（7×）	彼所缘（2×）	辨识四种
	12	34	34	喜俱智相应
	12	33	33	舍俱智相应
1. 眼净色	12	33	33	喜俱智不相应
	12	32	32	舍俱智不相应
2. 色法	12	34－33－33－32	34－33－33－32	辨识四种
3. 无常	12	34－33－33－32	34－33－33－32	辨识四种
4. 苦	12	34－33－33－32	34－33－33－32	辨识四种
5. 无我	12	34－33－33－32	34－33－33－32	辨识四种
6. 不净	12	34－33－33－32	34－33－33－32	辨识四种

注：在此只举眼净色为例，其余的真实色法见表1，观照方法可同理类推。

表 9　取非真实色法为所缘的意门善速行心路过程

（法所缘组——B 组）

心所依处色	54	54	54
视空界为：	意门转向	速行（7×）	彼所缘（2×）
1. 空界	12	34－33－33－32	34－33－33－32
2. 色法	12	34－33－33－32	34－33－33－32

注：在此只举空界为例，其余的非真实色法见表 1，观照方法可同理类推。

表 10　法所缘组—— C 组

心脏里的色法	54	54	54
	意门转向	速行（7×）	彼所缘（2×）
（1）正语	12	35（34－34－33）	无
（2）正业	12	35（34－34－33）	无
（3）正命	12	35（34－34－33）	无
（4）悲	12	35（34－34－33）	无
（5）喜	12	35（34－34－33）	无
（6）佛随念	12	34（33－33－32）	34（33－33－32）
（7）死随念	12	34（33－33－32）	34（33－33－32）

表 11　法所缘组（D）组——禅那名法

1	安般念	初、第二、第三及第四禅
2	白骨观	初禅
3	白遍	初、第二、第三及第四禅
4	慈心观	初、第二、及第三禅
5	不净观	初禅

表12　法所缘组——不善意门心路过程

心脏里的色法	54	54	54
	意门转向	速行（7×）	彼所缘（2×）
（1）贪见组	12	20（19 – 22 – 21）	12（11 – 12 – 11）
（2）贪慢组	12	20（19 – 22 – 21）	12（11 – 12 – 11）
（3）瞋组	12	18（20）	11（11）
（4）瞋嫉组	12	19（21）	11（11）
（5）瞋悭组	12	19（21）	11（11）
（6）瞋追悔组	12	19（21）	11（11）
（7）掉举组	12	16	11
（8）疑组	12	16	11

表13　心与心所的数量

	五门转向	眼识	领受	推度	确定
	11	8	11	11（12）	12
1	识	识	识	识	识
2	触	触	触	触	触
3	受	受	受	受	受
4	想	想	想	想	想
5	思	思	思	思	思
6	一境性	一境性	一境性	一境性	一境性
7	命根	命根	命根	命根	命根
8	作意	作意	作意	作意	作意
9	寻		寻	寻	寻
10	伺		伺	伺	伺
11	胜解		胜解	胜解	胜解
12				（喜）	精进

表 14

眼门心路过程 (cakkhudvāravīthi)								意门心路过程 (manodvāravīthi)		
五门转向 pañcadvārā-vajjana 心脏54色	眼睛 cakkhu-viññāṇa 眼睛54色	领受 sampaṭic-chana 心脏54色	推度 santīraṇa 心脏54色	确定 votthapana 心脏54色	速行 (7x) javana 心脏54色	彼所缘 (2x) tadārammaṇa 心脏54色	有分 bhavaṅga 心脏54色	意门转向 manodvārā-vajjana 心脏54色	速行 (7x) javana 心脏54色	彼所缘 (2x) tadārammaṇa 心脏54色
(1) 视色所缘为颜色				(1) 视色所缘为颜色			(许多次)	(1) 视色所缘为颜色		
11	8	11	12	12	34	34	34	12	34	34
11	8	11	11	12	33	33	34	12	33	33
11	8	11	12	12	33	33	34	12	33	33
11	8	11	11	12	32	32	34	12	32	32
								(2) 视为色法 =12	34 - 33 - 33 - 32	34 - 33 - 33 - 32
								(3) 视为无常 =12	34 - 33 - 33 - 32	34 - 33 - 33 - 32
								(4) 视为苦 =12	34 - 33 - 33 - 32	34 - 33 - 33 - 32
								(5) 视为无我 =12	34 - 33 - 33 - 32	34 - 33 - 33 - 32
								(6) 视为不净 =12	34 - 33 - 33 - 32	34 - 33 - 33 - 32

注：在此以眼门心路过程为例，耳、鼻、舌、身门心路过程的观照方法可同理类推。

表 15　色所缘组——不善心速行心路过程

依处色	眼门心路过程							有分	意门心路过程		
	54	54	54	54	54	54	54	54	54	54	54
	五门转向	眼识	领受	推度	确定	速行 7x	彼所缘 2x		意门转向	速行 7x	彼所缘 2x
1　贪见组	11	8	11	12	12	20	12	34	12	20	12
2　贪见组	11	8	11	11	12	19	11	34	12	19	11
3　贪见组	11	8	11	12	12	22	12	34	12	22	12
4　贪见组	11	8	11	11	12	21	11	34	12	21	11
5　贪慢组	11	8	11	12	12	20	12	34	12	20	12
6　贪慢组	11	8	11	11	12	19	11	34	12	19	11
7　贪慢组	11	8	11	12	12	22	12	34	12	22	12
8　贪慢组	11	8	11	11	12	21	11	34	12	21	11
9　瞋　组	11	8	11	11	12	18	11	34	12	18	11
10　瞋　组	11	8	11	11	12	20	11	34	12	20	11
11　瞋嫉组	11	8	11	11	12	19	11	34	12	19	11
12　瞋嫉组	11	8	11	11	12	21	11	34	12	21	11
13　瞋悭组	11	8	11	11	12	19	11	34	12	19	11
14　瞋悭组	11	8	11	11	12	21	11	34	12	21	11
15　瞋追悔组	11	8	11	11	12	19	11	34	12	19	11
16　瞋追悔组	11	8	11	11	12	21	11	34	12	21	11
17　掉举组	11	8	11	11	12	16	11	34	12	16	11
18　疑　组	11	8	11	11	12	16	11	34	12	16	11

表 16　六组——简要

1. 色所缘组	善组	不善组
2. 声所缘组	善组	不善组
3. 香所缘组	善组	不善组
4. 味所缘组	善组	不善组
5. 触所缘组	善组	不善组
6. 法所缘组： （A）11 种真实色法	善组	不善组
（B）10 种非真实色法	善组	不善组
（C）正语等见表 10	善组	✕
（D）禅那名法见表 11	善组	✕

注：在此，法所缘组（A）当中只提到十一种真实色法，原因是另外的七种（颜色、声音、气味、滋味、地界、火界、风界）在前五门心路过程表中（表 14）已经由伴随的意门心路过程观照过了。

虽然在此列出十一种真实色，实际观照时只有十种，因为男人只有男性根，女人只有女性根，只需观照个人具有的性根色。

后 记

　　帕奥禅师的《正念之道》《智慧之光》《显正法藏》三本书作为《法源译丛》系列于2014年立项，如今得以顺利出版，是多方大德共同努力的结果。在此，我们真诚地表示感谢。首先要感谢翰德林智慧女性修养学堂的院长田羽及其丈夫左达文先生，感谢他们热心筹备出版费用；然后要感谢英文佛学读书班李瑞峰、吴丹、冯秀颖、蔡莉、董毅然、王艳、何宝东、刘岩、罗琴等学员，感谢他们利用业余时间认真仔细地对书稿进行校对；最后要感谢社会科学文献出版社的责任编辑们的辛勤工作。

　　各位大德的善心善举对大众了解南传佛教和树立正知正见极为有用。功德无量！

园慈　合十

于中国佛学院研究部

2015 年 5 月 12 日

帕奥禅师书籍出版感恩名录

感恩诸方，功德无量，法润三界，源远流长……

特别鸣谢帕奥禅师系列禅修书籍出版过程中，发心出资护持的所有善德贤友及各位企业家！他们是：

高玉英	刘满世	刘 志	付 红	刘 强	余东枚
刘 刚	丛佳莹	吴永欣	任柏霖	赵桂荣	张维华
张 莹	张艺馨	催 雄	刘晓萍	袁 滨	李志娟
于 琳	左丽芩	刘宝春	杨梓利	郭朝林	王文清
汪亚军	花树兵	翟 元	高 照	王丽萍	修 伟
施佳彤	梁晔荣	郭文菲	刘珂君	张跃斌	盛珈薪
王育红	刘国禄	刘存智	王新惠	周立业	王铁军
李春丽	陈金柱	左丽民	马小茹	张亚娥	张宝峰
田志慧	李沛宣	赵江波	郑姗姗	黄灵杰	徐逸儒
朱国辉	朱国忠	杨初坤	吴光发	吕秀莲	朱贤英
赵德远	李小花	马慧娟	黎凌云	李中慧	花 蕾
左达文	田 羽	释明奉			

感恩北京翰德林学堂所有一切学兄、学姐，师生同仁、家亲挚友的护念，成就如此殊胜善缘！祈祝：以此法随法行，共同成就福慧具足、光明喜悦的正觉解脱！

北京翰德林歇心工作室

相关咨询：18911225533

图书在版编目（CIP）数据

显正法藏 /（缅）帕奥禅师讲解；园慈等译 . -- 北
京：社会科学文献出版社，2016.11
（法源译丛）
ISBN 978 - 7 - 5097 - 9492 - 0

Ⅰ . ①显…　Ⅱ . ①帕…　②园…　Ⅲ . ①佛经 - 研究
Ⅳ . ①B94

中国版本图书馆 CIP 数据核字（2016）第 169260 号

· 法源译丛 ·

显正法藏

讲　　解 /〔缅甸〕帕奥禅师
译　　者 / 园　慈　等

出 版 人 / 谢寿光
项目统筹 / 袁清相
责任编辑 / 杨　雪　赵　禾　王　和

出　　版 / 社会科学文献出版社 · 史话编辑部（010）59367143
　　　　　　地址：北京市北三环中路甲 29 号院华龙大厦　邮编：100029
　　　　　　网址：www. ssap. com. cn
发　　行 / 市场营销中心（010）59367081　59367018
印　　装 / 三河市尚艺印装有限公司

规　　格 / 开　本：787mm × 1092mm　1/16
　　　　　　印　张：25.5　字　数：338 千字
版　　次 / 2016 年 11 月第 1 版　2016 年 11 月第 1 次印刷
书　　号 / ISBN 978 - 7 - 5097 - 9492 - 0
定　　价 / 69.00 元